グローバルインフレーションの深層

GLOBAL INFLATION

河野龍太郎
Ryutaro Kono

慶應義塾大学出版会

はじめに

「しつこく高いインフレは、いつでもどこでも財政的現象。中央銀行はその共犯者だ。（"Persistent high inflation is always and everywhere a fiscal phenomenon, in which the central bank is a monetary accomplice."[(1)]）」

トマス・サージェント

専門家こそが間違うというのが欧米の教訓

2020年にパンデミック危機が世界を襲った。その後、2021年には、グローバルインフレーションが到来した。ゼロインフレが続いていた日本でも3－4％まで物価上昇率が高まっている。

欧米では、2023年までの2年間で、グローバルインフレの原因究明がかなり進んだ。すべてが解明されたとは到底言えないが、現在もその分析に多大な労力が投入されているのは、物価の番人たる中央銀行が物価のコントロールにことごとく失敗したからにほかならない。

日本では、海外からの情報が限られていることもあり、グローバルインフレの原因として、世界的なサプライチェーン（生産網）の寸断や、労働供給の減少、ウクライナ戦争による資源高の影響など、供給制約にばかり注目が集まった。

だが、欧米の研究が示すのは、経済再開によるペントアップ需要（繰越し需要）に、先進各国の大規模な財政政策が加わり、おまけに金融引締めが遅れたということだ。一言でいえば、パンデミック危機対応の財政政策が過大だったということであり、需要ショックが原因である。

興味深いのは、政府が大規模な財政政策を行う一方で、各国の中央銀行が同じような失敗を犯したことだ。分析を行うと、それがシステマティックなエラー（構造的な共通の原因を持つ失敗）であることが見えてくる。もし、そうした仮説が正しいのなら、欧米の金融政策の失敗をよほど注意深く学ばなければ、日銀も同様の失敗を犯す恐れがあるということだ。

そんな考えから、筆者は、日頃の日本の金融経済のトレンド分析の仕事に加えて、パンデミック危機以降の欧米の財政金融政策について、改めて詳細に分析したのだが、欧米の文献を読み進める過程で、ある論文に釘づけになった、論文の著者は、ロンドン・スクール・オブ・エコノミクスのリカルド・ライス教授で、内容は第2章で詳しく紹介するが、そこでは歴史的に大きな物価変動が生じた際、中央銀行や民間エコノミストなど専門家ほど先行きを見誤ってきたことが論じられていた。

通常、中央銀行や民間エコノミストは、専門知識や経済モデルを使って、家計より正確に物価の先行きを見通すことができる。物価に一時的なショックが訪れても、人々の物価感（インフレ期待）が簡単に変わらないこともよく知っている。

しかし、専門家ほど間違ったという例外が過去に3度あったという。まず1960年代末に始まった「大インフレ時代（グレートインフレーション）」、次に1980年代半ばに始まったインフレの安定期を意味する「大いなる安定（グレートモデレーション）」、そして三つ目が今回のパンデミック危機をきっかけに始まったグローバルインフレーションだ。過去のデータに囚われ、かつ人々のインフレ期待も安定していると考える私たち専門家ほど、大きな変化が訪れた際、物価見通しを見誤るのだ。

2021年に高いインフレが観測され始めた際、欧米の中央銀行は、それは一時的だと繰り返し、同時に、金融引締めを急ぐ必要がない理由を敢えて並べ立てていた。一方で、家計へのアンケート調査結果を、後になって丁寧に分析してみると、欧米では早い段階から、高インフレが続くと予想し始める家計の割合が徐々に増えていた。統計の分布に歪みが発生していたが、専門家は平均値や中央値が落ち着いていることから、こうしたデータを軽視していたのである。

実は日本でも、2022年以降、日本銀行が、高インフレは一時的と繰り返す一方で、毎回、インフレ見通しの上方修正を余儀なくされている。同時に、2021年当時の欧米の中央銀行と同じように、積極的な金融緩和を継続する必要性を繰り返している。インフレ亢進を許した欧米の中央銀行は、2022年以降、大幅な利上げを余儀なくされているから、超金融緩和を続ける日本との金利差が大きく拡大し、それが超円安を招いて、さらなる物価高を誘発するありさまだ。

一方で、日本政府は物価高の国民生活への悪影響を吸収することを理由に、拡張的な財政政策を繰り返しているが、これがマクロ経済の需給逼迫をもたらし、さらなるインフレにつながっている恐れがある。

日銀は欧米の教訓を生かしていないように見えるが、私たち民間エコノミストには批判する資格はないだろう。過去四半世紀のゼロインフレにすっかり思考パターンが慣れ切ってしまい、インフレ率が上がっても、それは一時的であって、早晩、低下していくという予想が繰り返されてきたのである。２０２２年4月にＣＰＩコア（生鮮食料品を除く総合消費者物価）の前年比が2％を超えた際、それが２０２３年末まで続くと誰が予想していただろうか。それが4％台、いや3％台に達するという見方すら、当時は皆無だった。

いま学ぶべきは欧米の経験からの教訓

日本銀行は、２０２３年4月に就任した植田和男総裁の下、その第一回目となる4月末の金融政策決定会合において、1年から1年半の期間をかけ、過去四半世紀の金融政策について多角的な視点から分析することを決めた。いわゆる「多角的レビュー」である。あれほど大規模な金融緩和が果たして必要だったのかどうかを含め、日銀自身によって、詳細な分析・検討が行われることは極めて有用であると筆者も考える。今後、日銀がバランスシートを元の水準に戻すとしても、数十年の月日を要し、金融政策運営に後遺症を残すだろう。

ただ、日銀が振り返る過去四半世紀はゼロインフレの時代であって、そこから教訓を得ようとすると、むしろ緩和的な金融政策のさらなる継続を正当化することになりかねないのではないか。欧米と同じように、政策転換の遅れをもたらすのではないか。実は、欧米の中央銀行は、それまでの低いインフレの時代を振り返り、金融政策運営の枠組みを見直した。その直後にグローバルインフレが到来し、枠組みの見直しそのものが、政策転換の大きな遅れを招いたように見える。それが、今回の高インフレの原因の一つになっているのである。

むしろ、いま私たちが学ぶべきは、2020年から現在に至るまでの欧米の金融政策運営からの教訓ではなかろうか。そんな思いから執筆を始めたわけだが、お察しの通り、本書は筆者自身のエコノミストとしての「反省の書」でもある。

『成長の臨界』で物価問題を取り上げなかった理由

さて、筆者は、2022年7月に『成長の臨界』を上梓したばかりである。そこでの主たるテーマは「日本の長期停滞」であり、金融政策を含め過去四半世紀の経済政策を詳しくレビューしている。また、今回のグローバルインフレについても、2022年3月時点までの分析は行っており、その段階で、表面的には、供給ショックに見えるが、需要ショックがグローバルインフレの主因であると的確に分析したと自負している。

しかし、日本の物価問題そのものについては、詳しくは取り上げていない。それは、日本の長期停滞の原因は、デフレやゼロインフレにあるわけではない、と考えてきたからである。

インフレが上がれば、経済に好循環が訪れるという見方は今でも少なくないのだが、筆者自身は、ゼロインフレが続こうが、あるいはインフレが訪れようが、そのこと自体が潜在成長率や実質賃金のトレンドに影響を与えるものではない、と考えてきたし、その考えは今も変わらない。

実際、グローバルインフレの到来後、日本で起こったことは、経済全体のパイが拡大しない中で、物価上昇に賃上げが追いつかず、実質賃金が下落していることだ。企業業績が改善し、税収も拡大しているが、それは家計から企業や政府への所得移転によるものである。円安インフレが始まれば、インフレタックスや金融抑圧が強化されるであろうことは、『成長の臨界』でも明確に予見していたことである。

本書で扱うテーマ

本書は、グローバルインフレとその日本の経済社会へのインプリケーション、そして国際通貨としての「円」の賞味期限について論じたものである。各章で扱うテーマは、以下の通りである。

第1章では、1ドル150円台の超円安が進んだ為替レートについて論じる。超円安の背景は、2022年以降、先進各国が急激な利上げを続ける中で、日本銀行が長期金利をゼロ近傍に抑え込んだため、内外金利差が大きく拡大したことだった。しかし、原因はそれだけではない。2018年から21年にかけて、均衡実質為替レートが円安方向に大きくジャンプしており、今後も超円安が繰り返される可能性がある。また、世界一物価の高い国と言われていたはずの日本が、物価の低い国（「安い日本」）に転じたメカニズムについて、長期的な視点で分析する。なぜ私たちは貧しくなったのか。

第2章では、欧米の高インフレの原因とその行方について、前述したリカルド・ライス教授の研究を詳しく紹介し、日本の金融政策運営へのインプリケーションを探る。後述する通り、2023年の植田和男日銀総裁の発言は、2021年のパウエルFRB（米連邦準備制度理事会）議長やラガルドECB（欧州中央銀行）総裁と瓜二つであることに読者は驚くはずだ。植田総裁は、金融緩和を継続することで、インフレが2％を上回るリスクより、拙速な利上げで2％のインフレが定着する芽を失うリスクのほうが高いと論じる。もしそうだとしても、リスクマネジメント（リスク管理）アプローチの要諦は、可能性が小さくても、生じた場合にダメージの大きい政策を回避するというものではないだろうか。日本経済の損失関数と、日銀の組織としての損失関数の混同が起こっている可能性がある。

第3章では、財政インフレを扱う。財政インフレとは、政府の財政信認の低下を原因とするインフレで、理論的には中央銀行の利上げだけでは抑えることができない。先進各国では、パンデミック危機対応で大規模な財政政策を繰り返した後、今度は、高いインフレが訪れると、物価高の国民生活への痛みを取り除くことを目的に、拡張財政を続けている。もし、今回のグローバルインフレが財政インフレだとすれば、中央銀行の利上げは、金融システムや経済に悪影響を及ぼすことがあっても、インフレ鎮静の決定打にはならない。現在の先進国が採用するポリシーミックス（政策の組合わせ）は、高いインフレと景気低迷が共存するスタグフレーションをもたらすリスクがある点を論じる。

また、1980年代初頭、当時のFRB議長だったポール・ボルカーが抑え込んだとされる高インフレも、財政インフレだった可能性があるが、インフレ鎮静に真に貢献したのは「小さな政府」を追求したロナルド・レーガン大統領だった可能性を論じる。それにしても、欧米で政治分断が深刻化する現在、財政健全化は果たして可能なのだろうか。それが無理だとわかっているから、インフレ期待の一定程度の上昇を受け入れるのだろうか。2023年秋以降、米国の長期金利が水準を切り上げているが、財政信認の低下を含め、統治能力の劣化が影響している可能性があり、最悪のシナリオとして、米国の内戦リスクの分析にも踏み込む。

第4章では、グローバル経済に構造的なインフレの時代が到来したのかどうかを問う。米中新冷戦の開始で、グローバルな最適生産が困難になる一方で、人件費の増大を吸収する目的で、グローバル企業がAIやロボティクスなどの新技術を積極的に導入するため、構造的なインフレ時代の到来とは必ずしも言えないことを論じる。また、日本では、人口動態の影響は、長く先行して総需要抑制効果として現れ、それがデフレ圧力をもたらしてきたが、ついにパンデミック危機が訪れる前の2010年代後半から労働力減少の総供給への影響が大きくなり、物価への影響に変化が見られることを論じる。

しつこく高いインフレに先進各国が苦しむ中で、デフレが懸念される中国経済の行方についても取り上げる。1990年代の日本と同様、人口動態が不動産不況を深刻化させており、日本化（ジャパニフィケーション）は避けられないのだろうか。また、中国を含め、多くの新興国では、パンデミック危機において、家計への現金給付のような大規模な財政政策はほとんど発動されていない。それゆえ、資源高が終息すると、インフレの鎮静が早期に始まる国も意外に多く、今回の先進国の高インフレは貨幣的現象というより、財政的現象であることが、この点からも示される。また、欧米では、コストの増大以上に値上げが進んだという「強欲インフレ」論が話題だが、その論拠の妥当性について、理論モデルを含め、補論で詳しく解説する。

第5章では、国際通貨としての円の賞味期限について論じる。『成長の臨界』でも紹介した最新の経済理論を使って、日本円が国際通貨である間は、日本の公的債務の持続可能性が何とか保たれる可能性があることを論じる。あまり気がつかれていないが、米国との通貨スワップ協定の存在で、日銀はFRBから無制限かつ無期限にドル資金を確保できるため、日本国債の格下げがあっても、少なくとも当面は邦銀へのドル資金の潤沢な供給が可能である。とはいえ、ゼロ成長が続く日本経済がグローバル経済の中で埋没を続ければ、早晩、円は国際通貨とは見なされなくなり、そうなれば通貨スワップ協定の有効性が失われることを示す。

高めのインフレが続く中、岸田文雄政権は、恒久的な歳入を十分に固めないまま、少子化対策や防衛費などで年8兆円もの歳出を先行させる。米国との通貨スワップ協定に慢心し、日本の預金者がゼロ金利の円預金を見捨てる日が訪れることを警戒してはいないのだろうか。

各章で扱う内容をざっと紹介したが、グローバルインフレと、グローバルな視点から見た日本のインフレへの影響が本書の縦糸であるとするなら、横糸として、それぞれの問題に関して、歴史的な視点や政治的・文化的視点での分析を盛り込んでいる。本書の企画段階では、新書サイズ程度の小ぶりの書籍の出版を予定していたが、結局、ページが膨らんだのは、こうした論点を盛り込んだためでもある。

グローバルインフレーションを駆け足で振り返る

早速、為替問題を扱った第1章に入っていくが、その前に、グローバル経済を日頃詳しく見てはいない読者のために、ここで2020年以降の動向について、ざっと振り返っておこう。本書を読み進めていく上で理解の助けになると思われるが、先を急ぐ読者は、第1章にそのまま進んでいただければ幸いである。

2020年に未知のウィルスが世界を襲い、経済恐慌を避けるために、先進各国で大規模な財政・金融政策が発動された。当時、政策が大きすぎることの失敗より、小さすぎる失敗を避けるべきとされたのは仕方がなかったのだが、米国ではトランプ大統領の下、GDP比で10％超の大規模な財政政策が発動された。

しかし、想定よりも早いタイミングでワクチン開発と接種の普及に成功し、2021年から米欧経済は急回復した。ペントアップ需要と前年の大規模財政の効果が合わさったのである。2021年春からインフレの上昇が始まったが、こともあろうに、トランプ大統領の後を襲ったバイデン大統領は、経済が活況を呈する中、GDP比で10％もの追加財政を決定し、経済はさらにオーバーヒート（過熱）した。

本来、2021年半ばには金融引締めに転じるべきだったのだろう。しかし、米欧の中央銀行は、パンデミック危機が訪れた際に、むしろインフレが低すぎることを強く懸念していた。第2章で詳しく述べるように、平均インフレ目標など金融緩和の長期化を正当化する金融政策の枠組みを導入したばかりだった。米欧とも、それまでのインフレの低さを補うため、2％を超えるインフレが望ましいとさえ考え、パウエルFRB議長もECBのラガルド総裁も高インフレは一時的と繰り返したのである。

2021年後半にインフレは大きく加速するが、米欧の中央銀行は、そこでも金融緩和の継続が望ましいと誤った判断を下した。たとえばパンデミック危機の影響で世界中の港湾がストップしたが、そうした供給ショックが企業や家計の支出に悪影響を及ぼすと心配したのである。

実際には、ペントアップ需要と大規模な財政・金融緩和の効果で、総需要は強いままだったが、一方でそうしたショックは生産能力（潜在GDP）を低下させ、むしろ需給ギャップのタイト化がインフレを助長した。ECBは2022年2月にウクライナ戦争が始まり、エネルギー価格が高騰した際も、エネルギー制約がもたらす総需要への悪影響を懸念し、金融引締めが必要とは判断しなかった。

第2章と第4章で詳しく述べるように、過去40年間近くにわたる「大いなる安定」と呼ばれた局面では、グローバリゼーションやITデジタル革命の影響などで、断続的にプラスの供給ショックが訪れていた。総需要が拡大しても、潜在GDPがより拡大したから、ディスインフレ（インフレ低下）傾向が続き、中央銀行は緩和的な金融環境を維持した。

これが、パンデミック危機や米中対立をきっかけに逆転し、断続的に負の供給ショックが経済に訪れ、インフレが上昇したのなら、中央銀行は金融引締めを行う必要がある。そんな時に、金融緩和を続けても、インフレが嵩じるだけで、GDPの水準を維持することはできないはずである。

ようやくそれが理解され、米欧の中央銀行は利上げを加速させた。しかし、米国では、わずか1年間で5%も政策金利を引き上げたため、2023年3月には一部の地方銀行が破綻するなど、金融システムに強いストレスを与えたことが明らかになった。2022年夏には、高インフレを抑えるために景気後退を厭わないと発言したパウエル議長は、すでに翌年には「景気後退を想定していない」と軌道修正している。

これらの点は、第3章と第4章で詳しく取り上げるが、一気に目標の2%までインフレを抑え込もうとすると、金融システムに多大なストレスをかける。金融システムが動揺すれば、深刻な不況につながりかねない。インフレはいまだ鎮静していないが、一頃の二桁近いインフレからは低下しており、中央銀行にとっては、リスクバランスが大きく変わったということなのだろう。インフレ鎮静を長期戦と位置づけ、多少のインフレ期待の上昇は甘受するということではないだろうか。この問題は、米国よりも高いインフレになお苦しむ欧州にも当てはまる議論だと思われる。

日銀は大丈夫か

さて、グローバルインフレの影響で、日本のインフレは高止まりしている。日銀は2023年末にはCPIコアが2%を割り込むとしていたのだが、同年10月段階でも3%程度で推移し、新型CPIコア（エネルギーを除くCPIコア）に至っては、4%台の推移が続いている。政府がエネルギーに対し補助金を出しているため、CPIコアの伸びは新型CPIコアより低く抑えられているのである。

しかし、前述したように、2023年4月に就任した植田和男総裁の発言は、インフレは一時的と繰り返した2021年のパウエル議長やラガルド総裁とまったく同じように見える。供給ショックがもたらす総需要への悪影響ばかりを懸念し、それが潜在GDPを抑制させ、インフレ圧力を醸成することを気にしていない点も共通する。もちろん、ゼロだった低いインフレを高めたい日本銀行からすれば、ある程度は嬉しい誤算ともいえるかもしれない。

米欧では、過大な財政政策を大規模金融緩和でサポートしたことが高インフレの主因だった。日本でもコロナ禍で大規模財政を繰り返しただけでなく、欧米と同様、その後の物価高に対し、エネルギー補助金など追加財政で対応している[2]。さらに、岸田文雄政権は防衛費や少子化対策で年8兆円、GX対策費（地球温暖化対策のためのグリーン・トランスフォーメーション）も加えれば、年10兆円にも上る巨額の恒久的歳出を、歳入に先行させるという決定を行い、これもインフレを助長する恐れがある。

コロナ禍でも、高齢者の労働市場からの退出は続き、日本経済の供給の天井は徐々に低くなっていたが、2023年春の経済再開とともに、労働需給の逼迫が深刻化している。本来、一時的に終わるはずの輸入物価上昇の影響が長引いているのは、需給ギャップが想定以上にタイト化しているからなのだろう。そうした中でマイナス金利政策を長期化すれば、第1章で詳しく論じる通り、実質金利の低下で円安インフレが加速する。

さらに、2023年9月13日にスタートした岸田改造内閣は、物価高への悪影響を吸収することなどがその使命だとし、「思い切った内容の経済対策」をまとめることを首相自身が表明している。さらなる財政政策は需給ギャップを一段とタイト化させ、インフレ圧力を生むのではないか。第3章で取り上げる財政インフレについて、最も懸念しなければならないのは、日本かもしれない。

今後、仮にインフレが加速し、急激な利上げが必要になった際、四半世紀もゼロ金利が続いてきた日本では、米欧以上に金融経済への衝撃は大きいはずだ。一方で、インフレ加速にもかかわらず、利上げが困難だとすれば、実質金利は大幅に低下し、円安インフレのスパイラルをもたらすリスクがある。前述した通り、可能性が低くても生じた際にダメージが大きなリスクは回避するというのがリスクマネジメントの要諦である。植田和男総裁が「遅れてきたデフレファイター」とならぬことを祈りつつ、筆者とともに、これからグローバルインフレをめぐる分析を進めていこう。

はじめに　注

（1）Sargent, Thomas J. (2013) "Letter to Another Brazilian Finance Minister," Republished in *Rational Expectations and Inflation*, 3rd edition: Princeton University Press. ２３８ページより筆者抄訳

（2）日本では、パンデミック危機対応で、２０２０年度に補正予算で79兆円、21年度も36兆円の巨額の予算を組んだが、感染が一服した22年度にも、第二次補正予算として29兆円を追加している。

目　次

装丁・松田　行正

第1章　1ドル150円台の超円安が繰り返すのか

1　超円安時代の到来

(1)　1ドル150円台の衝撃

円安への急転

２０２３年1月に日本のＣＰＩコア（生鮮食品を除く消費者物価指数）の前年比が４・２％まで上昇した理由の一つは、輸入物価が大幅に上昇したことだった。資源高によって、輸入物価が大幅に上昇しただけではない。２０２２年は大幅な円安が進み、同年10月には一時1ドル１５０円台まで円安が加速したことが輸入物価急上昇の背景にある。資源価格は２０２２年2月からのウクライナ戦争開始直後こそ急騰したが、年央にはすでに下落に転じていた。図１－１にある通り、輸入物価上昇率を寄与度分解すると明らかだが、２０２２年の大幅上昇の主因は、この超円安だったと言っても過言ではない。

超円安の背景の一つには、内外金利差の急拡大があった。２０２１年に始まったグローバルインフレに対し、２０２２年からＦＲＢ（米国連邦準備制度理事会）をはじめ先進各国の中央銀行が大幅

図１－１　輸入物価（前年比）

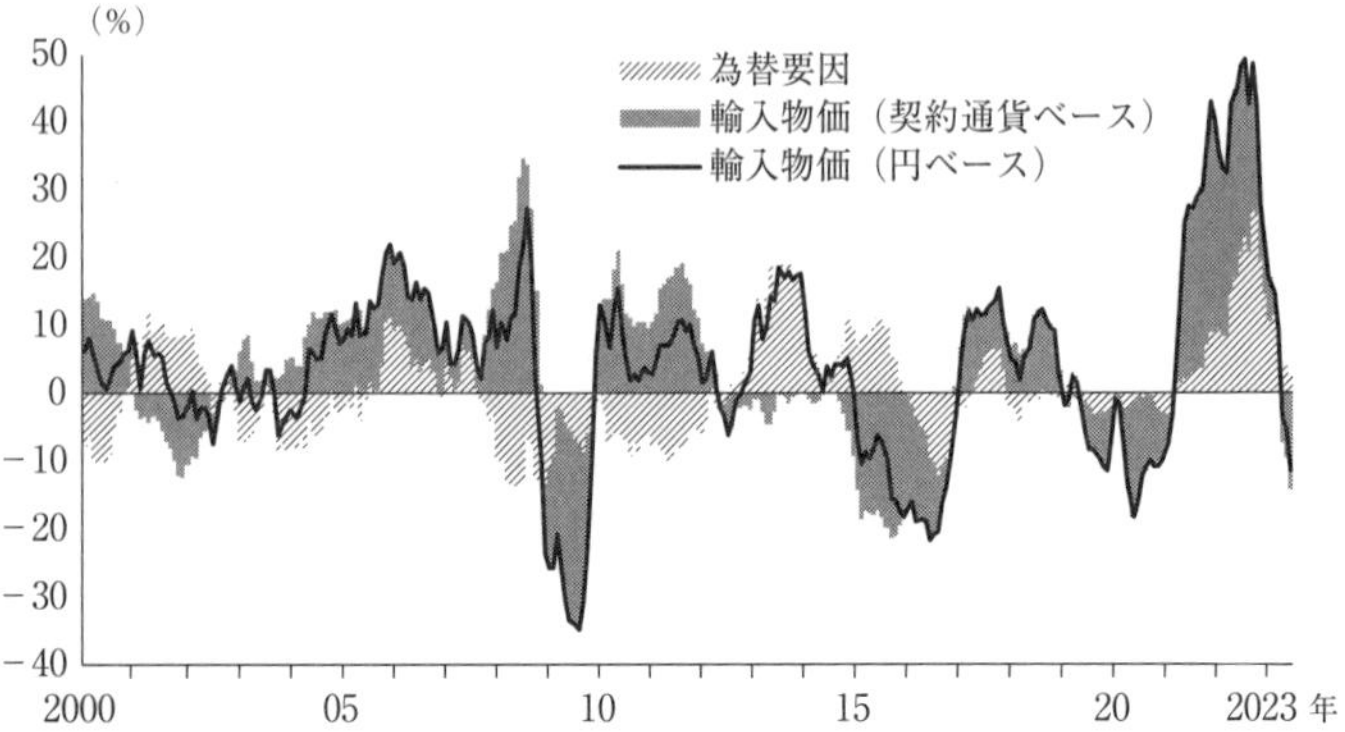

（出所）　日本銀行資料より、BNP パリバ証券作成

な利上げを続ける中で、日本銀行は黒田東彦総裁（当時）の下、異次元緩和を維持し、イールドカーブ・コントロール（長短金利操作：ＹＣＣ）を通じて10年国債金利をゼロ％近傍に抑え込んでいた。

かつては、長期金利はコントロールできない、と言っていたはずの日本銀行が10年金利をゼロ近傍に抑え込むことができたのは、単に大量に長期国債を購入していたことだけが理由ではない。１９８０年代半ば以降、「グレートモデレーション（大いなる安定）」と呼ばれる世界的なインフレの低下傾向の下、長期金利も世界的に低下していたことが主たる要因である（図１－２）。

しかし、コロナ禍によって２０２１年から世界的な高インフレ（グローバルインフレーション）が訪れ、２０２２年には欧米の長期金利は急上昇した。世界の長期金利は、連動して動く。それゆえ、日銀が10年金利をゼロ近傍に抑え込もうとすると、時として、大幅な円安や国内の金融市場の歪みが発生す

図１－２　日米欧の長期金利（10年）

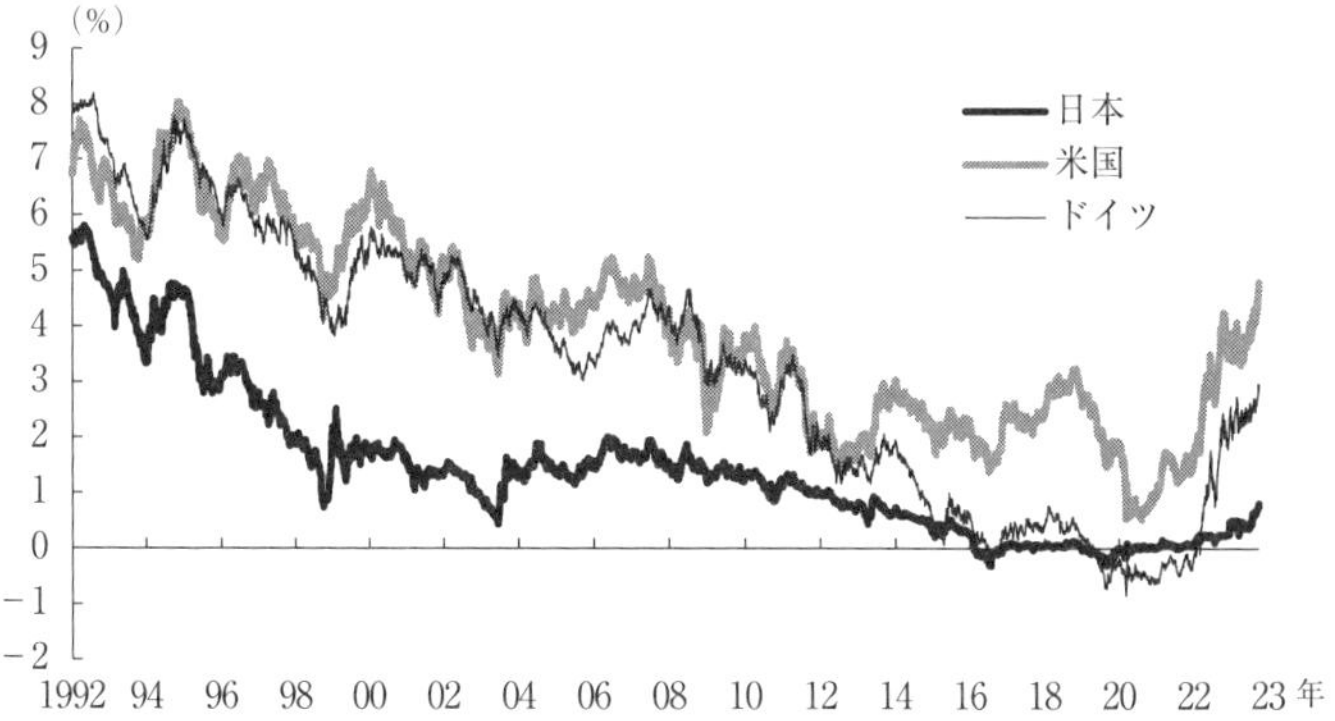

（出所）　Macrobond より、BNP パリバ証券作成

るようになったのである。実際、２０２２年12月20日には、日本銀行は10年金利の変動幅を、それまでのプラスマイナス０・25％からプラスマイナス０・５％まで拡大することを余儀なくされた。

　そして、２０２３年７月28日には、同年４月に就任したばかりの植田和男総裁の下で、10年金利の目途をプラスマイナス０・５％としつつも、ＹＣＣをより柔軟に運用するとして、１・０％までの上昇を容認した[1]。さらに、同日の金融政策決定会合後の記者会見で植田総裁は、ＹＣＣの再調整の理由の一つが円安進展であったことを認めている[2]。筆者自身は、２０２２年12月のＹＣＣの変動幅拡大の真の理由も円安進展にあったと考えている。いずれも、超円安による輸入物価上昇が、家計の実質所得を抑制し、個人消費に悪影響が及ぶことを懸念したのであろう。

内外金利差で超円安は説明できないのか

ただ、それにしても、２０２２年の超円安は、内外金利差では説明できないほどの大きなものだったという見方が少なくない。たしかに、ＦＲＢが利上げを開始する前の２０２２年2月末に1ドル１１５円前後だったドル円レートは、わずか8カ月足らずで、30％もドル高・円安が進み、前述した通り、２０２２年10月には、一時1ドル１５０円台と、32年ぶりの水準に達した。

為替レートは株価や債券価格に比べると、系列相関が強く、つまり一方向に振れ、それが継続しやすい。バブルとはいかなくても、もともと、フロス（泡）が生じやすいことが知られている。

日本の財務省は口先介入を繰り返しただけでなく、1ドル１４６円に達した２０２２年9月22日、1ドル１５１円を付けた10月21日、1ドル１４９円だった10月24日に、単独で過去最大規模の為替介入を実施している。これは、円安バブル潰しを狙ったものだったのか。

しかし、日本政府による過去最大規模の連続的な為替介入の後も、1ドル１３０円台の推移が続き、ふたたび1ドル１４０円台に入ったところで、口先介入が行われ始めている。早晩、為替介入が行われても不思議ではないだろう。

均衡為替レートがジャンプしたのか

第3章で詳しく取り上げる、米地銀の破綻が２０２３年3月10日に生じた際、金融システムの動揺を懸念し、一時的に円高が進んだとはいえ、その際も1ドル１３０円を若干割り込む程度の小幅な円高に留まった。それらでさえ、かつてであれば、大幅な円安とみなされていた水準である。近年、大きな構造変化が生じ、為替の均衡レートが円安方向に大きくジャンプしているのではないか。２０２２年はそこに内外金利差の急拡大が加わったから、急激な円安が進んだのではないか。そして再び超円安が繰り返すのではないだろうか。それらを検討するのが本章の一つ目の目的である。

後で詳しく述べるが、この均衡為替レート（均衡ドル円実質レート）とは、日米間の実質金利差がゼロのときの実質ドル円為替レートの水準を意味する。結論を先に示しておくと、２０１９年〜２０２１年にかけて、均衡ドル円実質為替レートは30％ほど、円安方向にジャンプした可能性がある。

そのことは、将来、ＦＲＢの利下げや日本銀行の利上げで内外金利差が多少縮小することがあっても、以前ほどの超円高は生じない可能性がある、ということだ。逆に、ＦＲＢが追加利上げに追い込まれる場合、あるいは、日銀のマイナス金利政策の撤廃が先送りされるという思惑が広がる場合、超円安が進展する可能性がある、ということでもある。

今も協調介入は難しい

ちなみに２０２２年の為替介入が日本政府の単独介入であったのは、米国サイドでは、ＦＲＢが高いインフレの鎮静にてこずり、利上げを続けていたからである。他の条件が等しければ、一国の中央銀行が利上げを行っているということは、本来、それは通貨高（ここではドル高）が望ましいということでもある。通貨高が利上げと相まって、インフレを抑制することが期待されているはずである。

米国財務省がドル高・円安回避のために、自国通貨のドルを売ることは、新たにインフレ圧力を醸成する要因ともなり、ＦＲＢの物価安定という目的の達成と齟齬を来す。それゆえ、急激な円安・ドル高の回避を望む日本政府に伴走する協調介入が行われなかったのである。

いや、むしろインフレ抑制を欲する米国は、輸入物価の鎮静につながるドル高を積極的に望んでいるはずである。それゆえ、為替市場では、日本の単独介入にすら米国政府は否定的で、日本は踏み切ることができない、と受け止められていた。２０２２年当時、そうした観測があったからこそ、急激に円安が進んだとも考えられる。

日本政府が円安を回避したいと本当に望むのなら、まず日本銀行が政策修正をすべき。そう米国の政策当局が考えていると、市場では広く受け止められていたのである。そして、前述した通り、実際に日銀は２０２２年12月にはＹＣＣの10年金利のレンジ拡大を余儀なくされた。そして、筆者の読み通り、２０２３年７月には、ＹＣＣの再度の柔軟化が行われた。遠くない将来、超円安が止まらなければ、それが、とりわけ家計の消費に悪影響を及ぼすため、今度は10年金利の上限を再び引き上げるだけでなく、マイナス金利政策の早期撤廃を含め、短期金利の修正に日銀が追い込まれることもあるかもしれない。

実質円安とは

ここで為替レートの先行きを考える上で、重要な基本概念を説明する。まず、実質為替レート（実質ドル円為替レート）とは、日米の物価指数（消費者物価）で実質化したドル円の為替レートである。仮にドル円為替レートが10％増価しても（＝10％のドル高・円安が進む場合）、米国の物価上昇率がマイナス5％であり、日本の物価上率は5％だとすれば、実質ドル円レートの増価率はゼロとなる。10％のドル高になっても、米国の物価が5％下がり、さらに日本の物価が5％上がれば、米国人にとって、日本で産出される財・サービスのお買い得感（割安感）が増すわけではない（実質ドル円為替レートの増価率＝名目ドルの増価率＋米国の物価上昇率－日本の物価上昇率＝10－5－5）。

ドル円為替レートが同じく10％増価し、米国と日本の物価上昇率が同じ2％なら、実質ドル円レートも10％増価する。10％のドル高となり、米国の物価が2％上がり、日本の物価も2％上がれば、両国の物価上昇率の影響は相殺され、米国にとって、日本で産出される財・サービスのお買い得感（割安感）は、10％増す。つまり、実質ベースでも10％ドルが増価する（＝10＋2－2）。

一方、もし、ドル円為替レートが同じく10％増価し、米国の物価上昇率が5％、日本の物価上昇率が2％の場合、実質ドル円レートは13％増価する。10％のドル高になるだけでなく、米国の物価上昇率が5％で、日本の物価上昇率の2％よりも高いため、米国人にとって、日本で産出される財・サービスの価格は、ドルの増価率以上に割安となり、実質ベースでは13％ドルが増価するのである（＝10＋5－2）。近年、実質ベースで大幅に円安が進んでいるのは、名目ベースで円安が進んでいるだけでなく、海外に比べて日本のインフレ率が低かったことも大きく影響している。

まとめると、円安が進めば、日本で生産する財・サービスが海外の人々にとって割安になり、日本の輸出には有利となるが、為替レートが変わらなくても、海外より日本の物価上昇率が低ければ、日本の財・サービスの輸出が有利になり、それは実質的に円安が進んだことを意味する。

現れてきた実質円安の効果

ただし、実質円安のプラス効果が、ここ数年、あまり表れていなかったのは、日本の製造業が生産拠点を海外にシフトしていたことや、コロナ禍で海外旅行客の日本訪問がストップしていたからでもある。2023年春以降、日本でもようやくコロナ禍が終息し、経済再開に伴って訪日客数が急増し、インバウンド消費（サービス輸出）は急回復している。

この四半世紀あまり、日本の製造業は、新興国を中心に海外で生産し、世界で販売するという稼ぎ方が一大潮流となっていた。しかし、第4章で詳しく取り上げる通り、米中の新冷戦開始に伴い、経済安全保障の観点から、国内に生産拠点を回帰するリショアリングの動きが一部で見られ始めている。さらに、タイムラグを持って、実質円安がそれを後押しし始めた可能性もある。もちろん、2011年3月の東日本大震災などで得られた教訓は、日本企業が国内工場に生産を集中させるのはリスクが高いということだった。

それゆえ、米国で売るものは米国で生産し、欧州で売るものは欧州で生産、そして中国で売るものは中国で生産するという「新・地産地消戦略（ニア・ショアリング）」が、今後の主流になると思われる。ただそれでも、「海外で稼ぐ」という従来のビジネスモデルが修正される可能性はあるだろう。これまで、日本企業の海外での儲けが必ずしも日本国内での支出増加につながっていなかったことを考えると、それは望ましい動きであると考えられる。

図１－３　実質金利差と実質為替レート（概念図）

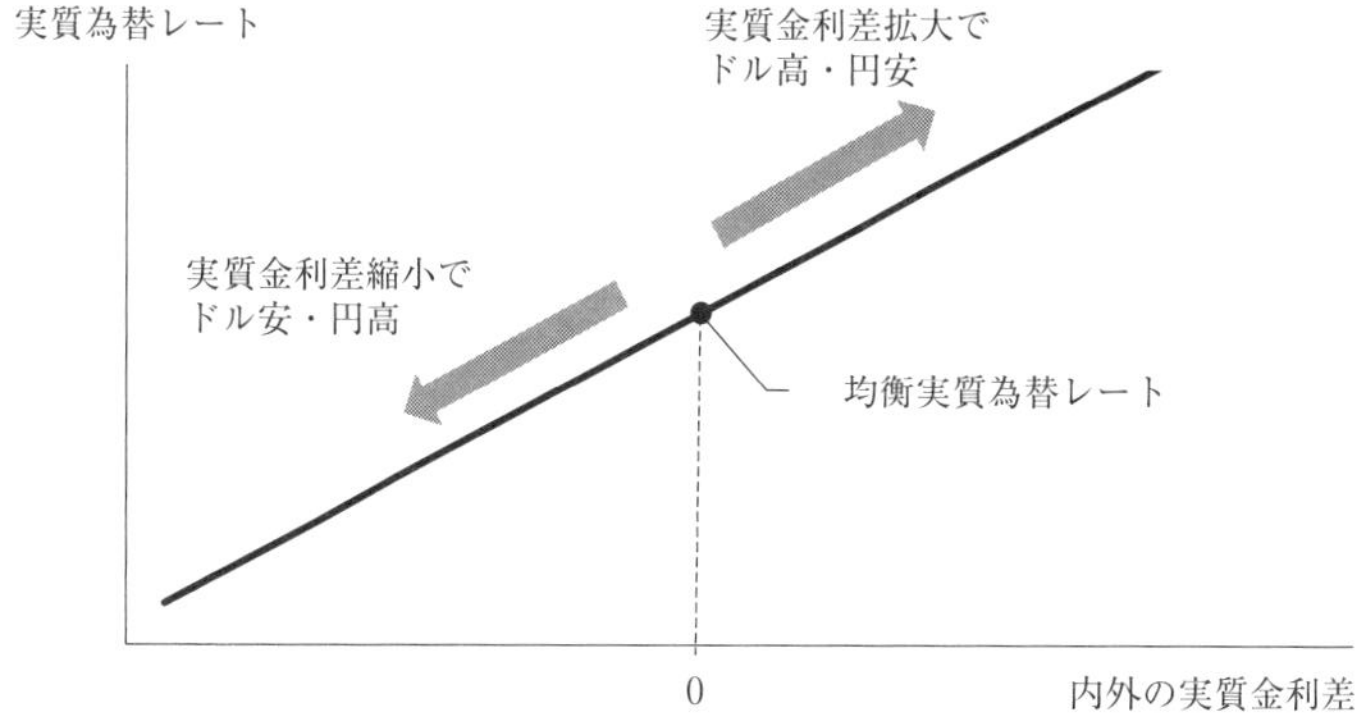

（出所）BNPパリバ証券作成

(2) ジャンプした均衡実質為替レート

均衡実質為替レートとは

次に、均衡実質為替レートとは、すでに触れた通り、ドル円の場合、日米の実質金利差がゼロのときの実質為替レートの水準である。内外実質金利差がゼロに対応する均衡ドル円実質為替レートを起点に、内外実質金利差が拡大すれば実質円安が進み、一方で、内外実質金利差が縮小すれば実質円高が進む。それゆえ、図１－３の概念図のように、横軸に米日実質金利差（米国の実質金利－日本の実質金利）、縦軸にドル円実質為替レートを描くと、右肩上がりの曲線を描くことができる。

両国の実質金利はそれぞれの景気循環の下で変動するため、実質金利差も変動を繰り返す。均衡実質為替レートの概念が重要なのは、こうした景気循環の要因を取り除いたドル円実質為替レートの水準を示しているからにほかならない。たとえば、実質金利差が拡大し、短期的には実質円安が進んでも、均衡為替レートから乖離するため、中長期的には円高傾向となる。逆に実質金利差が縮小し、符号が逆転すれば、短期的には円高が進むものの、均衡為替レートから乖離するため、中長期的には円安傾向となる。短期的な動きと中長期的な動きが逆方向となることがあるのはこのためである。

グローバル・インベスターも驚く衝撃のチャート

一つ目の本題に入ろう。図1－4は、経済学者の齊藤誠が2022年9月20日の日本経済新聞の「経済教室」に掲載した衝撃的なチャートを参考に、「米日の実質長期金利差（10年）」と「ドル円実質為替レート（自然対数）」の関係を描いたものである。

筆者はコロナ禍で中断していた海外出張を2023年2月から再開し、同年前半に、ニューヨーク、トロント、ボストン、ロンドン、フランクフルト、シンガポールの6都市を訪問した。その際、筆者のチャートブック集の中で、ヘッジファンドなどグローバル・インベスターが最も興味を示したものの一つが、このグラフである。均衡実質ドル円レートが30％程度、円安方向にジャンプしていることに皆が釘付けとなった。

このグラフは、これまで説明した通り、米日の実質長期金利差の変動がドル円実質為替レートの動きを規定していることを端的に示すが、2019～21年を境に、その関係性が大きく変質していることも同時に示唆する。まず、下方の回帰式は、2008～18年の関係を示す。ゼロインフレ、ゼロ金利の下、日本の実質金利はほとんど動いていないから、米国で利上げが進むと、実質金利差

図１－４　実質金利差とドル円実質為替レート

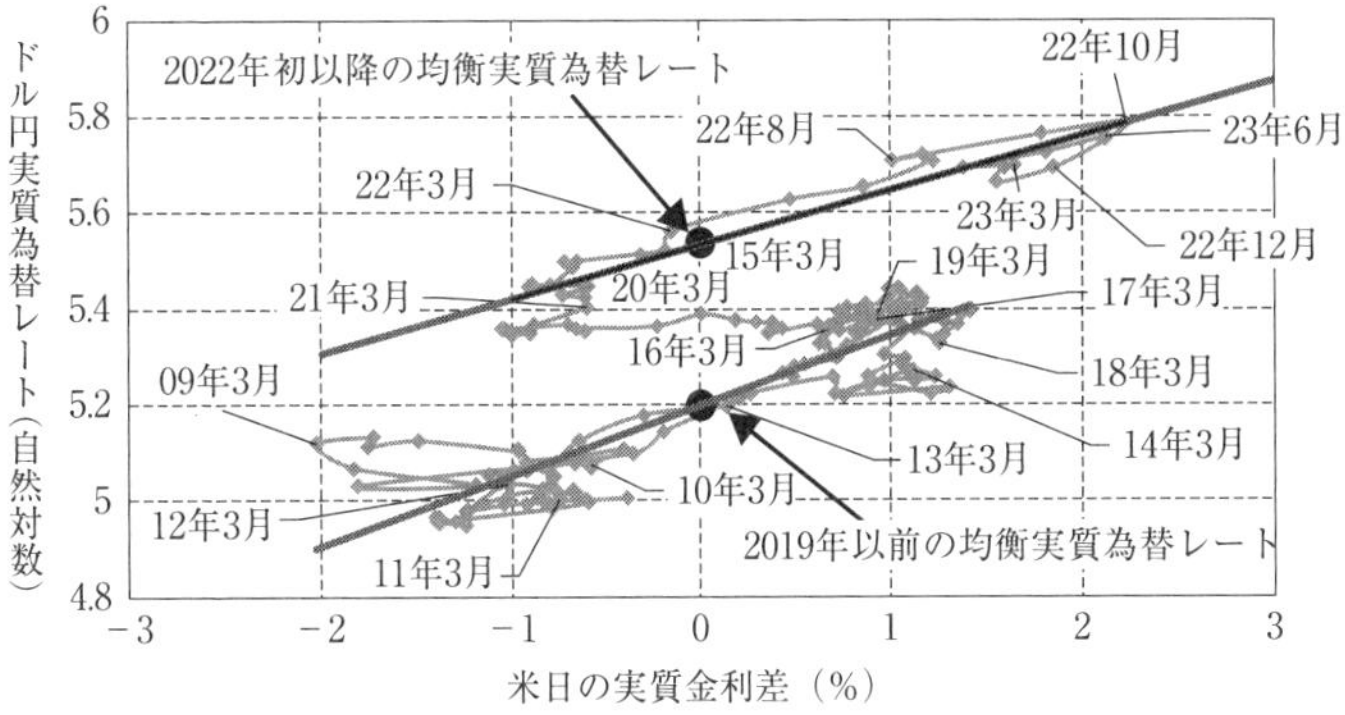

（出所）　BNP パリバ証券作成

が拡大し、実質ベースでドル高・円安が進んでいる。逆に米国で利下げが進むと、実質金利差が縮小し、実質ドル安・円高が進んでいる。回帰式は、理論が想定する通り、右肩上がりである。

しかし、２０１９～21年にかけ、実質金利差と実質為替レートは、２００８～18年の回帰式から大きく逸脱した動きを見せた。実質長期金利差が縮小しても、実質円高がほとんど進まなかったのである。その後、ＦＲＢが２０２２年３月から急激な利上げを開始し、実質長期金利差が急拡大を始めると、新たな回帰式に沿って、急激な実質円安が進行したのである。そのことは冒頭で述べた為替レートの動きとも整合する。

もう一度、図１－４を見ると、実質金利差ゼロに対応する均衡実質為替レートが30％ほど円安方向にジャンプしていることがわかる。つまり、２０１９～21年に、実質為替レートと実質金利差の関係を示す回帰式が上方に大きくシフトしたのだ。そこにＦＲＢの２０２２年３月の利上げ開始による内外金利差の拡大が加わったため、2018年以前の回帰式が示す以上の、急激な実質円安が進んだというわけである。

実はファンダメンタルズに沿った動き

2022年の超円安が内外実質金利差などのファンダメンタルズでは説明できないというのは均衡ドル円実質為替レートのジャンプを見落とした議論であり、図1－5の概念図が示すように、新たな関係式にシフトした後、実質金利差の拡大というファンダメンタルズの変化に沿って、実質円安が進んだ、ということであろう。

結局、急速な円安は、ファンダメンタルズに沿った動きだったから、巨額の為替介入でも円安の流れを大きく変えることはできなかった、のではないか。リアルタイムでは、2022年10月当時、巨額の為替介入で、円安が一時的に修正されたように見えたが、実際には、グローバル資本市場において米国の長期金利が一時的に頭打ちとなり、実質金利差も一時的に縮小していた。為替介入の効果は小さかったと見られる。

もちろん、介入を行った日本の財務省も為替の方向性を変えることができる、などとは考えてもいなかっただろう。うまくいったように見えたのも、米国の長期金利の頭打ちによる一時的な実質金利差の縮小という、偶然が左右していた点も理解していたはずである。もし、彼らがコントロールできるとしても、それは、円安のスピードであって、為替の水準そのものではない。

ちなみに、現在の推計式において、米日の実質長期金利差が1ポイント拡大すると、ドル円実質

図1－5　均衡ドル円実質為替レートのジャンプ

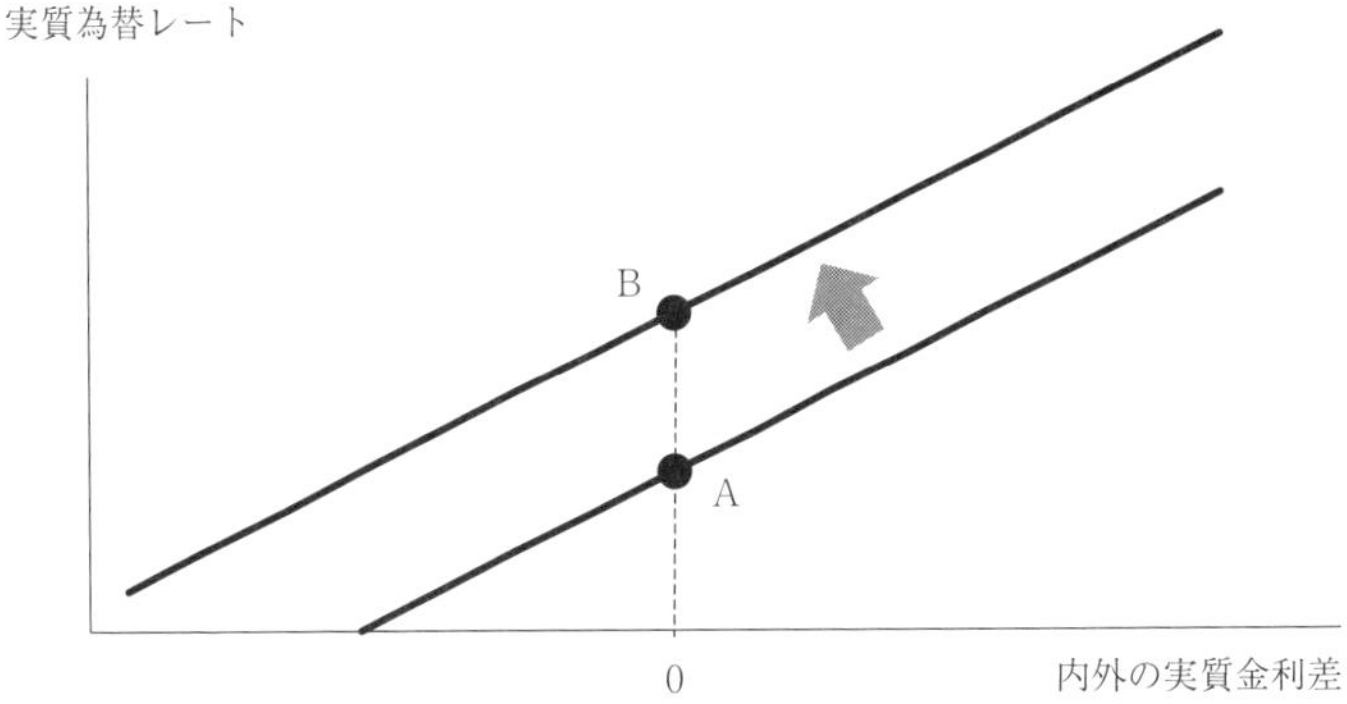

（出所） Macrobondより、BNPパリバ証券作成

為替レートは13%程度増価するという関係がみられる[3]。

2023年6月時点における実質金利差は2%程度であり、名目為替レートは1ドル140円程度である。短期的には実質為替レートと名目為替レートの変化率は大きくは異ならないため、名目為替レートにそのまま当てはめると、幅を持ってみる必要はあるが、実質金利差3%に対応するのは1ドル160円程度であろうか。逆に実質金利差が縮小する場合、1%の実質金利差に対応するのは1ドル123円程度であり、0%の実質金利差に対応するのが1ドル110円程度、マイナス1%の実質金利差に対応するのは100円程度となる。確たることは言えないが、実質金利差が縮小しても、以前のように1ドル80円割れのような大幅な円高に簡単にはなりそうにはない、ということだと思われる。

(3) 構造変化の原因を探る

均衡為替レートが円安方向になぜジャンプしたのか

それでは、なぜ均衡ドル円実質為替レートが円安方向に急激にジャンプしたのか。読者の興味もこの点にあるはずだ。なお、実質為替レートの長期トレンドは、製造業の生産性格差によって規定され、それが実質円安のトレンドに転換したのは、30年近く前の1990年代後半のことである。長期トレンドについては、第2節で詳しく論じる。

さて、円安方向へのジャンプが起こったのは、2019〜21年であった。まず、2019年と言えば、米中の新冷戦が始まった直後のタイミングである。米中対立の激化を背景に、グローバル経済は急減速し、FRBは同年7月に利下げを開始し、それを事前に織り込むかたちで、円高ドル安傾向が始まった。

もし、それ以前と同じ関係が維持されていたのなら、実質金利差の縮小によって、1ドル100円割れどころか、1ドル80円を大きく割り込んでも何ら不思議はなかったはずだ。しかし現実には、1ドル105円割れすら回避された。日本銀行は、2019年10月に金融緩和効果を強化するためとして、先行きの金融政策の方向性を示すフォワードガイダンスを緩和方向に強化した。しかし、すでに10月以前の段階で、必要であれば「躊躇なく、追加的な金融緩和措置を講じる」とフォワードガイダンスには記載していた。新たに付け加えたのは、将来の政策金利について「現在の長短金利の水準、またはそれを下回る水準で推移することを想定している」という文言だった[4]。

ただ、当時はすでに、追加金融緩和がもたらす金融機関の収益への悪影響なども強く懸念され、実際に金融緩和は行われなかった。それでも、大幅な円高が回避されたのである。日本銀行ですら、屋上屋を重ねるだけのフォワードガイダンスの強化だけで、ドル安・円高の進展が止まったことを不思議に思っていたのではないか。日本の政策金利は、追加緩和の効果よりも弊害のほうが大きくなる臨界点（リバーサルレート）に近づいているという見方も浮上しており、金融市場では、日本銀行は追加的な金融緩和に実際には躊躇していると疑われていた。フォワードガイダンスを強化しても、言葉だけであり、実行可能性の裏づけは乏しく、大きな効果を持つと考える人はほとんどいなかったのである。一体、何が起こったのか。

地政学上の脆弱性が意識された

その頃から、構造的な円安要因が作用し始めたというのが筆者の仮説だが、まず一つ考えられるのは、米中の新冷戦開始によって、日本の地政学上の脆弱性が露《あら》わになり始めた、ということである。それ以前は、地政学的リスクが高まると、日本円はむしろセーフヘブン（Safe haven）、すなわち、グローバル資本市場が混乱した際に、その価値を保つことが期待される「逃避先」と位置づけられていた。北米と欧州以外で、厚みのある金融市場を抱える先進国は日本だけである。しかし、日本の国力が衰え、もはやセーフヘブンとは見なされなくなったのだろうか。

そう結論するのは時期尚早、という見方もあるだろう。ただ、今や米中対立の最大のホット・スポットは台湾海峡である。そこで地政学的リスクが顕在化すれば、米国と軍事同盟を結び、

図1－6　経常収支の内訳（季節調整値、年率）

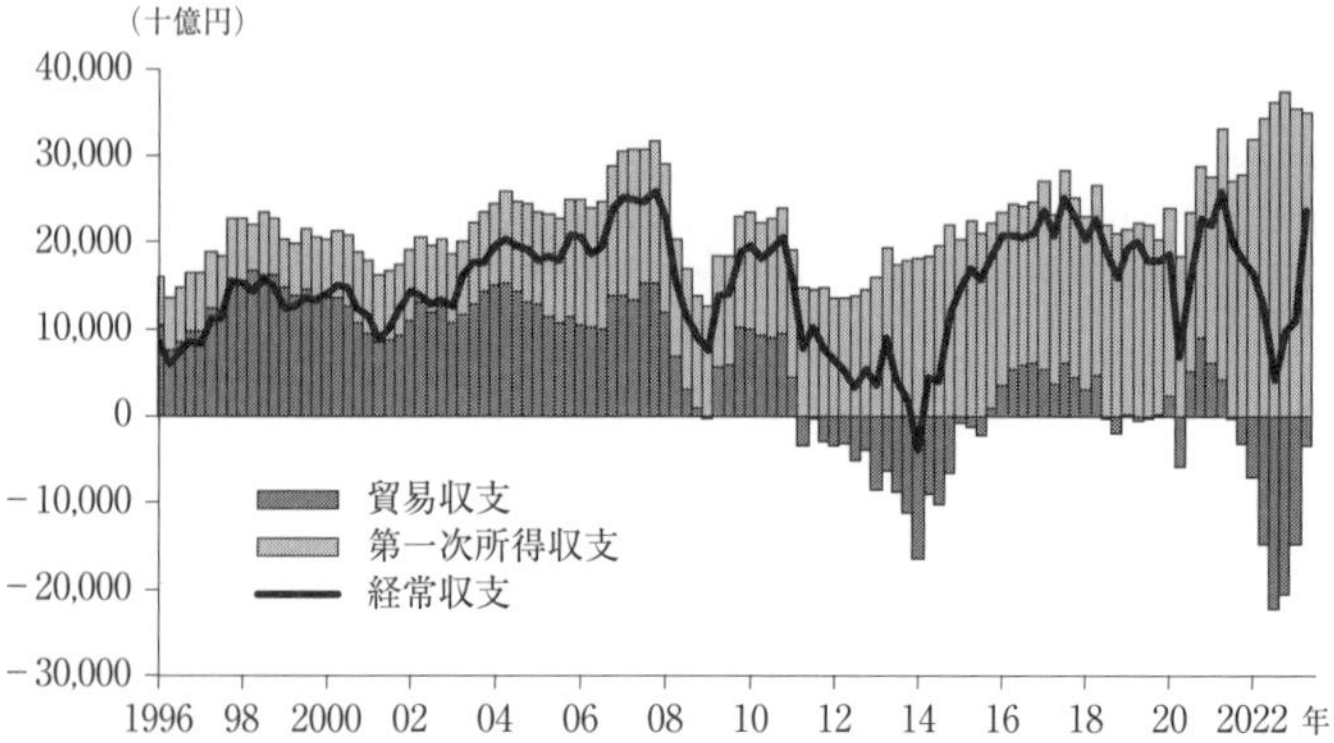

（出所）　財務省、日本銀行資料より、BNPパリバ証券作成

2015年7月の閣議による憲法解釈の変更によって、集団的自衛権の行使が可能になった日本は、直接的な当事国となる可能性が高い。このため、東アジアでの地政学的リスクが意識される場合、日本円を以前のようなセーフヘブンと位置づけるのは難しいのかもしれない。

その後、2022年2月に、ウクライナ戦争が勃発した。欧州の戦争であれば、日本円はセーフヘブンと見なされるはずではないのか。しかし、ここでも円が買われることはなかった。むしろ、円安が進んだ。ウクライナ戦争では、米露対立だけでなく、ロシアをサポートする中国と米国の対立が先鋭化し、日本の地政学上の脆弱性が改めて意識されるようになったのだろうか。

円安となったのは、単に為替の需給上の影響だと解釈する人もいるだろう。たしかにウクライナ戦争がコモディティ高の引き金を引くと、多くの先進国と同様、日本の貿易収支赤字も大きく悪化した（図

1－6)。ただ、それは日本がエネルギーを全面的に輸入に頼っているためであり、そのこと自体が、地政学上の大きなリスクに晒されているとも解釈できる。日本企業の海外での稼ぎが主に反映される第一次所得収支の黒字によって、なお巨額の経常黒字が維持されているものの、結局、海外で稼いだ所得収支は再投資されるだけで、国内に還流しているわけでもない。

ウクライナ戦争によるコモディティ高をきっかけに、貿易収支赤字が拡大し、為替の需給上の変化も円安ドル高要因となったが、そのこともまた、地政学的リスクに対する脆弱性を示唆しているのではないかと思われる。

ホームバイアスの緩み

もう一つ筆者が気になっているのは、家計のホームバイアス（日本の家計の国内資産への強い選好）が様々な要因で緩み始めたのではないか、という点である。四半世紀にわたってゼロ金利が続いてきたにもかかわらず、日本の家計部門は、金利がゼロの円預金を保有し続けてきたが、その動きが変質し始めた可能性がある。その動きは、まず２０２０年春に日本でコロナ禍が広がった頃から始まった。

世界的な現象だが、コロナ禍に対し、先進各国が中心になって、大規模な財政・金融政策が発動された。パンデミックが広がった２０２０年3月中旬こそ株価は急落したが、大規模なマクロ安定化政策の効果もあり、その後、株価をはじめ多くのリスク資産価格が世界的に急騰した。こうした動きは、米国の利上げが始まる直前の２０２１年末まで継続した。いわば、コロナバブルである。

その際、先進各国で観測されたのは、リモートワークが可能となったホワイトカラー層が、自宅のパソコンやスマホを使って、株式投資を活発化させたことだった。リモートワークで、時間的にゆとりができたホワイトカラー層が、世界中で投機に走ったのである。コロナ禍による巣籠りの間、外出もままならず、世界中の人々がスマホやパソコンの画面（スクリーン）に釘付けとなったが、そのことと当時の資産価格の世界的な急騰は無関係ではないだろう。

日本国内でも、コロナ禍の下、若い世代を中心に、ネット証券の口座開設が急増した。以前なら、株式投資に新たに参入する個人投資家がまず物色するのは、自動車株や資本財関連株など、国内の主力株である。しかし、グローバル化したスマホ時代において、新規参入の若い個人投資家は、GAFA株など米国の巨大テック企業への株式投資に向かった。たしかにコロナ禍で最も恩恵を受けたのは、巨大テック企業だが、いきなり外国株投資とは時代も変わったものである。

円預金など国内の安全資産を中心に投資するという、長きにわたって観測されていた日本の家計の強固なホームバイアスが、コロナ禍をきっかけに緩み始め、国際分散投資の芽が広がり始めた可能性がある。

グローバルインフレがもたらすホームバイアスの一段の緩み

ただ、コロナ禍が終息し、各国が超緩和的な金融政策を引締め方向に転換すれば、リスク資産の価格も下落し、結局は大火傷を負って、日本人の国際分散投資の芽も再び摘まれることになるのではないか。筆者がそう心配したのが、2021年末だった。実際、政策転換をいち早く織り込み

2021年から価格下落の始まっていた新興国株に続いて、2022年初頭からは、先進国の株価も大幅な調整が始まった。

2021年10－12月頃には、それまで一時的と思われていた米欧の高インフレは、長期化が心配されるようになった。2022年に入ると、時間が経過するにつれて、当初想定した以上に先進各国の中央銀行が大幅な利上げを余儀なくされるという懸念が広がり、世界的にリスク資産価格は下落が加速した。巨大テック企業の株価は大きく調整し、その結果、大火傷を負った日本の投資家も少なくなかったはずである。ただ、その頃から、新たに別の動きが見えてきた。為替市場での急激な円安である。

それは、これまで述べてきたような、単に、米国の利上げによって日米間の金利差が広がり、円安が進んだということだけではないと思われる。グローバルインフレの影響で、2021年秋から、日本のインフレも徐々に切り上がり始め、日本の実質金利が低下し始めたことも、円安を加速させる要因になり始めたのではないか。インフレ上昇によって、ゼロ金利の円預金の実質価値が大きく目減りし始めたことで、外貨預金や外貨保険、外株ファンドなど、外貨建て資産への資金シフトが限界的に増え始めた可能性がある。ここで日本のインフレ動向について見ておこう。

損なわれ始めた物価安定

日本のCPIコア前年比が2%に達したのは2022年4月だが、実は、スマートフォン料金の引下げが統計上、過大に評価され、その影響を除くと、2021年11月にはCPIコア前年比はすでに2%に達していた。グローバルインフレの影響が日本にだけ、なかなか波及しないと言われていたが、それは統計上の特殊要因が影響していたのである。実際、2021年末には、人々が物価上昇を強く意識し始めていたことは、アンケート調査からも確認できる。

日本銀行の「生活意識に関するアンケート調査」では、1年前に比べて物価の上昇を認識する人の割合は、2021年3月調査を底に増加し始め、物価の下落を認識する人の割合は、同時期をピークに減少し始めていた。そして、2021年12月調査ではアンケートに答えた人の8割弱が物価上昇を認識し、それらのうち、8割程度の人が「どちらかといえば、困ったことだ」と判断していた。

その後、2022年6月調査では、全体の9割弱の人々が物価上昇を認識し、前回の調査と同様、そのうち8割程度の人が「どちらかといえば、困ったことだ」と判断している。第2章でも詳しく論じる通り、米国でもインフレ上昇に早い段階から敏感に反応し始めたのは家計であり、中央銀行や民間エコノミストは、かなり時間が経った後も、高インフレは一時的だと繰り返していた。

多くの先進国において、2%インフレは、物価安定を意味する。しかし、四半世紀にわたってゼロインフレに慣れ切った日本人からすると、上記の日銀のアンケート調査から明らかなように、2%インフレは、はなはだ迷惑な現象だったということだろうか。2013年に安定的な2%インフレ目標の早期達成を目指すとして、異次元緩和を日本銀行が始めた際、政策の有効性が十分か、さんざん議論された。しかし、もし2%インフレが実現すると、どのような世界が訪れるのか、十分には検討されていなかった。

グローバルインフレの影響で、実際にインフレが2%まで上昇すると、9割弱の人々が物価上昇を認識し、そのうち8割程度の人が「どちらかといえば、困ったことだ」と判断したというのは、日本人にとって、2%インフレは望まれていたものではなく、「物価安定」とは整合的ではなかった、ということだろう。

グリーンスパンの物価安定の定義

ここで思い出されるのが、かつて米国FRBの議長だったアラン・グリーンスパンの物価安定の定義である。同氏は、物価安定とは「経済主体の意思決定に際し、将来の一般物価水準の変動を最早、考慮する必要がない状態」としていた。実に見事な定義なのだが、平たく言えば、日々の生活の中で、インフレのことを気にしなくて済むのが、物価が安定した状態ということである。健康と同じで、健康な時には誰も自らの健康のことを強くは意識しない。健康が損なわれた時に、健康、そしてそのありがたみを強く認識するのと同じだろう。つまり、物価安定が維持されている間は、誰も物価安定のことなど考えないし、ましてや中央銀行のことなども考えはしないのだ。

実は、2021年秋以前の日本は、おおむねそうした状況が続いていたともいえる。たしかに資産デフレや円高デフレといった言葉は存在したが、それは資産価格の下落や大幅な円高が問題視されていたのであって、一般物価の下落は避けられ、物価安定は何とか維持されていた。それゆえ、長い間、人々が物価そのものを話題にすることも、まずなかったのである。

しかし、2021年秋以降、日本では、人々が物価高や金融緩和のことを強く気にするようになった。人々が集まると、話題になるのは、値上げや日銀の金融政策の行く末ばかり。つまり、その頃から日本では、物価安定が損なわれていた、ということであろう。米国では、人々が物価高やＦＲＢの金融政策のことを気にし始めたのが２０２１年春頃であり、その頃から物価の安定は損なわれ始めていたが、当のＦＲＢは、「インフレは一時的なもの」と繰り返すばかりであった。

グリーンスパン議長の「物価安定の定義」は、奥深いものである。第4章に登場する、組織論の分野で活躍し、ノーベル経済学賞を受賞したハーバート・サイモンの「関心（attention）の理論」や、それをさらに発展させた、やはりノーベル経済学賞を受賞したクリストファー・シムズの「合理的無関心（rational inattention）の理論」に通ずる。認知科学の知見を取り入れたそれらの理論は、人間の関心の総量が限られている以上、人々が問題だと感じるまでは、つまり臨界点を超えるまでは、人々が物価や金融政策に対して、ほとんど興味を示さないことを予見していた。

黒田発言炎上

「関心の理論」は、人々の期待に働きかけるとして２０１３年に華々しく登場した異次元緩和が、結局のところ、さほどの有効性を持たなかったことを、うまく説明してくれる。当時の日本銀行は、もはやそれ以上、金利を下げることができないために、有効なツールを持たず、それゆえに、人々の期待に働きかけるという戦略に打って出た。

たしかに金融市場参加者やマスメディアの期待には影響したから、株価や為替レートには一時的に大きく作用したのだろう。しかし、金融市場参加者やマスメディアを除くと、市井の人々は自らの限られた総量の関心を、異次元緩和にはほとんど示さなかった。だからこそ、実体経済には、ほとんど効果を持ち得なかったのである。期待に働きかけるというのなら、金融市場参加者やマスメディアだけではなく、市井の人々の期待に働きかけるための工夫が必要だったのだろう。

一方、「関心の理論」は、グローバルインフレがもたらした日本の物価高によって、一旦、生活が脅かされ始めされたと人々が認識し始めた途端に、異次元緩和を粘り強く継続するという日銀の発言に、人々が強い関心（嫌悪感や苛立ち）を持つことを皮肉にも予見していたようにも見える。実際、人々の物価高への関心の高まりに気づかなかった黒田前総裁は、２０２２年6月に「人々の価格上昇への許容度が上がった」と発言し、強い非難を浴びてしまった。

それ以前は、人々が値上げを許容しないから、企業の価格引上げが困難だと広く専門家の間で考えられていた。その文脈に従えば、理由は何であれ、2％の物価上昇が実現したということは、人々が価格上昇を許容するようになったという解釈が可能であり、黒田総裁は、それを客観的に指摘したということなのだろう。しかし、円安が輸入物価上昇を増幅し人々の生活苦が増す中、その円安は日銀が異次元緩和を続けることと無関係ではなかった。いや他国が金利を引き上げ、内外金利差が拡大する中では、大いに影響していた。にもかかわらず、他人事のような黒田前総裁の発言に対し、人々は以前のように無関心では到底いられず、強く反発したのも当然と言えるだろう。

実質預金価値の目減り

人々が物価に対し無関心でいられなくなったのは、物価高で、日々の暮らしが困難になってきたからというだけではないだろう。比較的ゆとりのある人も、預金の実質価値が目減りし始めたことを強く意識せざるを得なくなっている。それまで日本人がゼロ金利の円預金を甘受してきたのは、ゼロインフレの下で、円預金の実質価値が維持されていたからであった。

しかし、2021年末には特殊要因を除くと2%まで上昇していたインフレ率は、2022年には3%台、そして2023年初頭には4%台に達した。ゼロ金利の円預金の実質価値の目減りを恐れ、比較的ゆとりのある人々が限界的ではあるものの、外貨預金や外貨保険、外株ファンドに資金の一部をシフトし始めた。そのことも、内外金利差の拡大を背景に、円安トレンドが継続している理由だと思われる。

筆者は、今回のグローバルインフレの影響で、ゼロ%台だった日本人のインフレ期待は、すでに2%程度まで上昇したのではないかと、考えている。多くのインフレの趨勢を示すデータも、ゼロ%台から大きく切り上がっている。現在の3~4%台のインフレは、2024年の半ばには2%程度まで低下する可能性があるが、再びゼロ%台に戻る可能性は小さいのではないか。

コロナ禍をきっかけに緩み始めた日本人の強固なホームバイアスは、インフレ期待の上昇によって、さらに緩んだ可能性がある。今後、仮にグローバルインフレが長期化する場合、日本のインフレ期待はさらに切り上がり、ホームバイアスが一段と緩む可能性もあるだろう。その場合、超円安が一段と進む可能性がある。

(4) 好循環なのか

30年ぶりの大幅賃上げの実相

２０２３年の春闘において、３・６％の高い賃上げ率が合意された。この３・６％には１・７％程度の定期昇給が含まれているから、ベア（ベースアップ）は２％程度に相当する。ちなみに、定期昇給とは、日本型の雇用システムの中で、毎年の昇格に伴って賃金が増えることである。ピラミッド組織の中で、賃金の高い年配の従業員が退職し、賃金の低い新卒が入社するため、雇用システム全体で見れば、定期昇給によって賃金全体が増えるわけではない。欧米流の賃金上昇率に対応するのは、現金給与の総額からボーナスや残業代を除いた所定内給与の上昇率であり、それにおおむね対応するのがベースアップである。

政財界では、２０２３年春闘をして、「好循環の兆し」と呼ぶ人も少なくない。たしかに３・６％の賃上げといえば、１９９３年以来の高い水準である。長年、春闘賃上げ率は、図１-７にある通り、１・７％程度の定昇込みで２％強の水準に留まっていた。つまり、長らくベースアップはゼロに近かった。それが一気に２％程度に跳ね上がったわけであり、好循環の兆し、と経営者が言いたくなるのもわからぬわけではない。長くベアゼロ（ゼロ近傍のベースアップ）が続いていたから、所定内給与の上昇率も振れはあるにせよ、均してみればゼロ近傍だったのであり、四半世紀ぶりにそこから抜け出せたわけである。

しかし、である。高いインフレに賃上げがまったく追いついていない。これまでのベアゼロ時

図１－７　春季賃上げ率（主要企業、年度）

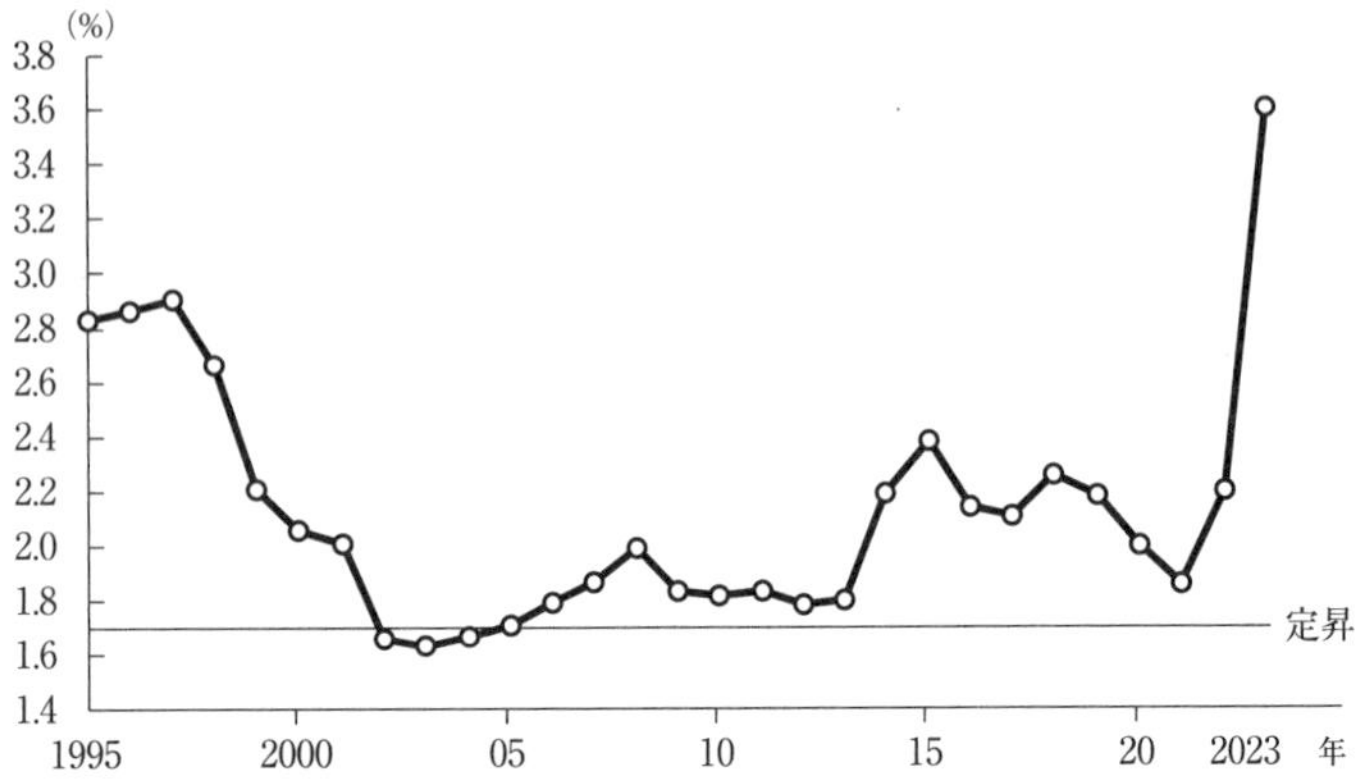

（出所）　厚生労働省資料より、BNPパリバ証券作成

代、つまり定昇込みで２％強の賃上げが続いていた時期は、日本のインフレ率もゼロ近傍が続いていた。実質ベースで見ても、ベースアップはやはりゼロ近傍だが、定昇込みでは２％強の賃上げだったということである。

一方で、３・６％の２０２３年春闘の賃上げは、足元の３％程度の物価上昇率を前提にすると、定昇込みでも実質ベースではわずか０・６％、ベースアップに至っては実質でマイナス１％に相当する。それゆえに、多くの賃金データは実質ベースでみると、マイナスに沈むのである。これでは、ゼロインフレ時代の実質賃金上昇率のほうが高かったと言えまいか。到底、好循環とは言えないのである。

もちろん、企業はこうした状況を念頭に置いていたのではないと思われる。まず、２０２２年春闘では、ゼロインフレがおおむね続くという想定の下、ゼロベアは例年通りで変わらず、定昇込みで２％強の賃上げが決定された。しかし、思いもよらない円安インフレもあって、結局、2022年度は3％のCPIコア上昇率となったから、事後的にみると、定昇込みで2％強の賃上げは、実質ベースではマイナス1％弱、ゼロ近傍のベースアップは実質ベースではマイナス3％弱に落ち込んだ。

大企業経営者の思考パターン

これに大企業経営者が反応したのは言うまでもない。実質賃金が大きく減少したままでは、従業員が生産性向上の意欲を保つことができないと考え、2022年度の実質賃金の大幅な目減りを補うために、2023年の春闘では、大幅な名目賃金の引上げに注力したのである。大企業経営者の賃金決定に関する思考パターンは極めて重要だから、もう少し解説しておこう。

実質賃金の低迷が続くと、生活を過度に切り詰めたり、無理な副業を行ったりする従業員が現れ、自社の生産性が下がるおそれがある。好業績が続き、これまで以上の働きをしているのに、実質賃金が大きく下がるとなれば、真面目に働く意欲が失せる従業員も少なくないはずである。

自社で働く従業員の生産性を高めるために、敢えて高めの賃金を支払うという考え方は、「効率賃金仮説」と呼ばれるが、日本型雇用システムの中で、平社員から上り詰めた企業経営者はそのことを実感しているからこそ、実質賃金の大幅な減少を補うべく、2023年春闘では高い賃上げを率先して決定したのである。(5) 人手不足が続く中、新卒採用を含め、優秀な人材を確保するためにも、高い賃上げは不可欠と考え、定昇込みで5％前後の大幅な賃上げに踏み切った大企業も少なくない。それが3・6％という1993年以来の高い賃上げ率の背景だった。

日本銀行は物価見通しを過小推計

しかし、である。まさか2023年度に入っても3％台の高い物価上昇が続くとは、多くの大企業経営者は想定していなかったのだろう。日本銀行は、2023年度の物価上昇率を、同年4月末の段階ですら、1・8％と見込んでいた。もし、1・8％のインフレなら、3・6％の定昇込みの賃上げは、ゼロインフレ時代と同程度の2％弱の実質賃金の上昇が確保できる。

しかし、人件費の増加を含め、折からのコスト増を価格に転嫁する企業が続き、2023年度に入っても3％程度のCPIコア上昇率が続いている。その結果、物価上昇に賃上げが追いつかず、実質賃金上昇率がなお、マイナス圏から抜け出せないのである。日本銀行は、2023年度の物価見通しをわずか3カ月後の2023年7月には2・5％へと大幅に上方修正している。

筆者は、2023年度も3％程度の高い物価上昇が続くと予想している。従業員の生産性向上意欲を維持するには、実質賃金の目減りを避けなければならないと考える企業経営者は、このまま好調な企業業績が維持されているのなら、2024年春も比較的高めの賃上げを容認するのではないか。日本国中で人手不足が深刻化しており、賃上げをできなければ人手が確保できないため、大企業だけでなく、中堅・中小企業にも賃上げは広がる。非正規雇用の賃金も同様であろう。2024年春闘では2023年に匹敵する賃上げとなる可能性もあるだろう。

そうなると、2024年度に入っても人件費の増大を価格に転嫁する動きが続くため、たとえば2％程度の物価上昇が続き、再び実質賃金の目減りを避けるために、2025年春闘でも高めの賃上げが繰り返される。こうしたプロセスで、2％程度のインフレと2％程度のベア（定昇込みで

３％台半ばの賃上げ）が定着するのではないか。実質賃金上昇率はゼロ近傍で、ゼロインフレ時代と同様、定昇分だけ個々人にとって実質賃金が上がるということである。

インフレが上昇しても低成長は変わらない

過去四半世紀、日本は「低成長、ゼロインフレ、ゼロ金利」で特徴づけられた長期停滞に陥っていた。今回のグローバルインフレをきっかけに、日本のゼロインフレが修正される可能性が高まっているが、それだけでは生産性上昇率や潜在成長率が改善するわけでもなく、低い実質賃金の伸び率も変わらないと見られる。拙著『成長の臨界』において、インフレそのものの問題を敢えて取り上げなかったのは、ゼロインフレが続いても、あるいはそれが上昇するとしても、潜在成長率の低迷は変わらず、それゆえ実質賃金上昇率も変わらないと考えてきたからである。

また、インフレ期待が切り上がる過程では、むしろ実質賃金が下落するであろうことも、想定された通りである。それは、所得分配に大きな歪みが生じるためであり、後述する通り、家計から企業・政府へ所得移転が進む。

もともと、多くの人は、日銀が掲げる２％インフレが定着するとすれば、それは、生産性上昇率が改善し、好循環が起こるから、と考えていたように見える。たとえば、名目賃金が３％程度上昇し、生産性上昇率が１％上昇するから、安定的な２％インフレが定着するといったストーリーである。たしかに１％の生産性上昇率が実現し、労働分配率も交易条件も一定であれば、１％の実質賃金上昇が期待できるだろう。

しかし、現実には、生産性上昇率は低迷が続いたままである。ゼロ近傍だったインフレ期待が2％程度に上昇し、その結果、物価上昇率もゼロ％だったものが2％程度に上昇し、ゼロ近傍だったベアも何とか2％程度に上昇し、実質賃金上昇率もよくてゼロ近傍ということではないのだろうか。

低くなった経済の天井

足元で経済が活況を呈しているのは、感染症への懸念で抑えられていたペントアップ需要（繰り越し需要）が、飲食や旅行など対面サービスを中心に顕在化し、海外の旅行客の急増でインバウンド消費が急速に復活しているからである。超円安によって、少なからぬ日本人にとって、海外旅行はもはや高嶺の花であり、日本人が「リベンジ消費」という場合、その一つは国内旅行である。外国人観光客も加わることで、国内のサービスセクターは久々のブームに沸いている。

一方で、コロナ禍の3年間でも、少子高齢化はさらに進んだ。これまで追加的な労働供給を担ってきた高齢者と女性の労働参加率は頭打ち傾向にある。特に高齢者は、2022年から団塊世代が75歳の後期高齢者になり始め、労働市場からの完全退出が始まっているため、頭打ち感は極めて強い。女性の労働参加率にはまだ上昇余地が残るとはいえ、すでに米国など諸外国よりも高い水準にあり、いつまでも上昇が続くわけではない。増えている女性労働者は、短時間労働のケースが少なくないため、労働参加率が上がっても、総労働時間（人数×一人あたりの労働時間）を何とか維持できるかどうか、というところだろう。

このため、前述したインバウンド需要が超円安を追い風に拡大しても、人手不足から、十分なサービスを供給できず、価格上昇圧力が高まるだけに終わりかねない。つまり、マクロ経済全体で見れば、超円安で総需要が刺激されても、少子高齢化の影響で経済の供給能力の天井が徐々に低くなっているため、低い成長の中で、日銀の金融政策次第では、円安インフレの傾向ばかりが続くリスクもあるだろう。

インフレが高止まりする理由

本来、円安やコモディティ高などがもたらす輸入物価上昇を起点としたインフレは持続しない。それゆえ、多くの専門家は効果が一時的と考えていたが、高いインフレが長引いている。ここまでの議論ですでにお気づきになられた読者もいるだろうが、日本に急激な輸入物価上昇がやってきた２０２２年は、コロナ禍の下でも高齢化による退出で人手不足が徐々に進行しつつあった。そこに、経済再開によってペントアップ需要が発現し、労働需給の逼迫が深刻化した。需給ギャップがタイト化しているところに、輸入物価上昇が訪れたため、物価上昇が持続的なものになっているのである（図１－８）。

筆者の推計では、すでに２０２３年１－３月の段階で、需給ギャップは、前回の景気サイクルのピークである２０１８年10－12月（景気基準日付では２０１８年10月が景気の山）のレベルまで改善（タイト化）している。日本銀行は、マクロ経済の稼働率を測定するための参考指標として、日銀短観の雇用人員判断ＤＩと営業設備判断ＤＩを基に作成した短観加重平均ＤＩを公表している

図１－８　需給ギャップ（季節調整値）

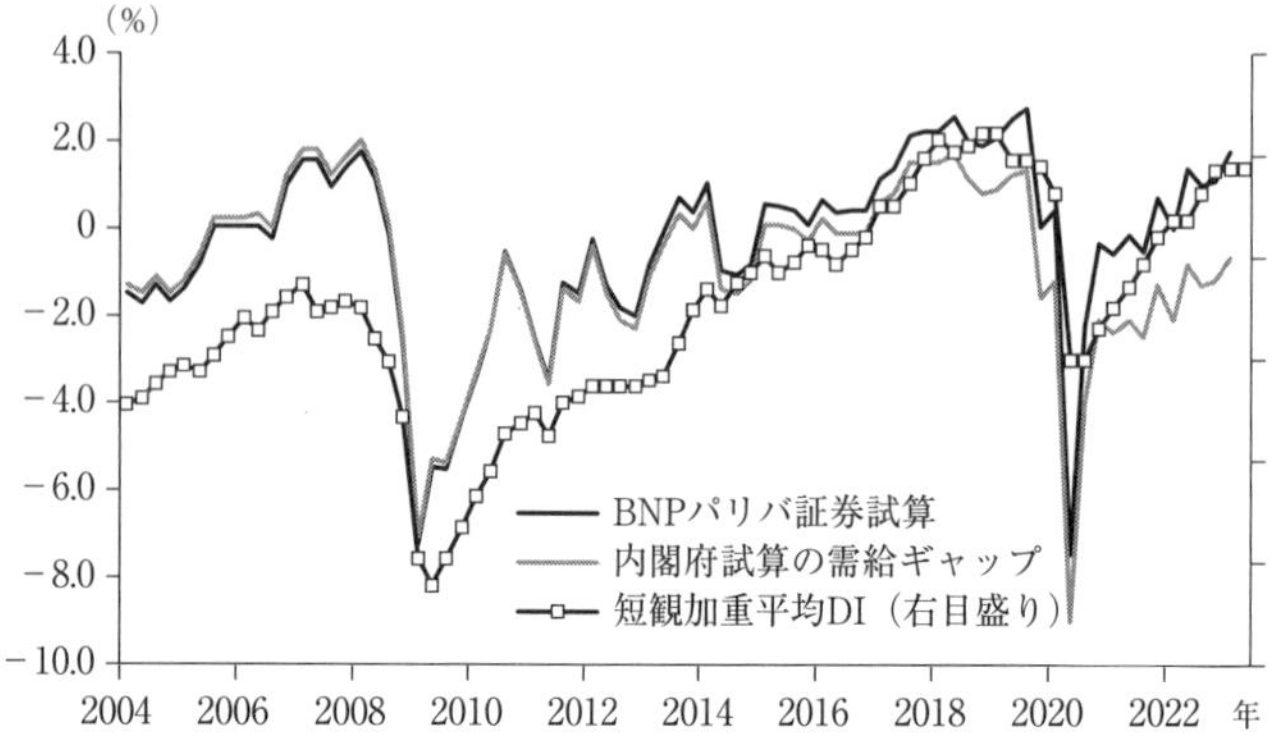

（出所）　日本銀行、内閣府、経済産業省、総務省等資料より、BNP パリバ証券作成

が、そのデータも同様に、前回の景気サイクルのピークの水準に達している（ＤＩとはDiffusion Index の略で、ここでは、企業の設備、雇用人員の過不足などの各種判断を指数化したものである）。一方で日本銀行や内閣府は、２０２３年１－３月の需給ギャップが負の領域にあると分析していた。彼らは、潜在成長率を過大評価し、需給ギャップの改善を過小評価しているのではないだろうか（その後、内閣府は２０２３年４－６月以降、需給ギャップがプラスの領域に入ったとしている）。

　欧米の政策当局者は、２０２１年から22年前半にかけて、高インフレは一時的と繰り返した。コロナ下で訪れた様々なショックに関し、当時、総需要への悪影響ばかりが懸念され、それらが潜在ＧＤＰを抑制することに十分気がつかず、それゆえ需給ギャップのタイト化を見落としていた。第２章では、欧米の中央銀行が高インフレを長期化させる要因を繰り返し見過ごしていたことを明らかにするが、日本銀行も同じ過ちを犯してはいないだろうか。

好循環のきっかけ

現段階では好循環とは言えない、とは論じたが、絶対的な人手不足が続く中で、企業間での労働力の奪い合いが、今後の好循環のきっかけにはなり得る点は付け加えておこう。生産性が低く高い賃金を支払うことができない企業から、生産性が高くより高い賃金を支払うことができる企業に労働が移動するのであれば、経済全体で見ると、生産性上昇率が高まり、それと同時に実質賃金上昇率も高まるはずである。ただ、インフレ率が上がるというだけでは、こうしたメカニズムが作動する保証がないことは、これまでも論じた通りである。

むしろ、コロナ禍やその後訪れた物価高に対し、日本政府がこれまで行ってきたことは、どちらかといえば、補助金などを通じて、労働移動を妨げるものが多かった。超人手不足社会の到来で、職を見つけることが簡単な環境にあるため、企業倒産が生じても、経済的、社会的に失業が大きな問題ではないマクロ経済環境となっている。そうした政策を続ければ、日本は第3章で論じる財政インフレに陥り、「低成長、高インフレ」を甘受しなければならなくなる。

また、私たちは、経済メカニズムを通じ、生産性上昇率の低い分野から、生産性上昇率の高い分野に労働が移動すると考えがちである。ただし、第2節でみる通り、豊かになるに従って、サービス経済化が進むのが常であって、そのことは、一般には生産性上昇率の高い製造業のウエートが低下し、生産性上昇率の低い非製造業のウエートが上昇することを意味する。それゆえに、豊かになれば、生産性上昇率が鈍化し、潜在成長率が低下するのである。これは、このメカニズムを発見した経済学者のウィリアム・ボーモルにちなんで、ボーモル効果と呼ばれる。生産性上昇率の低い分野から高い分野への労働移動の促進も重要だが、同時に、生産性上昇率の低い分野の生産性を向上させるという視点も重要だろう。

企業業績改善と税収増の意味するもの

名目賃金が上昇しても、物価高に追いつかず、実質賃金が下落しているのなら、好循環に見えたとしても、それは単なる貨幣錯覚と切り捨てることができる。しかし一方で、企業業績の改善を背景に株高傾向は続いており、また好調な企業業績を背景に、税収も大きく回復している。これらのことを、どう整理すればよいのだろうか。

たしかに、超円安によって、輸出セクターを中心に企業業績が大きくサポートされているのは事実である。コロナ禍の終息で、「財からサービスへの需要のシフト」が世界的に生じており、各国の製造業に逆風が吹いている。そんな中で、日本の製造業は、超円安によって海外での収益が大きく膨らみ、それが業績改善に大きく貢献している。

一方、日本でも「財からサービスへの需要シフト」が進み、前述したように、旅行や外食などのペントアップ需要が非製造業の業績を大きく改善させている。人件費はたしかに膨らんでいるが、訪日外国人の需要も大きく増えているから、価格転嫁が容易になっていることも業績改善につながっている。

図１－９　雇用者報酬（季節調整値）

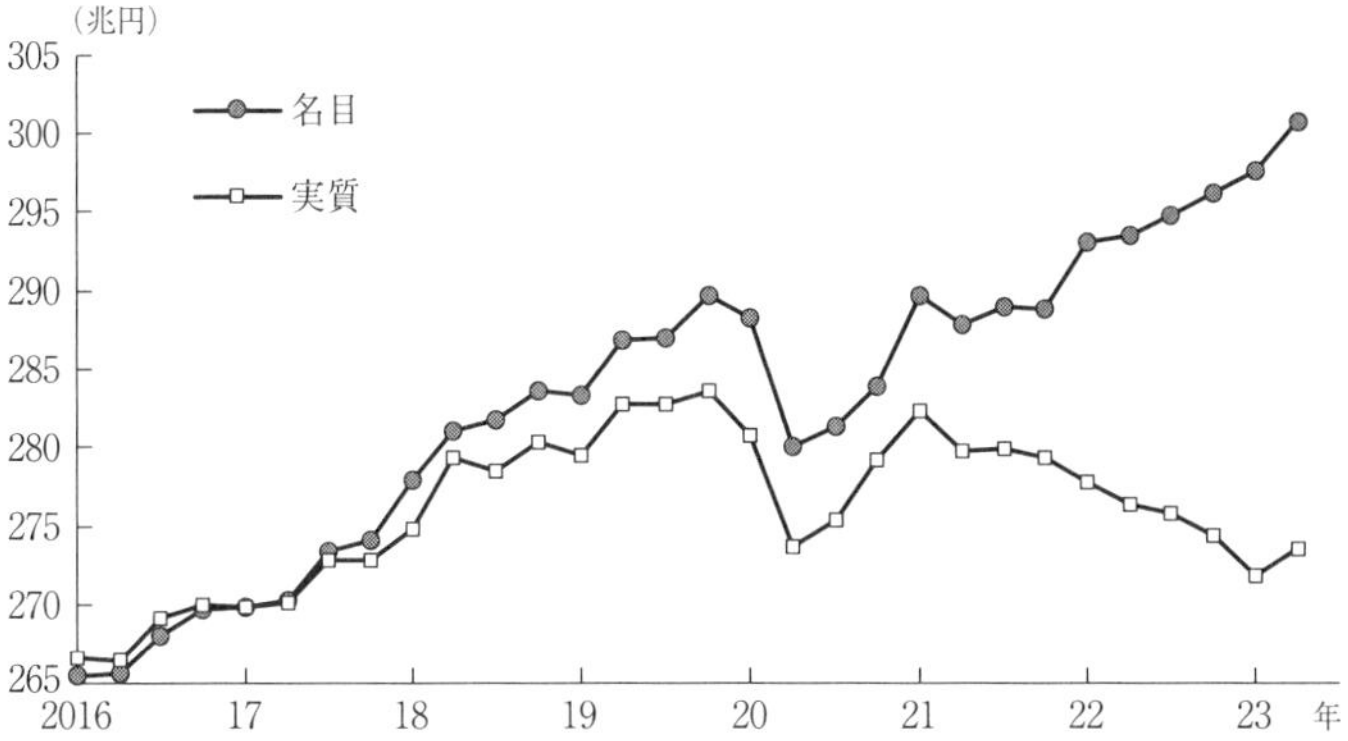

（出所）　内閣府資料より、BNPパリバ作成

円安やインフレによる、こうした企業の売上や収益の増加は、政府の税収の大幅な増加にもつながっている。収益改善が法人税収の上振れをもたらしているのは言うまでもないが、物価上昇は消費税収の増加にも寄与する。さらに、実質賃金は減少しているものの、名目賃金が上がっているため、所得税収も増加している。特に所得税の場合は、累進課税の効果が現れるため、名目賃金上昇の効果は大きい（図１－９）。

これらのことは、物価上昇を通じて、「家計から企業」「家計から政府」に所得移転が発生していることにほかならない。要はインフレタックスが進み、所得分配の歪みが生じているということである。これまでは、主に円安を通じて、輸入財購入の負担が増える家計から、輸出で恩恵を受ける企業に所得移転が発生し、またそうした企業の税収が増え、政府へも所得移転が間接的に発生していた。今度は一般物価の上昇によって、実質賃金が減少し、家計から企業・政府への所得移転が強化され始めた、ということだ。

それゆえに、企業と政府だけに着目すれば、好循環が生じているとは言える。ただ、企業所得や税収の増加は、実質所得が減った家計が犠牲になっているからである。個人消費そのものは、経済再開に伴うペントアップ需要によって支えられているとはいえ、円安インフレが実質所得を抑制しなければ、消費回復はもっと強いものになっていたはずである。[6]

潜在成長率が改善し、経済全体のパイが膨らんでいるわけではないのだから、誰かの取り分が増えれば誰かの取り分が減る、というのは当然の話だが、さらに別の所得移転も続いている。前述した通り、家計が保有する円預金の金利はインフレが上昇しても、ゼロのままであり、実質預金価値は大きく目減りしているが、その裏側には、政府債務の利払い費の軽減がある。インフレが上昇しても、金利を低く抑え込むことで、家計から政府に所得移転を図り、政府債務の実質負担を軽減することを金融抑圧というが、その強化が図られているということである。

インフレが上昇しても、金利をゼロに抑え込む以上、インフレタックスや金融抑圧がさらに進み、その副産物として、公的債務の持続可能性が増す、というのは道理に合った現象ではある。道理に合ったというのは、私たちが歳出削減や歳入改革などの財政調整の努力を怠っているのだから、遅かれ早かれ物価調整が起こるのはやむを得ないと考えられるからである。さらに言えば、インフレタックスなら、人々の貨幣錯覚も生じるため、増税に比べれば、政治的には相当に楽である。

とはいえ、インフレタックスは社会で最も弱い人々に最も重い負担がのしかかる。このため、正義の観点からすれば、本来、回避すべき事態である。誰に負担をお願いするのか、私たちは議会において決議すべきである。さらに、前述した通り、インフレ上昇にもかかわらず、このままゼロ金利が放置されれば、実質金利のさらなる低下によって、円安インフレが加速する可能性がある。

キャピタルフライト

この四半世紀、ゼロ金利が続いても、日本人が海外資産の保有や株式投資を敬遠してきたから、銀行部門は潤沢な円預金の確保が可能となり、多額の日本国債を購入することも可能だった。それゆえに、巨額の公的債務がファイナンスされてきた。

そうした動きが簡単には修正されることはないとしても、実質預金価値の目減りを恐れ、家計のホームバイアスがさらに緩和すれば、ドル円実質為替レートの円安方向へのシフトアップが再び起こる可能性がある。いや、そのときは、円安・インフレも加速しているであろうから、実質為替レートはさほど変わらず、大幅な名目円安とインフレのスパイラルが生じるだけなのかもしれない。

拙著『成長の臨界』では、預金者が、実質価値が損なわれるゼロ金利の円預金をもはや保有しなくなる、という近未来の姿を描いた。円預金が集まらなくなった金融機関はかつてのように日本国債を購入する能力がなくなり、日本国債の主たる購入者は日本銀行だけとなりかねない。そして、長期金利の上昇を何とか抑え込もうとする日銀の長期国債の購入が歯止めのない円安加速を助長する。

2022年7月の拙著出版後、グローバル金融市場で観察されたのは、10年金利をゼロ近傍に抑え込もうとする日銀の大量の長期国債の購入が、150円台の超円安を生み出すという事態だった。拙著で描いた近未来の姿が現実化し始めたのではないか、筆者は戦慄を感じずにはいられなかった。

私たちの国がなお、先進国であるのなら、胸を張って「国際分散投資」が進展していると言えるだろう。しかし、もし新興国への転落が意識され始めているのなら、それはキャピタルフライトである。2022年から始まった円安加速の流れが、そうした事態の前触れではないことを祈るばかりだが、この問題は最終章で詳しく取り上げる。

2　長期実質円安の実相

(1)　実質円高のトレンドが終わったのは1990年代半ば

前節では、2019~21年にかけて、ドル円の均衡実質為替レートが円安方向に大きくジャンプしたことを論じた。しかし、実質円安のトレンドは近年に始まった現象ではない。すでに四半世紀以上も続く現象である。2022年から輸入インフレを引き起こす円安の回避が為替政策における重要課題となっているが、わずか数年前まで、政府と日本銀行が円高回避に躍起になっていたことを考えると、隔世の感を覚える人も少なくないだろう。本節では、長期実質円安の実相を探る。

図1-10　実質実効円レート（2020年＝100）

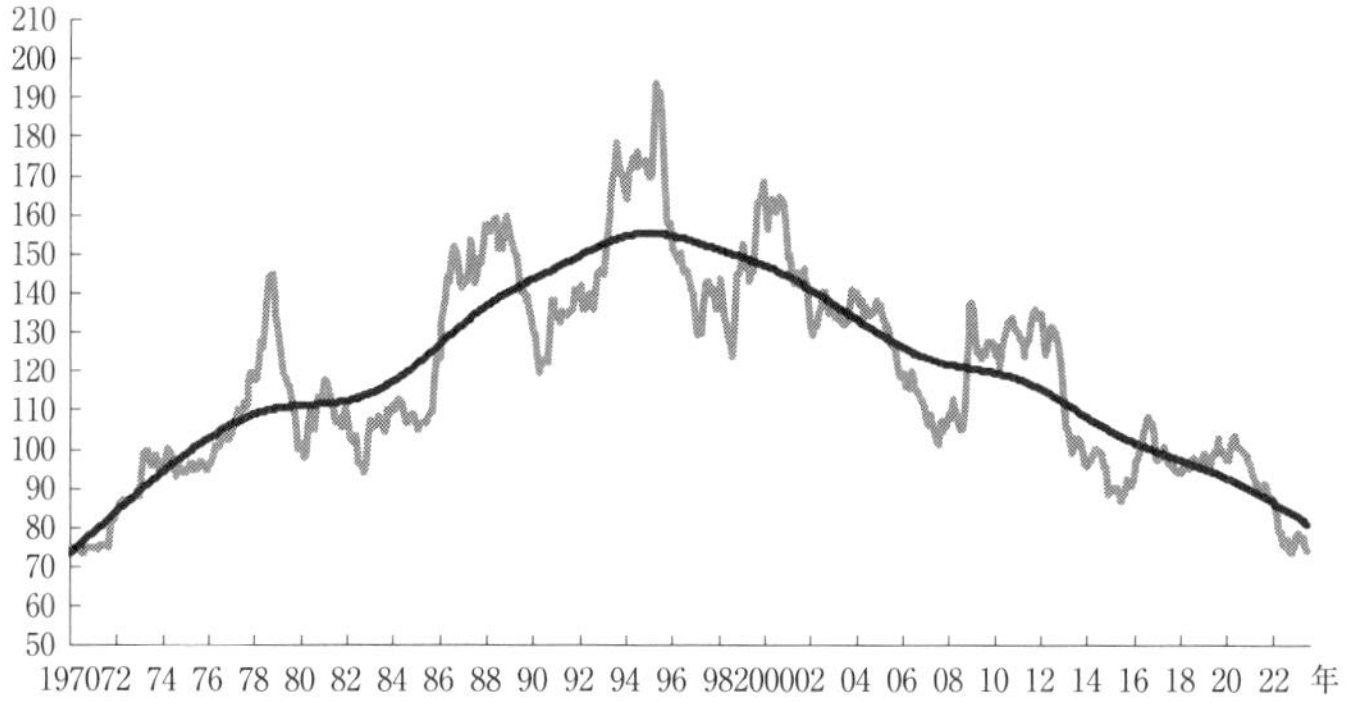

（出所）　日本銀行資料より、BNPパリバ証券作成

1995年が大きな転換点

前節ではドル円実質為替レートの動きに注目したが、本節では円のすべての通貨に対する実質価値の推移を分析するため、実質実効円レートを用いる（図1-10）。実質実効円レートとは、国別の実質為替レートを貿易金額で加重平均したものであり、対外的な円の実質価値を示す。数字が大きくなると実質円高であり、数字が小さくなると実質円安である。

1971年8月にニクソンショックが襲い、ブレトンウッズ体制が瓦解、その後、73年2月にスミソニアン体制の崩壊で、固定相場制から変動為替相場制に移行して50年が経過した。グレートインフレーションと呼ばれる当時のエピソードは第2章と第3章で改めて取り上げるが、50年という超長期で見ると、実質実効円レートは、大きく二つのフェーズ（局面）に分けることができる。1995年以前までの実質円高が続いたフェーズと、1995年以降の実質円安のフェーズである。

為替市場では、95年に1ドル80円を割り込む強烈な円高が訪れたが、実質ベースでみると、そこが大きな転換点だった。後述する通り、90年代半ばの円高は、トレンドからも大きく逸脱した凄まじいもので、不良債権問題を抱える日本経済に多大なダメージを与え、文字通りの「超円高」だった。その後、2011年に1ドル80円を大きく割り込み、同年10月末に1ドル75円まで円高が進むが、実質ベースでは、1995年のような超円高だったわけではない。

実質価値はピークの半分以下

実質実効円レートの推移を確認しておくと、1970年代初頭から四半世紀をかけて、円は実質価値を高め、ピークの95年には2・6倍となっている。その後、大きく変動を繰り返しつつも低下を続け、現在は95年のピークから約60％下落し、ほぼ70年代初頭の水準と並んでいる。円の対外的な実質価値は、ニクソンショックの頃の70年代初頭のレベルまで低下しているということである。

もちろん、前節で論じた通り、為替レートは日々激しく変動し、ときとして行き過ぎも生じる。それに伴って実質円レートも激しく変動してきた。ただ、図1－10にインプットした、循環的（シクリカル）な変動を取り除いた趨勢的な動き（トレンド）を見ても、大きな動きは変わらない。1970年代初頭から25年かけて円は実質価値を高め、95年のピークには2倍となっている。その後、低下に転じ、現在のトレンドは、ピークから47％下落し、やはり70年代初頭のレベルにかなり近づいている。

近年、コロナ禍でいったん中断していたが、前節でも触れたように、訪日客数がふたたび爆発的に増えている。それは、日本の魅力が再発見されただけでなく、１９７０年代初頭の水準近くまで実質実効円レートが低下し、外国人にとって、日本で生み出されたあらゆる財・サービスが割安に感じられるからである。彼らには、すべてが大バーゲンセールである。コロナ禍とその後のグローバルインフレの影響で、国際旅客運賃は急騰したが、それを支払っても、日本旅行は十分に割安だ。

一方、高騰した国際旅客運賃に加えて、１９７０年代初頭に匹敵する水準まで円の対外実質価値が低下したため、前述した通り、多くの日本人にとって、海外旅行はもはや高嶺の花である。２０２３年春、日本でもようやくコロナ禍が終息し、経済再開の機運が広がっているが、おいそれと海外旅行には行かれない。

長期円安トレンドでも円高局面は訪れる

前述した通り、実質実効円レートの変動も激しく、トレンドからの乖離は相当に大きい。実質円安の局面にあっても、短期的には、急激に上昇する局面、あるいは急激に低下する局面も見られる。トレンドからの乖離率を見ると、上下それぞれ15％を超え、累積で30％を超える場合もある（図１－11）。前節で取り上げた、近年の30％の急激な低下も、トレンドを上回る大幅な円の増価と、その調整過程、さらにその後のトレンドを下回る大幅な低下が重なったものともいえる。だとすると、長期円安の局面が続く場合であっても、いずれ大きな揺り戻し（実質円高）が訪れる可能性も無視できないだろう。

図１-11　実質実効円レートのトレンドからの乖離率

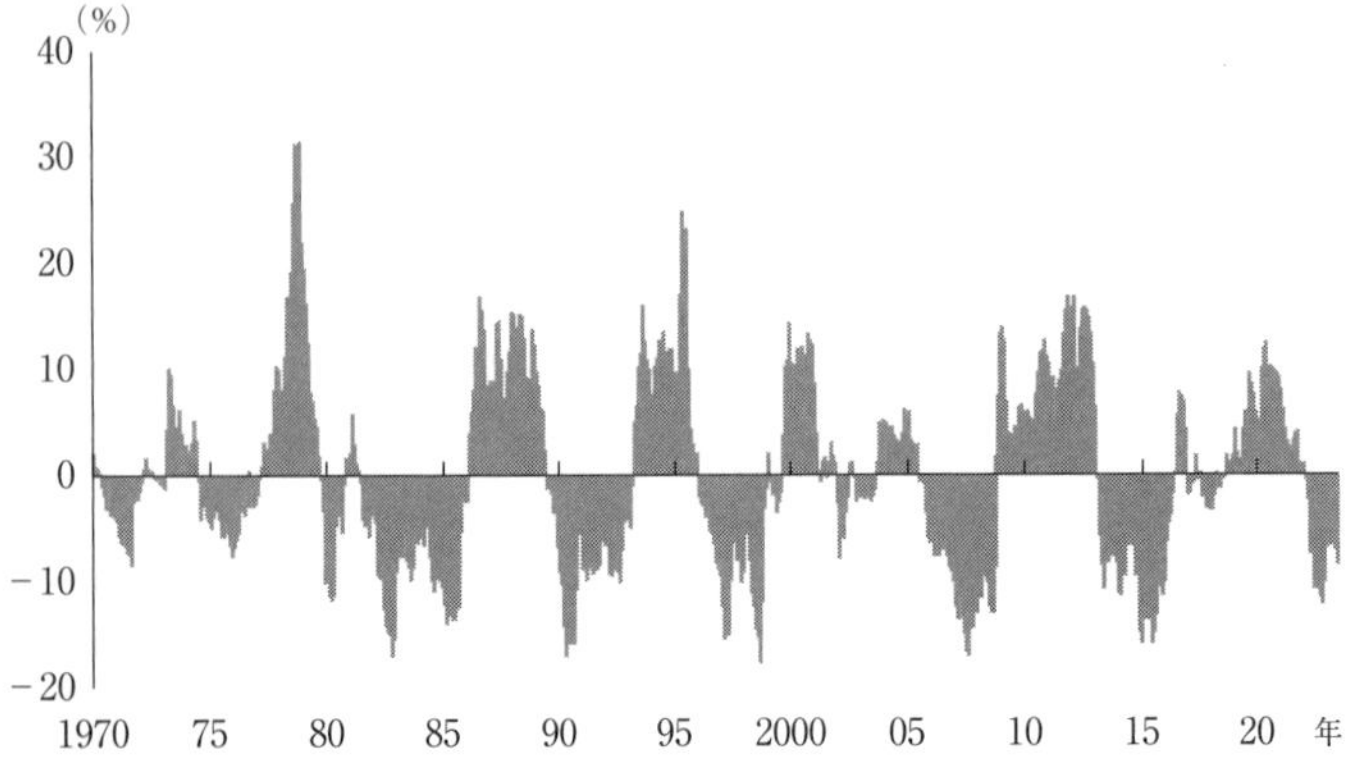

（注）　乖離率は「(実績−トレンド）÷トレンド」
（出所）　日本銀行資料より、BNPパリバ証券作成

そうした点で、激しい振幅を抑えるための政府によるスムージング・オペレーション（平準化のための介入など）には意義もあるだろう。ただ、１９９５年に実質円高の長期トレンドが終わり、その後、実質円安の長期トレンドに移行して15年以上が経過したタイミングで、実質円安をさらに助長する異次元緩和を開始し、10年以上にわたって継続していることが果たして妥当なのか、やはり疑問である。求めたはずの円安が行き過ぎて弊害が大きくなり、それを止めるのに四苦八苦し始めているのが今の私たちの姿ではないのか。

２０００年代半ばの教訓

実質実効円レートの大きな転換点が１９９５年から始まっていたにもかかわらず、名目為替レートの動きに惑わされ、そのことに多くの人が長く気づかなかったというのは、拙著『成長の臨界』でも紙幅を割いて論じた点である。２０１０

年代初頭に円高に苦しみ、それが２０１３年からの異次元緩和につながったというのが通説だが、当時の円高は、実質ベースでみると、１９９０年代半ばに比べてさほど深刻だったわけではない。それにもかかわらず、２０１０年代初頭に加工組立セクターを中心に苦境に陥ったのは、２０００年代半ばの実質円安局面において、国内で過剰な生産能力を積み上げたからである。

２００８年にグローバル金融危機が襲来し、売上が激減する中で訪れた実質円高はたしかに致命的ではあった。ただ、実質円高が苦境の真因か、と言われると、そうではないだろう。それ以前の２０００年代半ばの実質円安の際に、国内で積み上げた過剰設備が真の問題だった。

筆者は、実質円安の長期トレンドは、後述する理由によって、今後も続くと考えているが、とはいえ、警戒も必要である。実質円安が大幅に進んでいることから、それが続くと強く慢心して、国内で過剰を積み上げた２０００年代半ばの失敗が再び繰り返されることはないだろうか。現在、経済安全保障やグローバル・サプライチェーンの安定性の観点から、日本国内への生産拠点回帰を意識する企業経営者が増えている。

第4章で詳しく論じる通り、生産拠点の国内回帰は、一般論として、日本経済にとり望ましい現象だと考えるが、実質円安の継続を前提に生産拠点の立地を考えるのは、あまり適切とは言えないだろう。望ましいのは（実質）為替レートの変動に左右されない企業経営である。実質円安トレンドが続いても、その間に、上下で30％を超える大きな調整が訪れることがあるというのは、先に述べた通りである。

(2)「世界一物価の高い日本」から「安い日本」へ

バラッサ＝サミュエルソン効果とは

1995年まで実質実効円レートの上昇トレンドが続いていたのは、名目実効円レートのトレンドが上昇していたこともあるが、それだけが原因ではない。バラッサ＝サミュエルソン効果によって、日本の国内物価水準が相対的に高くなっていたことも大きく影響していた。そして、現在は、同じくバラッサ＝サミュエルソン効果によって、日本の物価水準が相対的に低くなっている。

バラッサ＝サミュエルソン効果とは、経済学者のベラ・バラッサとポール・サミュエルソンが提示した概念で、単一の通貨で表示した場合、「一国の物価水準」は、「一人あたり実質所得水準」と正の相関関係がある、というものである。つまり、生産性が高く、実質所得の高い先進国は、物価水準が高い。新興国はその逆で、生産性が低いため実質所得も低く、その結果、物価水準も低いということである。

念のため記しておくと、ここでの議論は、生産性、実質所得、物価のいずれも「水準」の話であって、「伸び率」ではない。多くの場合、先進国は実質所得や生産性の水準が高いがゆえに、収束の原理が働き、その伸び率は低い。そして、新興国は実質所得や生産性の水準が低いがゆえに、収束の原理によって、その伸び率は多くの場合は高い。

実際のデータでバラッサ＝サミュエルソン効果を示したのが図1－12である。日本の経験を分析するため、ここではOECD加盟の先進国だけに注目した。実質実効円レートの転換点となった

図1-12　一人あたり実質所得水準と物価水準（1997年時点）

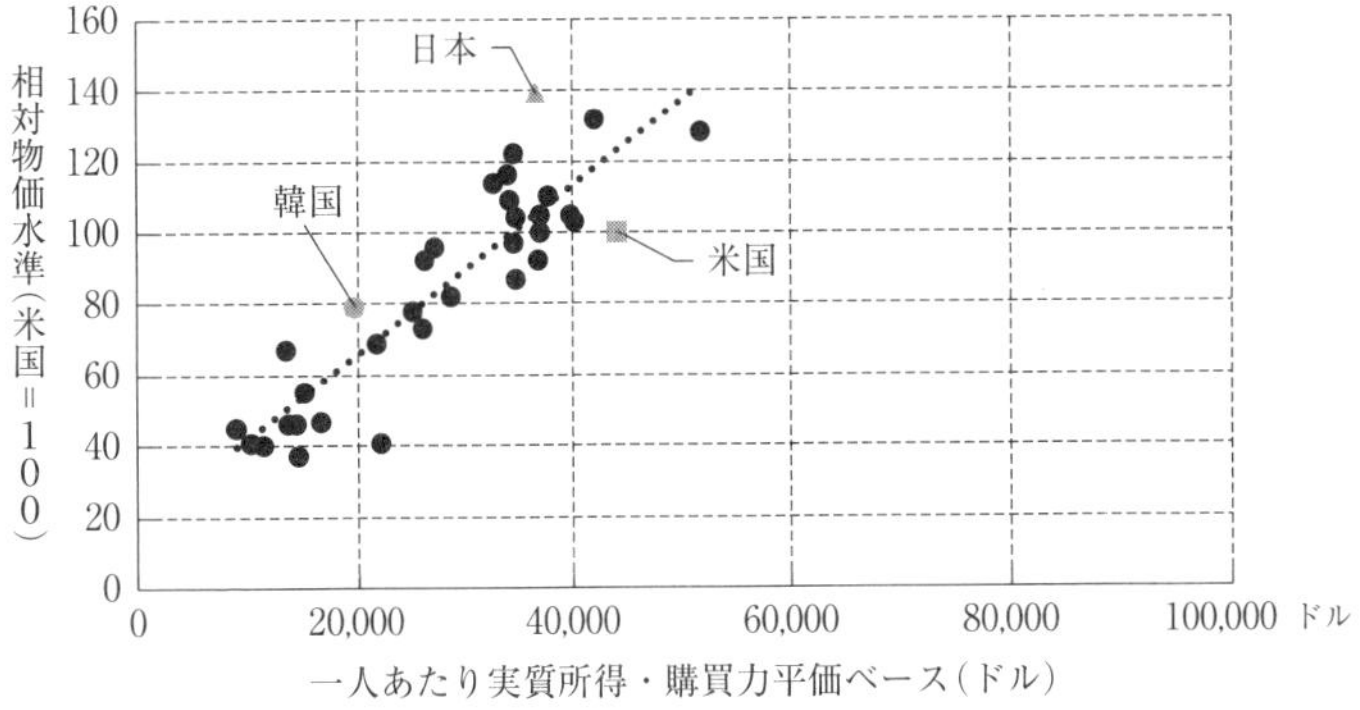

（出所）　OECD資料より、BNPパリバ証券作成

１９９５年のデータが入手できなかったため、１９９７年時点のデータを用い、横軸には一人あたり実質所得（ドルベース）、縦軸には米国を基準（米国＝１００）にした相対物価をインプットしている。

図１－12を見ると、バラッサ＝サミュエルソン効果の定義の通り、一人あたり実質所得の水準が高い国は物価水準も高く、一人あたり実質所得が低い国は物価水準も低いことが一目瞭然である。なお、実質所得は為替レートの変動を除いた購買力平価ベースのドル価値で表示している。購買力平価ベースとは、一定の種類と一定の量の財・サービスを購入するために各国の通貨がどのくらい必要かを示したものである。

１９９７年当時、日本の一人あたり実質所得は先進国の中でも高位にあり、相対物価水準は先進国の中で最も高かった。しかし、２０２０年のデータをインプットした図１－13を見ると、日本の一人あたり実質所得は１９９７年からさほど増えず、多くの国々に抜かれ、順位を低下させている。一方で、一人あたり実

図１-13　一人あたり実質所得水準と物価水準（2020年時点）

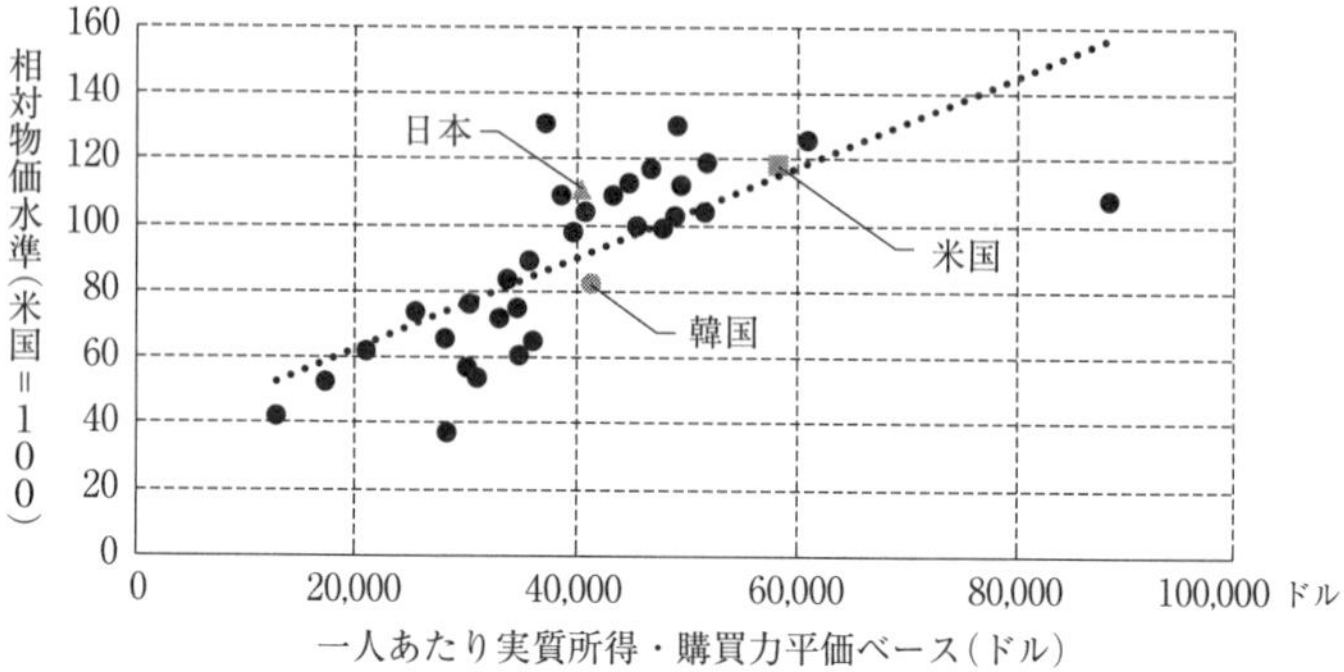

（出所）　OECD 資料より、BNP パリバ証券作成

質所得が増えた国々は、相対物価水準は上昇しているが、日本の相対物価水準は明確に低下している。

相対物価水準は米国を１００としているが、１９９７年当時、一人あたり実質所得で猛追する日本の物価水準は米国と変わらないか、むしろ高い水準にあった[7]。ところが四半世紀が経過すると、実質所得がほとんど上昇しなかった日本の相対物価水準は、その間、人件費の上昇などで物価水準が上がった米国を基準にすると、明確に低くなっている。それゆえ、今では米国人が日本を訪ねると、あらゆる財サービスが米国よりも割安となっているわけである。

日本と対照的なのは、韓国であろう。１９９７年当時、一人あたり実質所得は低く、米国を基準とする相対物価水準も低かった。しかし、四半世紀の間に、韓国の一人あたり実質所得は大きく切り上がり、日本と同程度か若干上回るようになり、相対物価水準も切り上がっている。

バラッサ＝サミュエルソン効果のメカニズム

日本の物価が世界一高かった、などと言うと、1990年代半ば以降に生まれた人は驚くはずだ。しかし、実際、1990年代半ば頃までは、日本の高い物価水準を是正することが政策課題の一つと考えられていた。

それでは、どのようなメカニズムが働いていたのか。わかりやすい例は、床屋の料金だろうか。豊かな国の床屋も貧しい国の床屋も生産性の水準は似たようなものかもしれないが、豊かな国の床屋の賃金水準は高く、料金も高い。一方で、貧しい国の床屋の賃金水準は低く、料金も低い。豊かな国も貧しい国も非貿易財（主に非製造業）における生産性の格差はさほど大きくはないが、貿易財セクター（主に製造業）の生産性格差は相当に大きい。豊かな国と貧しい国の床屋（非貿易財）の賃金格差や料金格差を規定しているのも、貿易財セクターの生産性格差なのである。

もう少し説明しよう。貿易財として、ここでは自動車を考える。豊かな国では、性能の良い自動車が生産され、貧しい国では、性能がさほど高くない自動車しか生産できない。あるいは、性能は同じであっても、豊かな国の労働者は自動車を1日10台生産できるが、貧しい国の労働者は1日2台しか生産できない、という想定がわかりやすいだろうか。生産性格差は5倍である。

一物一価の法則がグローバルで成り立ちやすい貿易財セクターの生産性格差が、両国における貿易財セクターの賃金水準格差を引き起こすというのはわかりやすいが、それだけでなく、非貿易財セクターの賃金水準格差にも大きく影響を与え、両国間の物価水準の格差を生み出す。

まず、前述した通り、貿易財の価格は国際的な裁定が働きやすいため、貿易財の生産性がそれぞれの国の貿易財セクターの実質賃金を規定する。貿易財セクターの生産性の高い国では同セクターの賃金水準が高くなり、貿易財セクターの生産性の低い国では同セクターの賃金水準が低くなる。そのことに違和感を持つ人は少ないだろう。

しかし、これが、それぞれの国の非貿易財セクターの賃金にも大きく影響する。今度は、国内の労働市場において裁定が働くため、貿易財セクターの生産性が高い国における非貿易財セクターの賃金も高くなる。一般に非貿易財セクターの生産性は、貿易財セクターに比べて低い。しかし、だからといって、その賃金が低ければ貿易財セクターに労働者が集中するため、裁定が生じ、国内では生産性の低い非貿易財セクターの賃金が生産性の高い貿易財セクターに近づくのである。

そうすると、非貿易財の価格はどうなるか。人件費が上がっても、非貿易財セクターでは、貿易財セクターのように高い生産性で吸収できないから、価格に転嫁される。その結果、貿易財セクターの生産性の高い国は、非貿易財の価格水準が高くなるため、物価水準も高めとなるのである。

一方、貿易財セクターの生産性の低い国では、貿易財セクターと同様、非貿易財セクターの賃金も低いため、非貿易財の価格水準も低く、この結果、物価水準は相対的に低くなる。このようなメカニズムで、貿易財の生産性の高い国では物価水準が高く、貿易財の生産性の低い国では物価水準が低くなる。念のため、ここまでの議論は、物価を含めすべて水準の話であって、インフレとかデフレの話ではない。

1995年までの日本の物価高のメカニズム

バラッサ＝サミュエルソン効果はやや複雑なメカニズムではあるが、このように順を追って考えていくと、当たり前のメカニズムが働いている、と感じる読者も多いだろう。今度は実際に、日本に当てはめて考えてみよう。

1970年代初頭以降、95年までの日本は、バブル景気とバブル崩壊の大きな振幅はあったものの、総じてみれば、豊かな水準を維持する余地があり、製造業におけるイノベーションを背景に、生産性は著しい改善を続け、それに伴って一人あたり実質賃金も水準を切り上げていった。一方、非製造業では、製造業のように著しい生産性の改善は起こらなかった。しかし、優秀な人材を確保しなければならないため、非製造業の実質賃金は、生産性がさほど高くなくても、製造業の実質賃金にサヤ寄せされるかたちで上昇が続いた。

同じ水準の教育を受けたのなら、非製造業に勤める若者も、製造業に勤めることができたはずである。製造業に比べて生産性が低いからといって、非製造業の給与が低ければ、非製造業に良質な人材は集まらない。それゆえ、日本の非製造業の実質賃金は、生産性の高い製造業の賃金にサヤ寄せされるかたちで水準が高くなったのである。

製造業は生産性上昇で、実質賃金の上昇が吸収されるが、生産性の低い非製造業は、実質賃金の上昇を価格転嫁せざるを得ない。このため、非製造業の生み出すサービス価格は高くなり、一国の物価水準を押し上げる。1990年代半ばまで日本の物価水準が高かったのは、製造業の生産性が高かったためである。

ただし、95年頃の日本の相対物価が極端に高かったのは、前述した通り、トレンドを大幅に上回る超円高が影響していたことも、付け加えておく必要があるだろう。当時の超円高は、購買力平価を大幅に上回っており、日本の相対物価の高さは、バラッサ＝サミュエルソン効果で説明可能な範囲を明らかに超えていた。一人あたり実質所得が米国を下回る一方、米国の相対物価を超えていた、というのが何よりの証拠であろう(8)。

(3) 長期実質円安の原因

物価水準が高いことは問題だったのか

製造業の生産性が高いことが、物価水準が高いことの原因であれば、それ自体を問題視するのは妥当ではないはずだ。もちろん、非製造業の生産性を改善させるという視点は常に適切なのだが、そのことは必ずしも容易ではない。サービスは、需要がある時のみ供給されるという同時性の問題があるため、作り置きが難しい。非製造業は生産性を上げるのが容易ではないのである。

しかし、１９９０年代前半の日本の物価高をめぐる論調は、私たちを誤った対応へと導いていったように思われる。すなわち、生産性に比して非製造業の賃金があまりに高く、それが日本の物価高を引き起こしているから、物価を望ましい水準に引き下げるために、非製造業の賃金を引き下げるべきといった、乱暴な政策論に変質していったのである。バラッサ＝サミュエルソン効果を完全に無視した処方箋を提示する有識者も少なくなかった。

時代のめぐり合わせもよくなかった。１９９０年代前半は、バブル崩壊によって、非製造業を中心に業績が大きく低迷していたことも加わり、人件費の圧縮を目指すことが是とされたのである。本来は、生産性の引上げこそが必要だったはずであり、それは消費者が欲する新たな財サービスを生み出すことだったはずだが、それがいつの間にか、コストカット最優先論に置き換わっていった。加えて、前述した通り、90年代半ばの超円高の到来も、日本の相対物価を押し上げたが、為替が原因であるにもかかわらず、人件費の高さを是正することが喫緊の課題とされた。これが、低い賃金問題の源流である。

付加価値を高めるには、効率化も必要なのだが、マクロ経済全体で、コストカットに邁進すれば、自社の売上がますます減るという悪循環、すなわち「合成の誤謬」に陥る。

蝕まれた強い製造現場

ここで日本の産業界が見出したダークサイドのイノベーションは、非正規雇用比率の引上げを通じた、人件費カットである。非正規雇用の活用で人件費を抑制した企業は一見、頑健性を増したように見えたが、そのことは人的資本の蓄積の乏しい労働者を増やし、本来、目指すべき生産性の改善は足踏みした。十分なセーフティネットを持たない労働者が増えたことで、将来不安から予備的動機で貯蓄が行われ、景気回復局面で所得が増えても、消費回復は滞るようになった。２０１７年から19年に日本経済が超人手不足に直面しても、消費が力強い回復を示さなかったのも、こうした「合成の誤謬」が生じていたからにほかならない。

１９９０年代後半以降、バラッサ＝サミュエルソン効果が逆方向に働き始めたのは、バブル崩壊による総需要の落込みだけでなく、こうした産業界の誤った対応も影響していたと思われる。非正規雇用を増やす動きは、製造業でも広がり、同部門の生産性の改善を鈍くすることで、一国の実質賃金回復の牽引役は不在となった。

さらに2000年代以降は、サプライチェーンの細分化が進み、生産工程の海外移転が進められるようになった。国境を越えた生産管理が可能となり、大企業は、自らの経営ノウハウと新興国の安価な労働力を組み合わせることで、大幅なコストカットが可能となった。特に生産性の高い大企業・製造業が生産工程の海外移転（オフショアリング）を進めたことは甚大な影響を与えた。

最も高い生産性を持つ大企業・製造業の事業所が海外に移転したことは、二つの意味で大きな問題を引き起こした。まず、それに代わって高い賃金を支払う生産性の高いビジネスが国内で容易には生み出されなかった。さらに、それ以前は、高い生産性を持つ大企業・製造業の事業所から、周辺の中堅・中小企業の製造現場に、イノベーション効果がスピルオーバーしていたが、それも機能しなくなった。二重の意味で「産業の空洞化」が生じ、その結果、製造業の生産性上昇による実質賃金の改善が滞るようになったのである。

これらの構造的問題は、拙著『成長の臨界』で詳しく論じた点だが、製造業の実質賃金の上昇が止まったため、バラッサ＝サミュエルソン効果によって、非製造業の実質賃金の改善も止まり、サービス価格の上昇が止まることで、日本の相対物価が低迷するようになったのは、説明を必要としないであろう。

製造業がうまくいったのは国境の外側

大企業・製造業の経営者の前でこの話をすると、自分たちは毎年、最高益を上げており、製造業の生産性の向上がストップしているというのは事実ではない、と強く反論される。たしかに日本の製造業は収益性を大きく高め、うまく振る舞ってはいる。しかし、それはあくまで国境の外側の高いパフォーマンスによるところが大きい。

マクロ経済的には、図1－6で示された通り、第一次所得収支の大幅な黒字に表れている。改めて、第一次所得収支とは、親会社と子会社との間の配当金・利子等の受取りと支払いである「直接投資収益」や、株式の配当金や債券の利子の受取りと支払いである「証券投資収益」などを合算したものであり、たしかに海外での儲けは大きく増えている。しかし、一方で、国境の内側においては、一部の企業を除くと、強い製造業の現場は徐々に蝕まれている。近年、貿易収支は赤字傾向が定着しつつあるが、それに対応し、一国全体の製造業の生産能力は縮小傾向が続いたままである（図1－14）。

日本銀行や経済産業省は、少子高齢化による労働力の減少に対応して、日本の製造業が「稼ぎ方」をバージョンアップさせたのであって、国内で研究・開発に励むのなら、人件費の安い新興国で生産し、全世界に輸出するというビジネスモデルは、むしろ望ましいのだと長く擁護してきた。

たしかに、生産年齢人口の減少が続く中で、生産現場の労働力を確保するのは、容易ではない。しかし、筆者は、消費者の財・サービスの品質、性能に対する要求水準が最も高いのは日本であって、イノベーションには、研究・開発のみならず、日本で生産を行うことも不可欠だと考えてき

図 1 -14　生産能力指数（製造工業、2020年＝100）

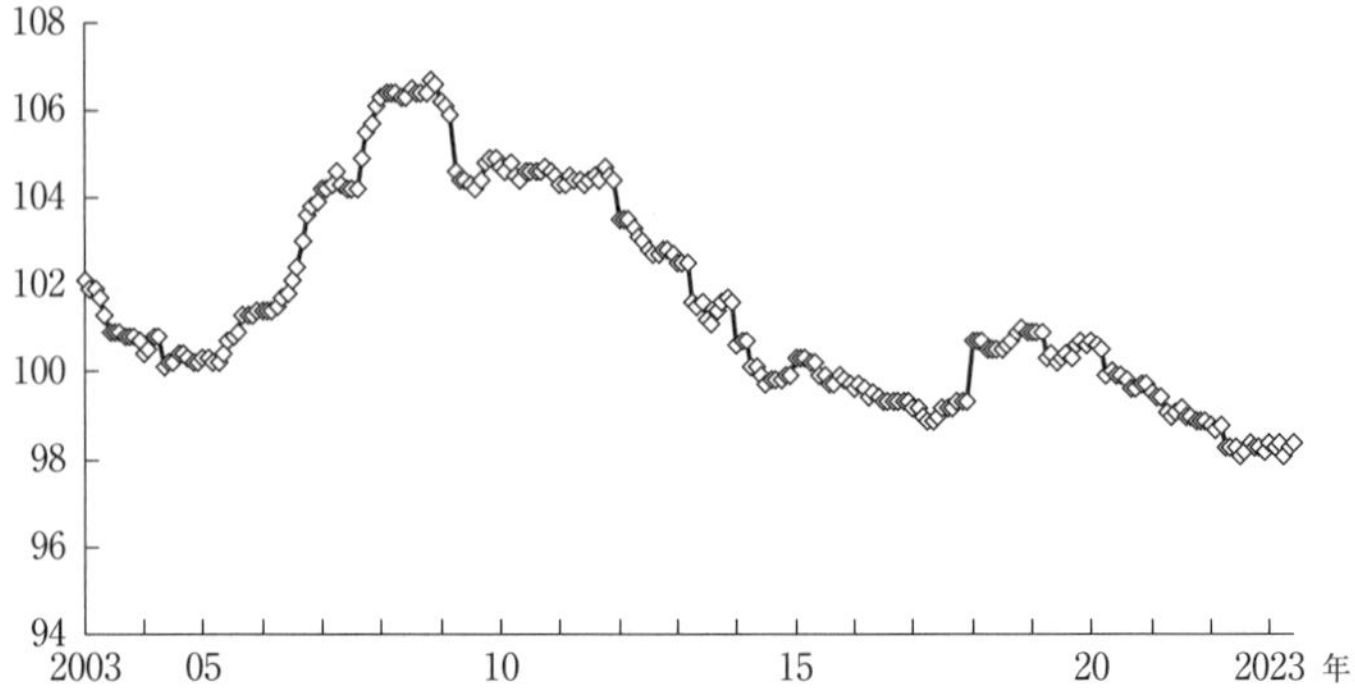

（出所）　経済産業省資料より、BNP パリバ証券作成

た。そもそも、海外展開の名の下に実際に行われてきたのは、日本で成功した古いビジネスモデルを海外市場に持ち込むだけで、新たなイノベーションは途絶えていたように思われる。

さらに、海外で生み出された所得が、国内での新たな研究・開発や人的投資に振り向けられたのならよいのだが、実際には海外で再投資が繰り返されるだけで、国内の支出増にはさほど振り向けられてこなかった。

これらの問題は、第4章で改めて取り上げるが、ロボティクスやＡＩを駆使すれば、人手が足りなくても、日本国内での生産は可能なはずであり、それが新たなイノベーションにもつながる。こうした流れに変わってゆくのなら、実質円安の長期トレンドにも大きな変化が現れる可能性があるだろう。

第1章　注

（1）もともと、ＹＣＣは長期金利がマイナスの領域で大幅に低下することによって、年金システムや保険システムなど長期の金融システムに悪影響が及ぶことを避けるために導入された。それゆえ、長期金利の目途を上下対称のプラスマイナス1%とはせず、上限のみを1%に引き上げたのであろう。

（2）金融政策決定会合後に発信された声明文では、ＹＣＣの柔軟化の理由として、「長期金利の上限を厳格に抑えることで、債券市場の機能やその他の金融市場におけるボラティリティに影響が生じるおそれがある」としていた。金融政策決定会合後の総裁記者会見で、「その他の金融市場」が何を意味するのかを問われ、植田総裁は、「日本銀行として、当然のことですが為替をターゲットとしていないということは変わりはありません」としつつも、「ただ、この副作用の話の中で、金融市場のボラティリティをなるべく抑えるというところの中に、今回は為替市場のボラティリティも含めて考えてございます」と答えている。

（3）これらの図を示した際に、よくいただく質問が、なぜ縦軸である実質為替レートを自然対数で表示するのか、という点である。まず、短期的には、米日の長期国債の実質利回り格差が、ドル円の実質的な変化率を規定する、というのがここでの仮説である。実質金利差が決定するのは、あくまで為替の変化率である。言うまでもなく、1ドル80円のときの1%に相当する値幅は0・8円であり、1ドル１００円のときは1・0円、1ドル１３０円のときは1・3円と、1%に相当する値幅は水準によって大きく異なる。自然対数を取るとその変化（目盛り）は値幅ではなく、変化率に対応する。それゆえ、実質為替レートを対数で表示しているのである。

（4）日本銀行は、２０１９年9月まで「政策金利については、海外経済の動向や消費税率引き上げの影響を含めた経済・物価の不確実性を踏まえ、当分の間、少なくとも２０２０年春頃まで、現在のきわめて低い長短金利の水準を維持することを想定している。今後とも、金融政策運営の観点から重視すべきリスクの点検を行うとともに、経済・物価・金融情勢を踏まえ、『物価安定の目標』に向けたモメンタムを維持するため、必要な政策の調整を行う。特に、海外経済の動向を中心に経済・物価の下振れリスクが大きいもとで、先行き、『物価安定の目標』に向けたモメンタムが損なわれる惧れが高まる場合には、躊躇なく、追加的な金融緩和措置を講じる」としていた。２０１９年10月の決定会合では、屋上屋を重ねるかたちで、先行きの金融緩和の可能性を示す文言「政策金利については、『物価安定の目標』に向けたモメンタムが損なわれる惧れに注意が必要な間、現在の長短金利の水準、または、それを下回る水準で推移することを想定している」が付け加えられた。この文言は、その後も長く継続され、コロナ禍では、「当面、新型コロナウイルス感染症の影響を注視し、必要があれば、躊躇なく追加的な金融緩和措置を講じる。政策金利については、現在の長短金利の水準、または、それを下回る水準で推移することを想定している」とされていた。この文言が削除されたのは、植田和男総裁就任直後の２０２３年４月の決定会合で、以下の通り、シンプルなものに書き換えられている。「引き続き企業等の資金繰りと金融市場の安定維持に努めるとともに、必要があれば、躊躇なく追加的な金融緩和措置を講じる」。

（5）「効率賃金仮説（efficient wage hypothesis）」を唱えたのは、経済学者のカール・シャピロとジョセフ・スティグリッツである。彼らは、実質賃金は効率を重視して決められるため、限界生産力よりも高くなると考えた。

（6）ウクライナ戦争開始直後のコモディティ高が落ち着き、２０２３年に入ると、交易条件の改善によって、一国全体の所得（ＧＮＩ）は改善傾向にあるが、その恩恵は、家計部門にはさほど回っていないようである。

（7）実質所得は先進国の中で高位のグループにあったとはいえ、トップではなかったわけであり、それにもかかわらず相対物価水準が米国などを超えて最も高かったのは、後述する通り、実質実効為替レートがトレンドから大きく乖離して、過度な実質円高が進んでいたためだと思われる。

（8）住専問題など多くの金融機関が深刻な不良債権問題を抱える中で、バラッサ＝サミュエルソン効果を大きく逸脱する急激な実質円高が訪れたことで強烈な景気収縮圧力がもたらされ、日本経済の停滞の大きなきっかけになったことは、拙著『円安再生』で詳しく論じている。

第2章　グローバルインフレの真因

1　繰り返すショックと中央銀行の誤算

(1)　何が過去30年の物価安定をもたらしたのか

米欧の中央銀行の失敗からの教訓

先進各国のインフレは、ピークを打ったとはいえ、いまだ各国が目標とする2％を大きく上回ったままだ。特にエネルギーや食料品を除いたコアインフレは未だに高止まり傾向にある。（図2－1）。

インフレ加速が始まったのは2021年半ばだったが、米欧の利上げ開始は、2022年まで遅れ、現在の政策金利は、利上げ開始当時に考えられていたよりも、はるかに高い水準にある。しかし、依然として経済はサービス需要を中心に過熱気味で、米欧の中央銀行は、金融引締めサイクルが終結したと、宣言できない状況にある。

いったい、先進各国の中央銀行は何を見誤ったのか。拙著『成長の臨界』では、各国政府があまりに大規模な財政政策を発動し、それがペントアップ需要（繰り越し需要）と相まって、大きなプ

図２－１　日米欧の CPI コア（前年比）

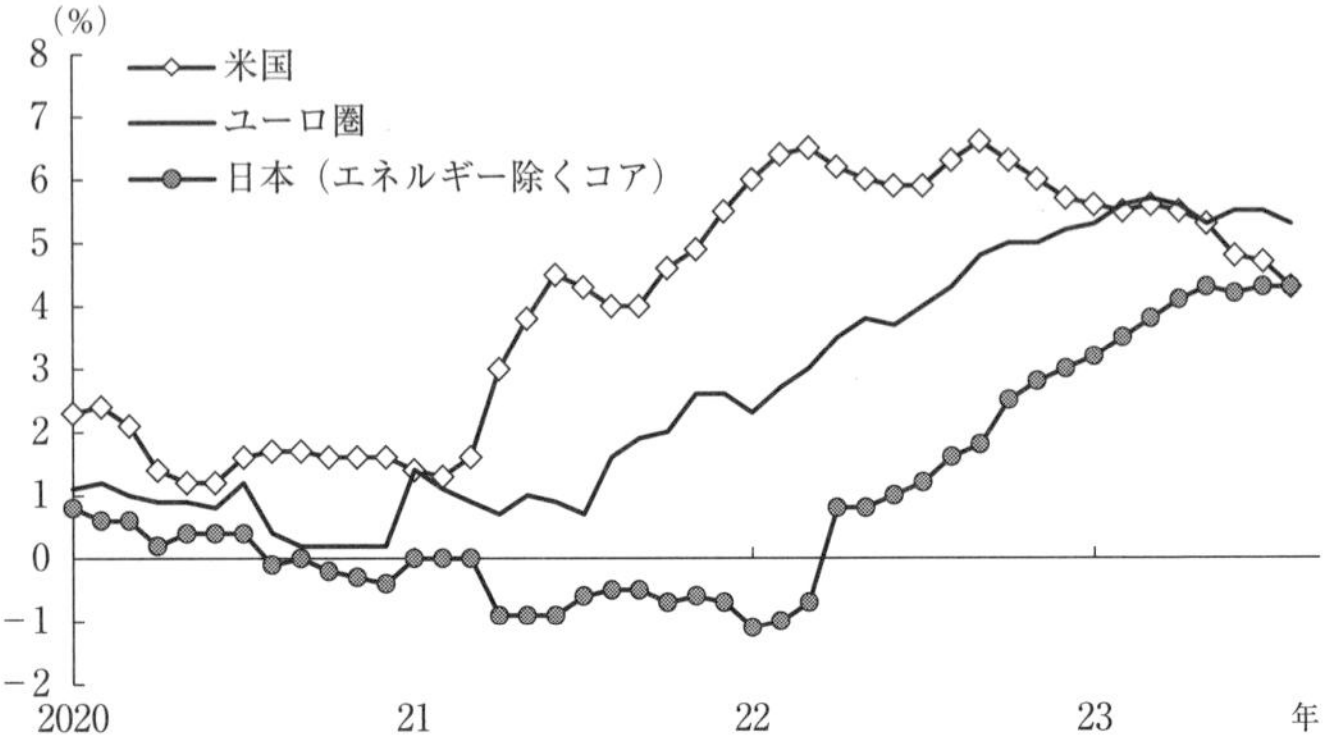

（出所）総務省、Macrobond より、BNP パリバ証券作成

ラスの需要ショックとなっていること、またパンデミックという極めて不確実性が大きなショックが訪れたにもかかわらず、ＦＲＢは、主たる懸念として、インフレの一段の低下（ジャパニフィケーション）を避けるため、金融政策の機動性を損なうアベレージ・インフレーション・ターゲット（平均インフレターゲット）を導入したことが、政策転換の大きな遅れにつながったと論じた。それまで目標の２％を下回る期間が長く続いていたから、２％に達しても、均してみて２％になるまでは、すぐには金融引締めに転じないという政策手法を取り入れていたのである。

前著での論考の多くは今でも有効だと考えているが、２０２３年終盤に向かう現在、いまだしつこく高いインフレに苦しんでいるのは、先進各国いずれも共通しており、アベレージ・インフレーション・ターゲットを導入したＦＲＢだけが直面する問題ではなさそうだ。つまり、個別の中央銀行の失敗ではなく、現在の金融政策のフレームワークに潜むシステマティック・エラーが作用したと考えられるのだ。

ライス教授の論考

本章では、ＬＳＥ（ロンドン・スクール・オブ・エコノミクス）のリカルド・ライス教授が、中央銀行の集まりであるＢＩＳから公表した『２０２１年から22年の高インフレの暴走：なぜ、どのようにして起こったのか（The burst of high inflation in 2021–22: How and why did we get here?）』の論考を、筆者の意見を交えつつ紹介する。

日本では有力な経済学者を含めた専門家がグローバルインフレの原因として、労働供給の減少やサプライチェーン問題、ウクライナ戦争などの供給制約を強調していたため、今もそうした認識を持つ人が少なくない。たしかにそれらの影響もあるが、ライス教授の論文が示すように、主要先進国の中央銀行は、筆者が当初から強調していた通り、より大きかったのは財政金融政策の影響と位置づけるようになっている。また、ライス論文が示す通り、各国中央銀行のインフレ見通しの誤り、及び金融政策運営の誤りがシステマティック・エラーを伴うのなら、日本銀行にも当てはまる論考ではないかと思われる。

インフレ加速を無視した二つの論拠

ライス教授は、まずインフレ加速が始まった２０２１年半ばを振り返り、米欧では、主に二つの論拠で、当時のインフレ加速が無視されたことを指摘する。一つ目は、2021年上半期において、「パンデミック中の2020年に下落した価格が、正常な水準にキャッチアップするための調整過程」という見方が少なくなかったことである。

パウエルFRB議長は2021年8月の主要な中央銀行の首脳が集うジャクソンホール会議における講演で、「高水準の物価上昇は当然懸念ではあるが、一時的とみている」と明言、ラガルドECB総裁は同年10月末の金融政策決定会合（理事会）でも「インフレ率上昇は当初の予想より長く続くものの、一時的なもので、2022年中には低下する」と述べていた。しかし、2021年後半には持続的なインフレ加速となり、2022年前半にはさらに勢いを増して、「正常な水準へのキャッチアップ」をはるかに超えたものとなっていく。

二つ目は、インフレ率が2014〜19年の間、たとえばユーロ圏では1％から1・5％程度で推移するなど、2％を下回る水準に留まっていたことを、中央銀行が懸念していたことである。それゆえ「1年ぐらいの2％を超えるインフレはむしろ歓迎すべき」という主張も散見された。米国でも2010年代のPCEコアデフレーターの平均は1・6％に留まり、2％を下回っていることが、むしろFRBの悩みだった。

しかし、2023年8月現在のインフレ率の前年比は、かなり低下したといっても、米国でCPIコアが4・3％、ユーロ圏でHICPコアが5・3％である（日本の新型コアは4・3％）。第1章でも触れたが、インフレ率が目標をはるかに大きく上回る今となっては、2010年代の米欧のインフレ率が2％に届いていなかった、というのは些細な問題に見える。

シカゴ連邦準備銀行総裁で最古参のＦＯＭＣメンバーだったチャールズ・エバンスは、２０２３年に退任したが、２０１１年の講演で、次のように述べていた。「２％のインフレ目標に対し、物価が５％で推移していると想像してみたまえ。高いインフレを抑えるため、中央銀行がその存在意義をかけて強く対応するのに疑いの余地はない。髪の毛に火がついているかのように振る舞うはずだ」。現実にはエバンスの想像をはるかに超えて一時は上昇し、すでにセントラルバンカーの毛髪には火がついていたはずだ。なぜ、これほど深刻な事態に陥ったのか。

10年間の低いインフレに慢心

そこでライス教授は、同論文で、ショックの性質やインフレ期待の変化など高インフレをもたらした四つの要因を挙げている。四つの要因とは、物価に関する偏った診断、インフレ期待に対する誤った信念、中央銀行の「信認」への過度な依存、r^*の過小推計である。その際、用いる基本的な考え方の枠組みは、究極的には金融政策がインフレを抑制できる、という原則である（この例外は政府の財政信認の低下がもたらす「財政インフレ」であり、筆者としては、そのリスクは拭えないと考えているため、第３章で改めて詳しく取り上げる）。

理論とは異なり、現実の世界では、金融政策による物価コントロールは決して完璧ではなく、常に失敗の可能性を孕む。また、ＦＲＢのように、デュアル・マンデート（二つの責務）として、「物価の安定」だけでなく、「最大限の雇用」の達成など、他の目標の達成のために、インフレ率がしばらく２％から乖離するのを甘受することが望ましいケースもあり得る。

しかし、同論文が掲げる四つの要因に共通するのは、過去10年間、各国の中央銀行は低インフレにすっかり慣れきってしまい、政策の転換にあまりに時間がかかりすぎたため、インフレ亢進を許したという点である。ライス教授は、個別の判断ミスをあら探しするのではなく、インフレを容認することになった潜在的要因が、インフレ目標からの乖離が大きくなった後も継続したと指摘する。

グレートモデレーション

2021－22年のインフレ加速を分析する前に、一歩引いて、過去四半世紀の物価がいかに例外的な状況であったかを確認することが重要であろう。1995－2020年の間、ほぼすべての主要な先進国は際立った物価安定期を享受した。いわゆるグレートモデレーション（大いなる安定）である。図2－2は過去800年にわたる、英国のインフレ率を20年ごとに分けて、平均値と標準偏差をインプットしたものである。標準偏差は「ばらつき」を意味するから、平均値と標準偏差のいずれもが最も低かった1997－2016年は物価が最も安定していたということにほかならない。

過去100年も、金本位制からブレトンウッズ体制への移行、変動相場制の下でのマネタリズムなど、金融政策に関わる多くの実験が繰り返されたが、過去20年に取られた体制である「独立した中央銀行によるフレキシブル・インフレーション・ターゲット」ほど、低く安定したインフレを実現する上で有効なものはなかった。それが、グローバルインフレが始まる直前の2020年までの

図２－２　英国の過去800年のインフレ率（1217年～2016年）

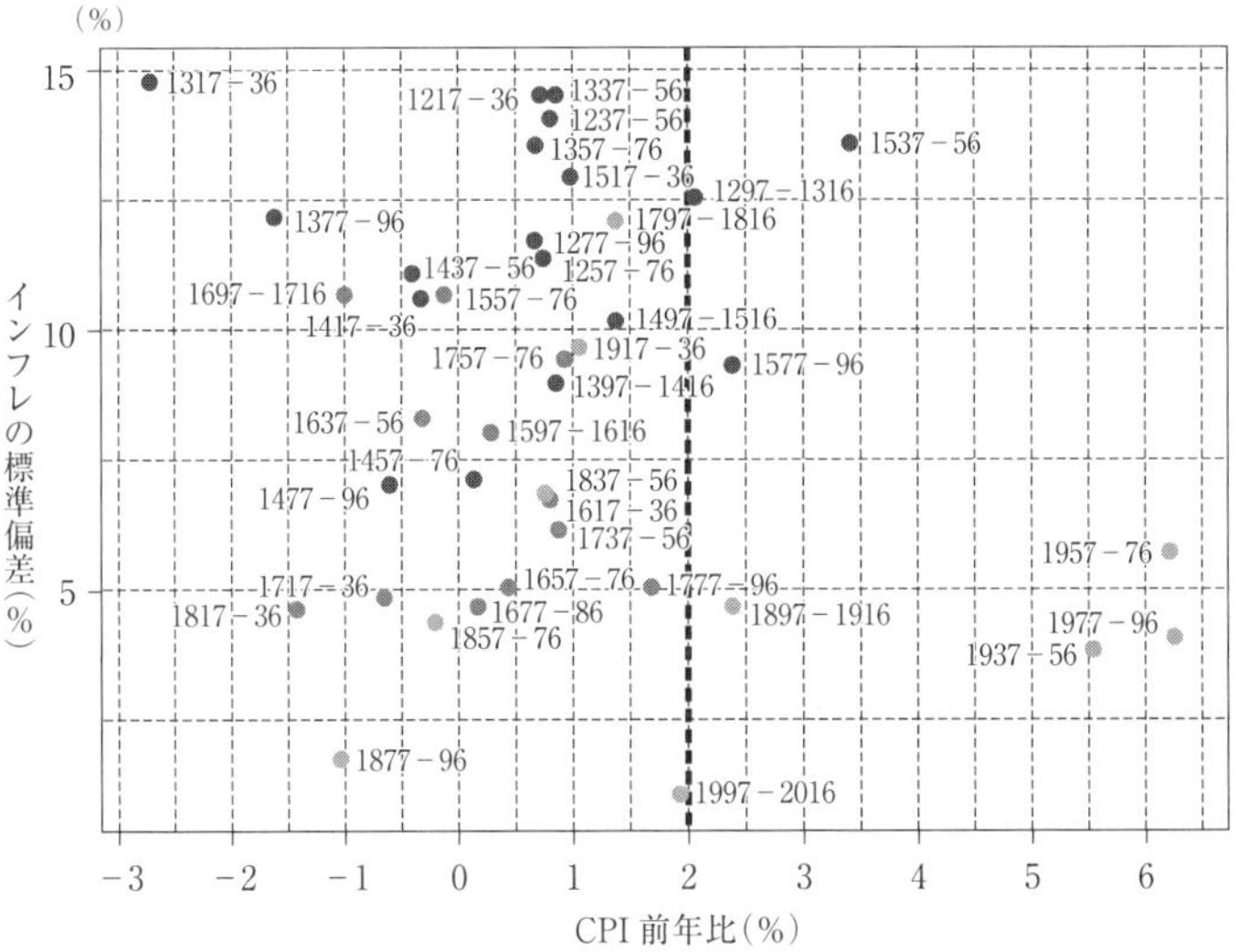

（出所）Reis（2022b）をもとに、BNP パリバ証券作成

出来事である。

インフレ安定の三つの柱

この成功の要因は何か。ライス教授は、論文で三つの柱を掲げている。第一は、中央銀行の財務当局からの独立性であり、公的債務管理や財政安定のためのサポートはもはや中央銀行の仕事ではなくなり、物価安定を最優先できるようになっている。また、民主主義社会の下で、再選を目指す政権からの独立性を確保し、一時的に景気を刺激するために金融政策が政治的に利用されないことも重要である。一時的な景気刺激策は、効果が小さい割に、不安定で高いインフレの代償をもたらすというのが歴史の常である（本書でも最終章で取り上げるが、この第一の柱

が日本において、果たして確立されていると言えるのか、不安に思う人も少なくないかもしれない)。

第二の柱は、第一の柱に対応して必要な政治的バランスである。中央銀行の正副総裁らは選挙で選ばれたわけではないが、極めてパワフルな力を持つ公的機関であり、それゆえに、権限は限られたものでなくてはならず、行動にも透明性が必要であり、そのパフォーマンスは測定可能で、一定期間ごとに測定されなければならない。だからこそ、中央銀行は、物価というシンプルかつ容易に誰もが観察できる指標をゴールとする目標を設定している。

第三の柱は、金融政策の手段である金利の優位性である。金利は、他の手段に比べて、透明で予測可能性も高い。大半の期間で、中央銀行がコントロールする短期金利が用いられていたが、グローバル金融危機後は、大量の長期国債の購入を通じ長期金利を一時的に操作する政策が追求された。中央銀行はテイラー・ルールやグラジュアリズム(漸進主義)のような明確な原則に従い、民間部門が政策の方向性とその理由を容易に理解できるように、自らの行動についてルール化した(非伝統的な金融政策の領域を最も広げたわが国では、たとえばYCCの再調整の際、予測可能性の乏しさを多くの人が実感したが、第三の柱が損なわれていないかも、心配である)。

大枠は変えてはいけない

三つの柱が物価安定の必要条件なのか、十分条件なのか、議論は尽きないが、これらの同じ三つの柱に従っていた多くの国で、時期も状況も異なっていたにもかかわらず、インフレ率が世界的にこれほど低く安定していたのは偶然ではない。ライス教授が敢えてこの三つの柱を取り上げたのは、近い将来、中央銀行の２０２１年における政策判断の誤りに対する批判や、現在のしつこく高いインフレへの人々の怒りが、過剰反応をもたらし、まったく的外れな新しい体制につながり、別の失敗に直面することを恐れているからである。

すなわち、過去20年間の成功は、独立した中央銀行がインフレ目標を達成するために政策金利を設定することでもたらされてきた。グローバルスタンダード論を含め、特定の数字に強くこだわりすぎるなど、反省すべき点も多々あるとは思われるが、基本の枠組みをひっくり返すべきではないというライス教授の考えに筆者も賛成である。

(2)　三度のショックと誤診

ロックダウン後の経済急回復

２０２０年と２０２１年には、大規模で異常なショックがグローバル経済を繰り返し襲った。中央銀行が直面した課題は難しく、経済がリアルタイムでどのような状態にあるのか、そして、インフレに影響を与えるショックの性質とその持続性がどのようなものであるか、極めて不確実な中で金融政策が運営された。

最初の大きなショックは、言うまでもなく２０２０年のパンデミック危機である。欧米では、ロックダウンが実施され、当初は、恐慌の到来を恐れるべきもっともな理由が存在したため、大規模な金融緩和が正当化された。ＦＲＢは資産買入れのスケジュールを発表し、バランスシートをＧ

図2－3　日米欧の中央銀行のバランスシート（2007年7月末＝100）

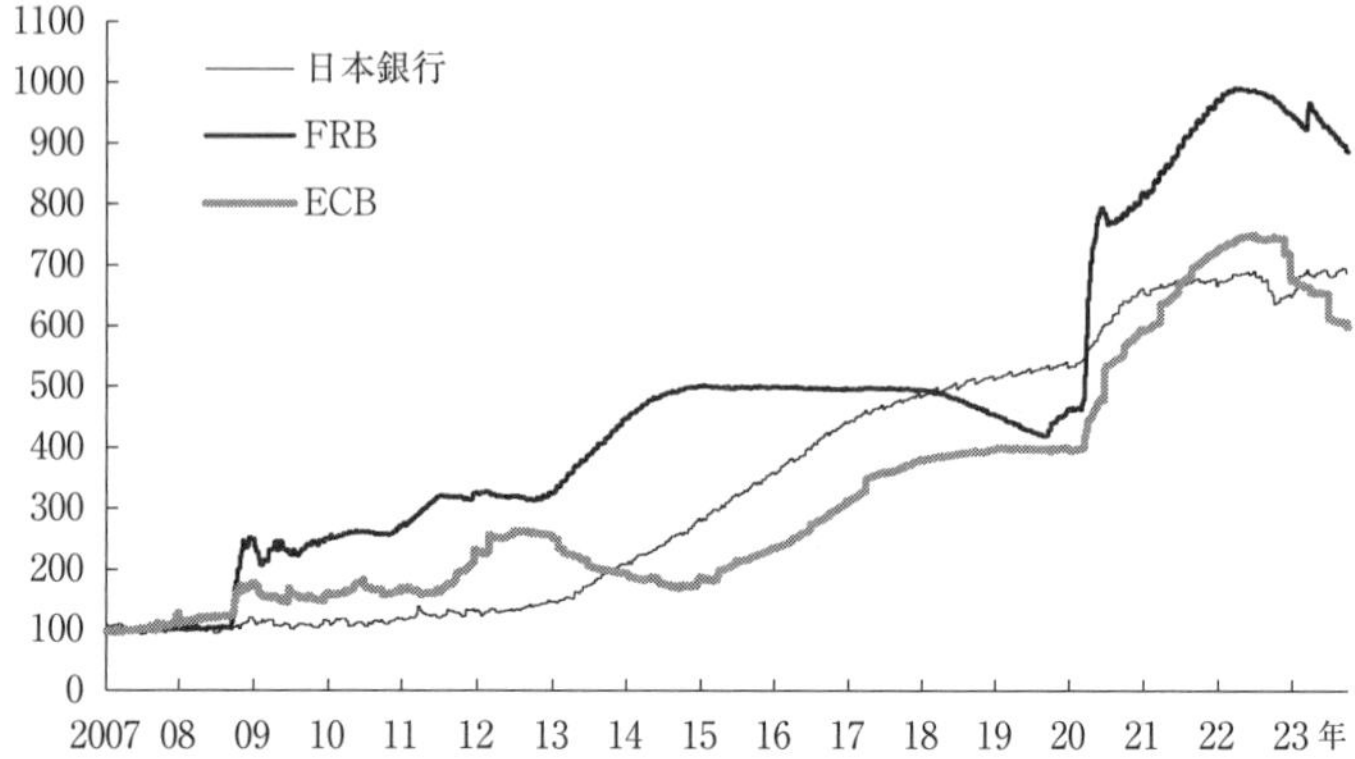

（出所）　Macrobondより、BNPパリバ証券作成

DP比で過去最高となる水準まで膨張させた（図2－3）。ECBは、政策金利（中央銀行への預入れ金利）が1年を大きく超えてマイナスで維持される、というフォワードガイダンスを提示した。

2000年代末のグローバル金融危機がトラウマになったのか、多くの人は、コロナ不況による長期的な傷跡効果を強く懸念していた。それゆえ、景気悪化を回避するために強力な対応策が求められたのである。

ところが、である。2020年が終わる前に、欧米経済は予想外に急反発した。2020年4－6月のボトムから2021年末までに、実質GDPは米国で15・1％、ユーロ圏では17・2％も増加した。コロナ前の2019年の平均水準にGDPが戻ったのは、米国が2021年1－3月、ユーロ圏は2021年7－9月である。ちなみに、日本は2023年4－6月になってようやく2019年の平均水準を超えた。経済封鎖時にレイオフ（一時帰休）が広範囲に実施された米国では、失業率がコロナ直後に14・7％まで急上昇したが、12カ月後には６・１％まで低下した。

いかに急激な回復だったのか

経済は、傷跡効果やヒステリシス（履歴効果）で大ダメージを受けるのではなく、抑え込まれていたペントアップ需要（繰越し需要）が一気に噴出し回復した。まず、２０２０年４－６月のロックダウンの後、７－９月に経済が再開され、急激にリバウンドした。その後、２０２０年末の新型コロナウィルス・デルタ株蔓延という大きなショックが訪れ、再びロックダウンが行われたが、GDPの落込みはユーロ圏ではかなり小さく、米国ではまったく観測されなかった。たしかにコロナ不況による落込みは大きかったが、２０００年以降の不況局面からの経済の回復ペースと比較すると、コロナ後の反発は相当に大きかった。

ライス教授は、こうした急速な景気回復は、大規模なマクロ経済政策の功績であると明言する。ただし、後述する通り、あまりに大きなマクロ安定化政策を行ったことが、ペントアップ需要と重なり、過剰な総需要の回復をもたらした、ということも、ここで付け加えておくべきだろう。

もちろん、付加的な失業給付をはじめ様々な社会保険制度やその特別措置は、２０２０年のショックがもたらした傷跡効果を最小限に抑えることに大きく貢献した。それらは、家計が悲観に陥り、消費や就業に消極的になるのを防いだ。さらに言えば、この間、破綻した銀行は存在せず、コロナ初期の２０２０年３月にグローバル金融市場に一時的にストレスがかかったこと以外、危機はまったく訪れなかった。

フィリップス曲線のフレームワーク

同時に、景気回復にはインフレの急上昇が伴った。経済とインフレ率の関係を示すフィリップス曲線のフレームワークでは、インフレが安定した状態（定常状態）から逸脱するのは、三つの経路が想定される。

一つ目は、家計や企業のインフレ期待の変化である。

二つ目は、資本ストックや労働力、技術によって規定される潜在ＧＤＰからの実際の経済活動の乖離（需給ギャップの変動）である。

三つ目は、サプライチェーンの寸断や供給制約などが原因で家計や企業の支出（総需要）に一時的に悪影響をもたらす供給ショック（マークアップ・ショック、あるいはコストプッシュ・ショック）である。

プラスの需要ショック

先に述べた需要の急回復は、インフレを押し上げる二つ目の経路（需給ギャップの変動）の一例といえる。金融引締めは逆方向の効果をもたらし、需給ギャップとインフレを安定させる。しかし、２０２１年にはインフレ上昇にもかかわらず、超金融緩和が継続された。さらに、２０２０年の政府から家計、企業への直接的な所得移転は、民間貯蓄の積上がりをもたらし、経済再開後の消費ブームの資金源となった。政府からの所得移転だけでなく、コロナの巣籠りの下で、望もうとも消費できなかったために、強制貯蓄がすでに積み上がっていた。強制貯蓄なる言葉は、コロナ禍で人口に膾炙するようになったが、経済活動の規制などで外食や旅行などができず、いわば強制的に蓄えられた個人のお金のことである。

さらに米国では、トランプ大統領時にＧＤＰで10％を大きく超える財政政策がすでに発動されていたが、２０２１年初頭には、ＧＤＰの10％に匹敵する拡張財政プランを骨子とするバイデン大統領の米国救済計画によって総需要がさらに刺激され、潜在ＧＤＰを上回る水準まで経済が一気に押し上げられたと見られる。

批判されるべきは２０２１年の政策転換の遅れ

２０２１年の政策発動以前の段階で、２０２０年の財政・金融刺激策はおそらく過剰であったと見られる。ただ、ライス教授は、こうした判断はあくまで後知恵であると論じている。誰もあれほど早期のワクチン開発に成功して、接種も普及し、経済が２０２１年から本格回復するとは、２０２０年の段階では、見通すことができなかった。より適切な批判は、急速な景気回復が過熱をもたらす兆候が明らかになっていたにもかかわらず、政策が少なくとも２０２１年末まで転換されなかったことだろう。

筆者もライス教授と同様、２０２０年の事後的に過大となったマクロ安定化政策の発動はやむを得ず、批判されるべきは、２０２１年の政策転換の遅れであると考えている。２０２０年におい

図2－4　パンデミック対応の裁量的な追加財政（％対GDP比）

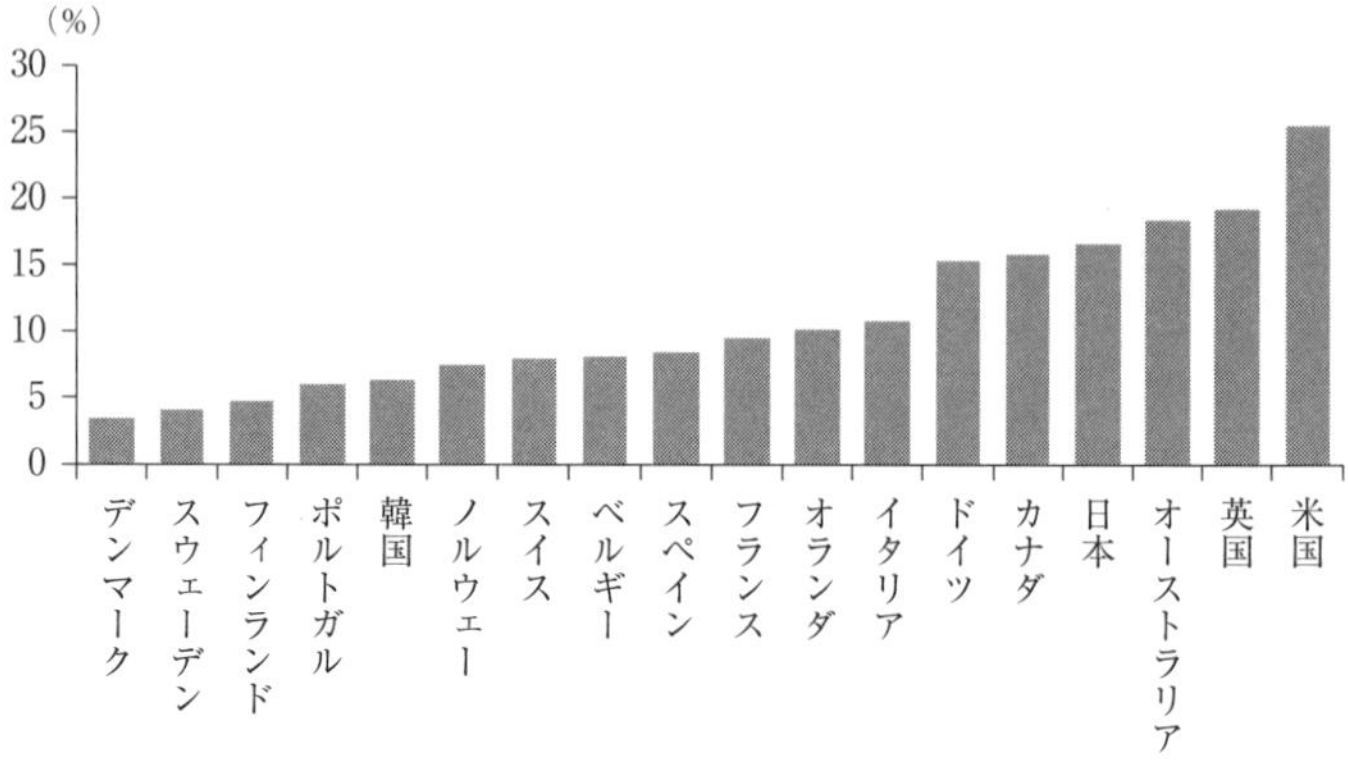

（出所）IMF資料より、BNPパリバ証券作成

て、リアルタイムでは、経済の急激な落込みを避けるための大規模な財政・金融政策は必要と判断せざるを得なかった。そうした意味で、現在、政策がなければ、コロナ時に受けるはずだったショックを回避した代償として、何がしかの負担を余儀なくされるのは仕方がないだろう。それがインフレというかたちで表れているということだが、ただ、２０２１年の政策転換は可能であったし、そうしていれば、これほどのインフレは避けられていたはずである。

米国ではＧＤＰ比で25％にのぼる大規模財政

ライス教授の分析は主に、金融政策に関わるものだが、高いインフレをもたらした主たる需要ショックは、ペントアップ需要と大規模財政が同時に現れたことであり、金融政策は、それらの行き過ぎた需要刺激効果の相殺が期待されているはずだが、現実には大規模緩和を継続し、より増幅した罪に問われている、ということである。

主因であった財政政策については、ＩＭＦの集計で確認すると、２０２０－21年に決定したコロナ対応の財政支出（減税なども含む）は、米国では額にして5兆３２８０億ドル、対ＧＤＰ比で実に25・5％に上る（図２－４）。米国が突出して大きいが、欧州においても、英国が対ＧＤＰ比19・３％、ドイツが15・３％、フランスが９・６％、イタリアが10・９％と、やはり相当に大規模である。ちなみにわが国は16・３％と、対ＧＤＰ比ではＧ20諸国の中で4番目の規模である。

インフレ抑制法という名のインフレ醸成策

なお、米国では、２０２２年8月に、気候変動対策やエネルギー安全保障に向けた支出を拡大しつつ、最低法人税率の導入や各種徴税強化策などにより長期的に財政赤字を削減することを企図した「インフレ抑制法」が成立した。ただ、「インフレ抑制」とは名ばかりで、総じてみればインフレ期待をさらに押し上げるような内容であり、実際、２０２６年までは財政収支の改善は見込まれていない。

このほか、バイデン政権は、学生ローンの支払い停止措置を決定した。その財政規模は４３００億ドル（ＧＤＰ比１・７％）と試算されていたが、２０２３年６月に最高裁が違憲判決を下し、同年10月から支払いが再開される見込みである。

欧州においても、コロナ対策だけではなく、エネルギー価格高騰への対応として、大規模な財政支援策を実施している。その規模は、ブリューゲル（Brugel）というシンクタンクの集計（２０２１年9月～23年1月）では、ドイツがＧＤＰ比７・４％、イタリアが５・２％、英国が

3・8%、フランスが3・7%と、こちらも相当に規模が大きい[1]。コロナショックだけでなく、その後、グローバルインフレが明白になった後も、各国で大規模財政が繰り返されている。第3章で詳しく論じる通り、グローバルインフレは、財政信認の低下が引き起こす財政インフレの領域に入っているのではないか、筆者が疑っているのはこのためである。

二度目のショックはグローバル・サプライチェーンの寸断

2021年には、二つ目のショックがインフレを悪化させた。それは、供給に起因する問題である。この年は様々な時期に、世界のあらゆる主要港湾が機能不全に陥り（ただし、日本では避けられた）、半導体の供給制約が発生、パンデミックの新たな波によって国境は閉鎖され、グローバル・サプライチェーンが寸断された。

日本では、国内の生産現場が全面的に停止する事態はおおむね避けられたが、多くの先進国、新興国では、サプライチェーンは一時、崩壊したと言っても過言ではない。

これらのボトルネックは、財供給に対するショックであり、国によってその影響は大きく異なる。しかし、中央銀行の「診断」と「対応」は先進国全体で、かなり似通っていた。フィリップス曲線のフレームワークに戻ると、当時、各国の金融政策立案者は、これらのショックをすべて一時的な供給ショック（マークアップ・ショック、あるいはコストプッシュ・ショック）、すなわち家計や企業の支出に悪影響を与える第三のチャネルと解釈したのである。そのため、インフレ率が上がっても、金融政策の緩和スタンスを逆転させ、景気回復を危うくしてはならないと結論づけてしまった。

(3) 一時的な供給ショックだったのか

たしかに、一時的な供給ショック（マークアップ・ショック）に対する標準的な金融政策の処方箋は、インフレ率が目標を上回ることを容認し、実際の産出量が、仮に潜在ＧＤＰを上回っても、総需要に近い（またはわずかに下回る）水準に留まるようにすることである。

しかし、この診断は、２０２１年当時、リアルタイムの判断においても、疑わしいものだったとライス教授は論じる。それは、これらのショックの多くが潜在ＧＤＰにも影響を与えていたためである。たとえば、グローバル・サプライチェーン問題は、企業の市場支配力に影響を与えるだけでなく、財を生産するために利用される技術の有効性にも影響を与えるはずである。私たちは、もはや以前のような効率性で生産する能力を持っていない。過去30年のグローバリゼーションが変容を遂げているのであれば、文字通り、経済の生産能力（潜在ＧＤＰ）そのものを押し下げた可能性がある。

グローバリゼーションの変容の影響

たとえば、筆者の認識では、１９９０年代から２０１０年代までのグレートモデレーションにおいて、産出能力（潜在ＧＤＰ）が大きく拡大したから、総需要が拡大しても、インフレ率の低下が起こった。各国の中央銀行もそう判断したから、緩和的な金融政策の継続が正当化されたのではないか。グローバリゼーションの変容で、産出能力（潜在ＧＤＰ）に抑制圧力が加わり、インフレが目標値を上回って上昇しているのなら、需給ギャップはむしろタイト化しているため、今回は、金融引締めが必要とされたはずである。

こうしたロジックに沿った議論だと思われるが、ライス教授は、もしインフレ率の上昇が、第三のチャネルであるコストプッシュ・ショックのように見えても、実際は、第二のチャネルにおける潜在ＧＤＰの低下による需給ギャップのタイト化が主因の可能性があり、だとすれば、政策の処方箋は、むしろ金融政策を引き締め、インフレ率を目標値に維持することだったと論じている。潜在ＧＤＰに対する持続的かつ反復的な負の供給ショックが生じている時、金融政策ではショックを吸収して産出量を維持できないのである。

戻ってこない高齢者

ライス教授の論文では触れられていないが、米国では、経済再開が始まる一方で、高齢者が労働市場に戻ってこないことも大きく影響した。これも潜在ＧＤＰにはネガティブに働く。近年、多くの先進国では、日本と同様、健康な高齢者が就業を継続してきたことが大きな労働供給源の一つとなっていた。しかし、米国では、50歳代、60歳代もコロナによって多くの人が亡くなった。身の回りで、そうした事態に直面した人々は、人生観が大きく変わったのではないか。いつ死ぬかわからない運命にあるのなら、年をとってまで、働き続ける人生に虚しさを感じる人も増えたと思われる。

図2－5　米国の年齢別労働力率

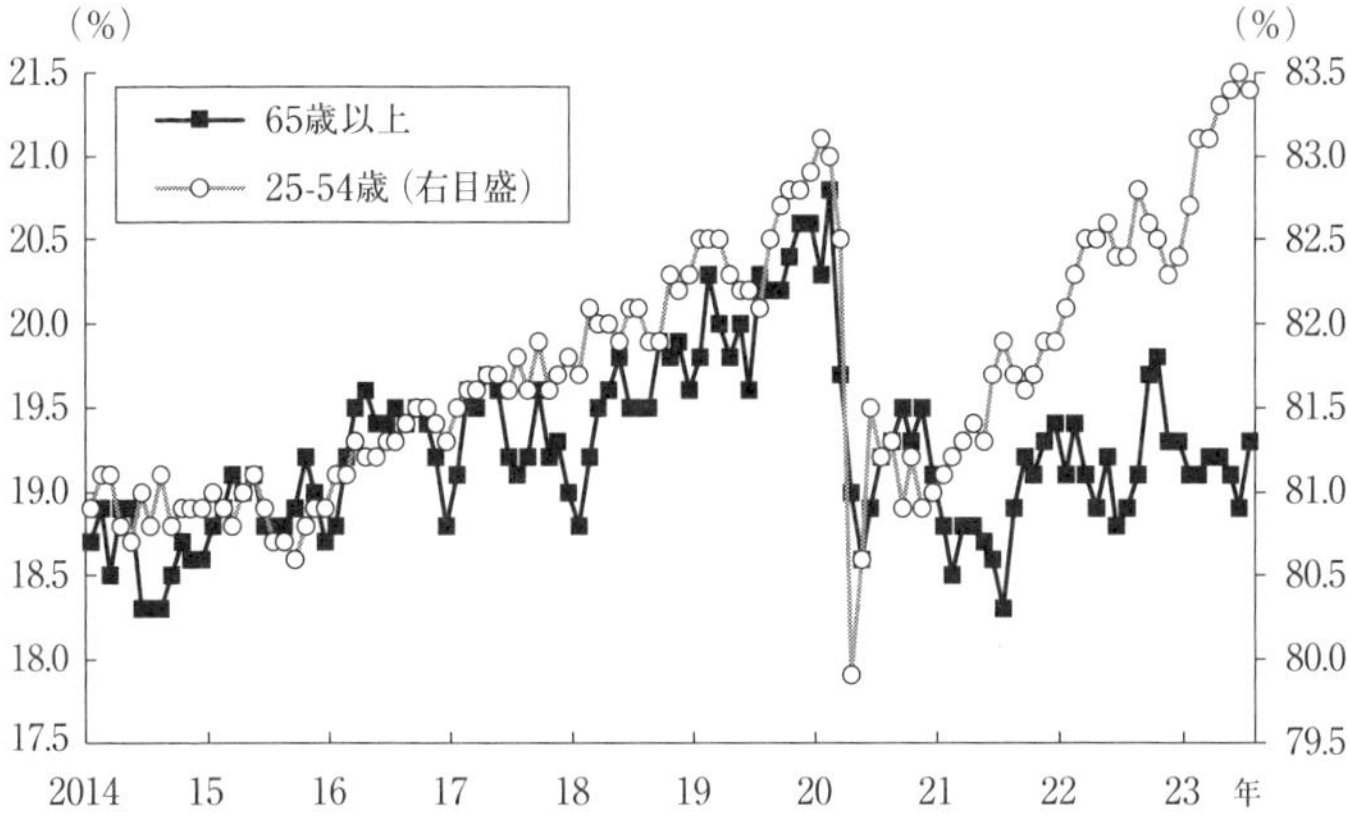

（出所）　Macrobondより、BNPパリバ証券作成

米国では、ワクチン接種で経済再開が始まると、高齢者も外食や旅行に出かけるようになったが、労働市場に復帰しない人が少なくなかった。働き盛りの25－54歳の人々は、すでに2023年前半の段階で、コロナ前の水準まで労働参加率は回復しており、今後もこれまでの上昇トレンドに沿って、改善が続くと見られる。しかし、55歳以上の高齢者、特に65歳以上については、依然として、労働参加率はコロナ前の水準を大きく下回ったままである（図2－5）。

　この結果、労働需給が逼迫し、賃金インフレが長引いていることも、米国のサービスインフレの鎮静を遅らせた。このほか、米国の固有の話であるが、トランプ政権の下での移民抑制政策がバイデン政権でも継続されていることも、労働需給の逼迫のもう一つの大きな要因である。

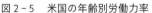

図2-6　ユーロ圏の失業率（季節調整値）

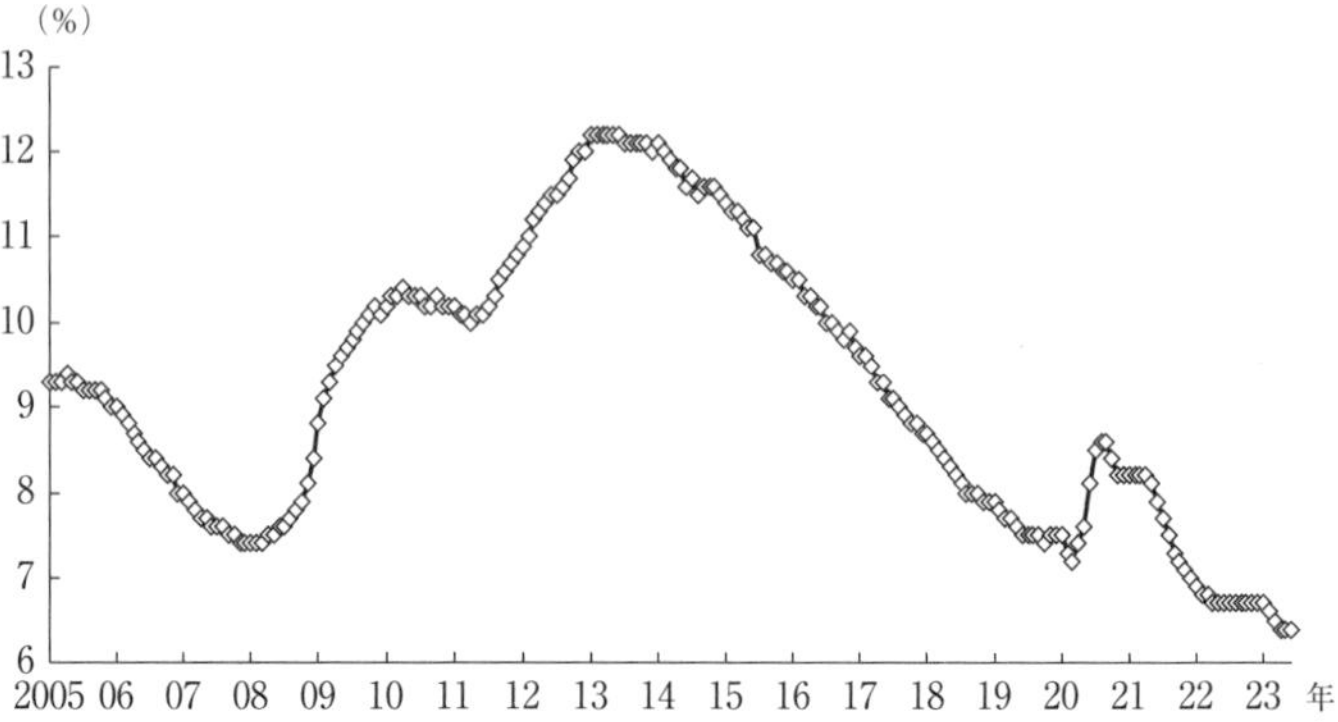

（出所）　Macrobond より、BNP パリバ証券作成

コロナで変わった働き方

米国では、ロックダウンの際、レイオフされた非ホワイトカラーが多数いたため、経済再開が始まった際、労働需給の逼迫が明らかになると、必ずしも元の職場には戻らず、これまでより高い賃金を提供する企業に転職する人が少なくなかった。いわゆる大転職時代（Great Resignation）の到来であり、これは拙著『成長の臨界』でも論じた点である。それでは、コロナ禍で多くの労働者の職が守られていた欧州で、なぜ労働需給がこれほどまでに逼迫しているのか（図2－6）。欧州では米国ほど大規模な財政政策は行われておらず、景気回復ペースも米国ほど高いわけではない。

筆者の現段階における仮説は、コロナをきっかけに、導入されたリモートワークが現在も継続され、それが労働時間の短縮につながっている、というものである。働き方が変わり、たとえばコロナが終息した現在も、月曜日や金曜日に出社しないで自宅で勤務する人が増えた。かつて欧州では、金曜日に昼食に出かけると、仲間とそのままパブでお酒を飲んで、午後は半ドン、というのは日常茶飯だった。それが木曜日に繰り上がった、という話を欧州出張では聞かされた。

リモートワークによって、職種によっては、生産性が上昇したケースもあるだろう。しかし、必ずしもすべての業種、職場で生産性の上昇が観測されているわけではない。全体で見ると、労働時間が短縮され、潜在ＧＤＰに悪影響をもたらした可能性がある。それゆえに、どこに行っても、欧州では人手が足りないのではないか。第４章の補論で論じる通り、欧州では、物価高に対応した賃上げだけでなく、こうした労働時間の短縮も加わって、ユニット・レイバーコスト（生産一単位あたりの労働コスト）が上昇しているから、収益を確保するために、価格転嫁による高インフレが継続している可能性がある。

現在は、コロナ後のペントアップ需要が強く、内需がまだ堅調であるため、この問題が見過ごされている可能性がある。今後、コロナをきっかけに、先進国の潜在成長率や労働生産性上昇率が低下した、という話が聞かれ始めるかもしれない。働き方がさほど変わらなかった日本では、この問題が避けられるのではないだろうか。

日本のインフレは一時的か

三番目のショックに話を移す前に、日本に関して触れておきたい点がある。それは、２０２３年５月に植田和男日銀総裁が、就任後初めて行った講演の内容である。植田総裁は、ライス教授と同様、フィリップス曲線のフレームワークを使って説明するのだが、2021年当時の先進各国の中央銀行総裁と同様のロジックで、現在の高いインフレは一時的と主張しているのである。以下、植田講演から該当箇所を抜粋した(2)。

「昨年来、よく寄せられるご質問は、消費者物価上昇率が2%を上回っているのに、どうして日本銀行は金融緩和を続けるのか、というものです。これに対しては、日本銀行が、『物価の安定』について、持続的・安定的な形で実現したいと考えているから、ということがお答えになります。現在、物価が3%を超えて上昇している主な理由は、需要の強さではなく、海外に由来するコスト・プッシュ要因です。これを先ほどご説明したフィリップス曲線の考え方に即して言うと、一時的な上方への乖離だと解釈できます。コスト・プッシュによる物価上昇は、実質所得や収益の下押し要因となるため、家計や企業に負担をもたらすものですが、これを抑制しようとして金融引き締めを行うと、経済や雇用環境を悪化させてしまいます。この結果、家計や企業に別の形で負担が生じるほか、コスト・プッシュ要因が減衰したあとは、一段と低いインフレ率がもたらされます。日本銀行は、賃金の上昇を伴う形で、2%の『物価安定の目標』を持続的・安定的に実現していくことを目指しています。そのために、金融緩和の継続により経済活動をサポートすることが必要となります。」

日本銀行は、欧米の中央銀行の失敗がシステマティック・エラーであることを認識していないのだろうか。もちろん、これまでインフレが低すぎたことを問題視する日本銀行からすれば、インフレの予測に失敗し、上方修正を繰り返すことは、嬉しい失敗ということなのかもしれない。

しかし、もし、日本のインフレ期待が2%を超えて上昇した場合、経済を均衡させる自然利子率（実質中立金利）がマイナス0・5%程度だとしても、オーバーナイト金利は少なくとも1・5%程度、10年金利はリスクプレミアムを勘案すると、2・0－2・5%程度が計算上、妥当な水準となる。ゼロ金利が四半世紀も続いた日本経済にとり、そうした高い金利は相当に大きなダメージをもたらす。本来なら、少しずつ政策修正を始める必要があるだろう。

極端なビハインド・ザ・カーブは避けなければならない

2023年3月に米国で観測された銀行破綻は、杜撰な経営が行われた一部の金融機関の問題であることが、すでに明らかになっているが、それでも破綻に至ったことは、FRBがわずか1年間で500BPもの急激な利上げを行ったことと無縁ではない。

今回の米銀破綻を日本が教訓とするのなら、それは、金融システムにストレスをもたらす急激な利上げを避けるべき、というものだと思われる。特に四半世紀もの長い間、事実上のゼロ金利政策が継続され、金融経済がそれにすっかり慣れ切ってしまった日本においては、この問題は極めて深刻である。極端なビハインド・ザ・カーブは、マクロ経済や金融システムに予期せぬ混乱を引き起こす恐れがあるため、採用すべきではない、ということだ。

言うまでもないことだが、目標を超えてインフレの上昇が確認された後に利上げをゆっくりと行ったのでは、実質金利がさらに低下して、円安インフレを加速させ、事態をさらに悪化させる。

第1章でも論じた通り、そうしたメカニズムは、為替市場では、すでに始まっているともいえる。マクロ経済や金融システムに強いストレスを与えないためには、ゆっくりとした利上げが必要であり、それを可能にするためには、極端なビハインド・ザ・カーブは避けなければならない。2%を超えるどころか、3%程度インフレが長引く現在、日本銀行が先行きについても1%台後半のインフレを見通しているのなら、それは2%の範囲内に達したというべきではないか。

リスクマネジメント・アプローチの誤用

かつて、FRB議長を務めたアラン・グリーンスパンは、金融政策運営において、経済に不確実性があることを前提に、先行きの様々な経済の経路ごとに、社会厚生を考慮することが重要という考え方として、「リスクマネジメント・アプローチ」を提唱した。わかりやすく言えば、上下双方向のリスクとそれが起こった場合のコストを比較衡量しながら政策を運営するというものである。可能性がたとえ大きくなくても、経済に大きなダメージをもたらすような事態を回避するというのが、リスクマネジメント・アプローチの神髄である。植田和男総裁は、先ほどの講演の最後に、グリーンスパンのリスクマネジメント・アプローチを紹介した上で、次のように語っている。

「これをわが国の現状に引き直しますと、拙速な政策転換を行うことで、ようやくみえてきた2%達成の『芽』を摘んでしまうことになった場合のコストはきわめて大きいと考えられます。逆方向の、政策転換が遅れて2%を超える物価上昇率が持続してしまうリスクもありますが、こうした2%の定着を十分に見極めるまで基調的なインフレ率の上昇を『待つことのコスト』は、前者に比べれば大きくないと思われます。そうした意味で、先行きの出口に向けた金融緩和の修正は、時間をかけて判断していくことが適当だと考えています。この『芽』を大事に育て、賃金の上昇を伴う形で、2％の『物価安定の目標』を持続的・安定的に実現することを目指します。」

いや、それは間違った適用だと言いたいところだが、2000年8月や2007年2月の利上げで強い批判を浴びた日本銀行からすれば、私たちが想定するものとは異なるレピュテーション・リスク（損失関数）に直面しているということだろうか[3]。話が横道に逸れてしまった。閑話休題。

第三のショックはエネルギー価格の上昇

ライス教授が掲げる第三のショックは、エネルギー価格の急騰である。エネルギー価格は、2021年から上昇していたが、22年2月のロシアのウクライナ侵攻で急騰した。FRBは22年3月から利上げを開始したが、これに対しECBは、再び、一時的な供給ショック（マークアップ・ショック、コストプッシュ・ショック）として対応した。

つまり、インフレの急激な上昇を容認し、それが短命に終わると予測したのである。原油価格の上昇がインフレを引き起こし、それが金融引締めの引き金となれば、景気後退を引き起こすという2008年の過ちを避けようと努力したことは、正当な対応だったのかもしれない。

グローバル金融危機が始まった2008年は、本来、金融緩和が必要だったはずだが、一時的な資源高に対して、ECBは金融引締めで対応し、当時、強い批判を浴びた。しかし、より重要な点だが、こうした「ショックのタイプを見抜いて」対応するという政策が適切な処方箋となるのは、人々のインフレ期待がアンカーされ、落ち着いている場合のみ、とライス教授は論じる。

なぜなら、エネルギー価格の急激な上昇は、フィリップス曲線の第一のチャネルであるインフレ期待に作用し、インフレを一段と押し上げるからである。しかし、再び中央銀行は、総需要に悪影響を及ぼす供給ショックと捉え、さらにインフレ期待がアンカーされていることを前提にした。現実には、家計はエネルギーコストの大きな変化を目の当たりにし、インフレ期待は不安定化していった。その後、ECBも急激な利上げを続けざるを得なかったのは、金利水準が低かったこともあるが、ライス教授が論じた過ちを認識し始めたからだろう。ちなみに、日本銀行も2022年の資源高やその後訪れた超円安に対して、同様の見解を示していた。

このように、短期間に3回連続で、一連のショックが欧米のインフレを押し上げた。3回とも、中央銀行はフィリップス曲線のフレームワークから、金融緩和を継続すべきタイプのショックだと誤って解釈した。リアルタイムでは、これらの診断はもっともらしく見えたが、議論の余地は大いにあり、リスクはインフレが過度に上昇し、長期化することだった。

その後、この懸念は、現実のものとなっている。金融政策のフレームワークはショックに対し頑健でなければならず、また、誤った診断は正されなければならない。連続した同じ方向の失敗は、よりシステマティックな問題の存在を示している。日本銀行も、このシステマティックなエラーの領域に入っているのではないか。

2　システマティック・エラーの中で沈む中央銀行の信認

(1)　インフレ期待はアンカーされていたのか

なぜグローバルインフレが訪れたのか。ここまでライス教授は第一の要因として、不確実性が極めて高い時期に、連続して訪れたショックの性質を中央銀行が見誤り、過度に景気刺激的な金融緩和を続けたことを論じた。以下、第二の要因として、インフレ期待が十分アンカーされ、インフレ上昇は一時的との強い信念に基づきインフレ期待の実際のデータが軽視されていたことが説明される。

インフレ期待はアンカーされていると中銀は繰り返してきたが……

インフレ抑制において、インフレ期待の重要性を否定するセントラルバンカーは存在しない。過去10年、予想インフレ率は極めて安定的であり、その測定値にはほとんどノイズ信号すら見られなかった。ただ、家計を対象にしたインフレ期待に関する調査は、どれも測定誤差で汚染されている。

同様に、金融データには、インフレ期待だけでなく、ノイズをもたらす金融ショックや投資家のリスク許容度の変化も反映されている。丁寧な計量経済学的手法によってこれらを取り除き、インフレ期待とインフレを理解するための興味深いパターンを研究者は発見できるが、最終的には、常に2％という回答が得られ、インフレ期待は、過去四半世紀の金融政策の成功のおかげで、しっかりとアンカーされていたはずだった。それゆえ、中央銀行のリサーチチームは、計量経済モデルでインフレ期待に関するデータを半ば無視することが正当化されていた。

2020年に関して言えば、こうした見方がまだ裏づけられていた。パンデミック危機到来直後の2－3カ月の物価下落とそれに続く前月比ベースの急激な物価上昇にもかかわらず、インフレ期待は著しく安定していた。

インフレがアンカーされていることに対する信頼感は、前述した2021年8月のジャクソンホールにおけるパウエル議長の講演からも明らかだった。インフレ期待のデータについて論じたパウエルは、「家計や企業、市場参加者も、現在の高いインフレは一時的なものである可能性が高いとみなしており、FRBはインフレ率を目標である2％に近い水準で長期的に維持できると考えている」と締めくくっていた。そこには、何も新たなものはなく、錨（アンカー）はしっかりと海底に沈んでいるはずだった。

懸念されていたのは低い水準でのインフレ期待の固定化

インフレ率が上昇を開始する前、中央銀行はむしろ低すぎる水準でインフレ期待がリ・アンカーされるリスクを懸念していた。1年前の2020年のジャクソンホール講演でFRBは新たな金融政策のフレームワークを提示したが、その際、パウエル議長が論じていたのは、「インフレとインフレ期待がこれまで以上に低下する悪循環」のリスクだった。ECBに至っては2021年においてすら、「特に、政策金利が（これ以上、引き下げることができない）実効下限制約に近い場合には、インフレ目標からのマイナス方向への逸脱が定着しないよう、強力かつ持続的な金融緩和措置が必要となる」とも述べていた。

インフレ期待がアンカーされていることを前提に、下振れリスクに注視することは、当然にして実際の金融政策運営に多大な影響を及ぼす。第一に、インフレ期待がフィリップス曲線の定数（切片）に等しいのなら、インフレを高める主要な駆動要因の一つを考慮しなくてよい、という結論になる。第二に、「デフレの罠」を恐れるのなら、インフレ期待の一時的な上昇は、パウエル発言にあるように、悪循環から逃れる方法となり、むしろ歓迎すべきことになる。第三に、インフレ期待がアンカーされていることを前提にすれば、インフレはインフレ期待に向かって収束し、あらゆるインフレショックは一時的なものに留まるということになる。

この三つの論理的帰結は相互に連関しているが、インフレ期待がしっかりとアンカーされていれば、インフレ率が急激に上昇しても、インフレ期待は若干上昇するだけであって、不安定化するリスクはないということになる。

三段階の変化

しかし、実際には2021年半ばを過ぎて、データはインフレ期待が十分にはアンカーされていないことを示していた。最新の統計手法に基づくと、人々のインフレ期待の「中心値」だけでなく、その先にあるインフレ期待の「分布の形状」に焦点を当てることこそが重要だったのがわかる。図２−７は、ミシガン大学消費者調査の1年先のインフレ期待の3時点における分布である

図２－７　米国の家計調査における期待インフレ率の分布（１年先の期待インフレ率）

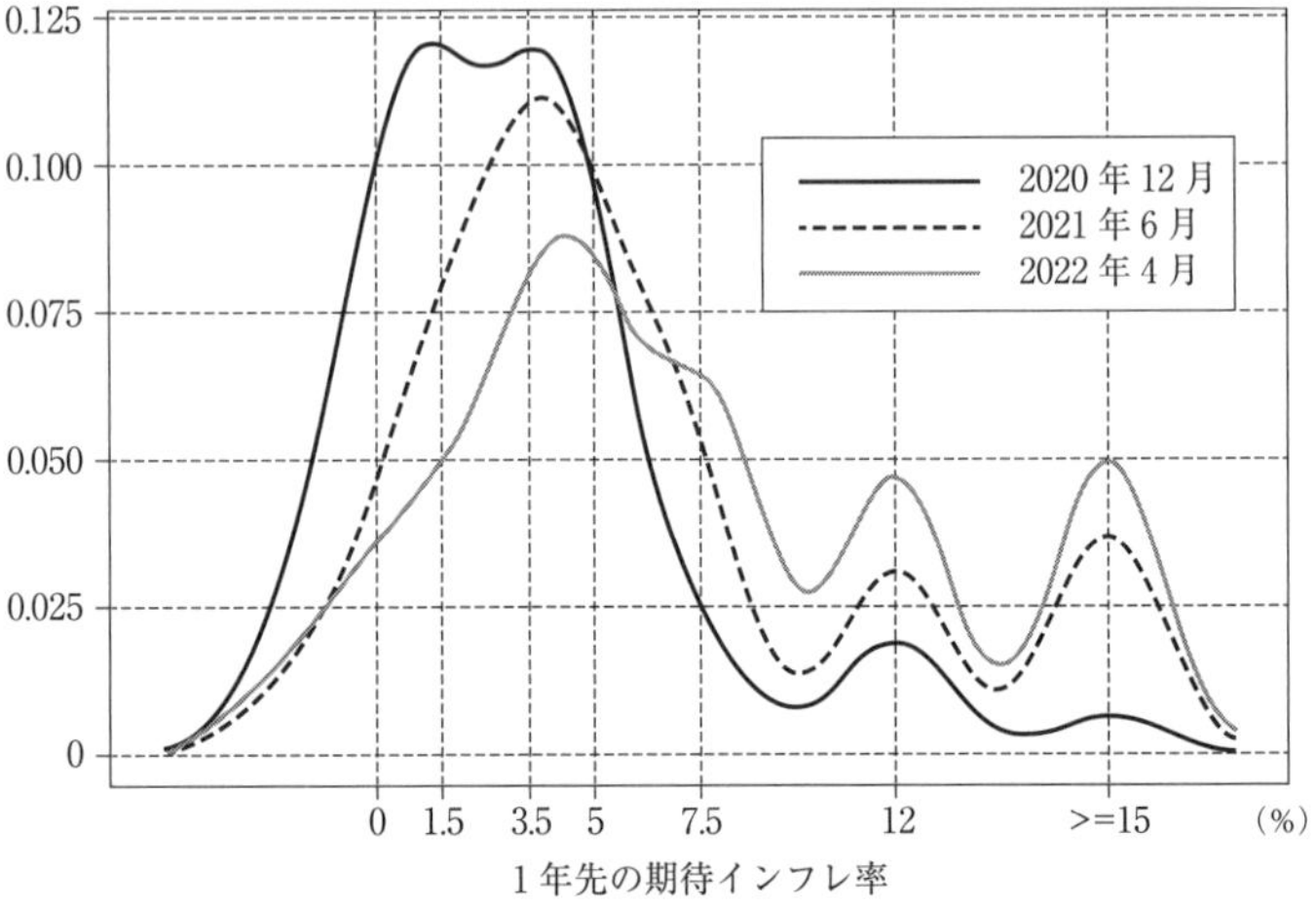

（出所）Reis（2022b）をもとに、BNP パリバ証券作成

（２０２０年12月、２０２１年６月、２０２２年４月）。

まず、２０２１年前半には分布の歪み（正規分布からの乖離）を示す「歪度」が上昇し始める。その間、中央値はほとんど変化しなかったが、インフレが高くなると予想する世帯の割合が増え始めたのである。そして、インフレ上昇を予想する世帯が増えるにつれ、明確に上昇したのが分布の散らばりを示す「標準偏差」である。２０２２年に入ると、分布そのものが右側にシフトし、中央値も急速に上昇した。

歪度、標準偏差、中央値の順でインフレ期待の分布が変わっていったのである。実は、こうした3段階の動きは、２０２１年から２０２２年に限ったものではない。１９７０年代のグレートインフレーションの起点となった１９６０年末の米国に関するライス教授自身の研究によると、そこでは最終的にインフレ期待の分布の緩やかな右シフトが起こったが、まず歪度が高まり、次に標準偏差が上昇し、最後に中央値の上昇が観測された。当時のプロセスは、数年を要したが、同様の3段階の変化が観測されたのである。

そしてもう一つ、グレートモデレーションの起点となる１９８０年から85年のインフレの急激な低下局面でも、まず歪度が低下し、次に標準偏差が低下、やはり最後に中央値の低下が観測されている。

専門家が大きな変化を感知できなかった

この三つのエピソードに共通するもう一つの興味深い特徴は、専門家を対象としたサーベイが一般的な家計を対象としたサーベイに比べて動きが遅れ、より鈍く、情報量が少なかったという点である。念のために言っておくと、通常は逆である。通常は、家計対象のサーベイでの動きは、専門家のサーベイに遅れ、精度も低い。しかし、今回を含めインフレが大きく動いた3回のケースでは、家計サーベイの情報量のほうが多かったのである。

インフレが大きく変化する際、専門家がそれに対応できないのは、２０２２年の日本のインフレ見通しについても当てはまるのではないかと（開き直りではなく、反省を込めて）、筆者は考えている。振り返ると、そもそも日本で２０２２年春にＣＰＩコアが2％台に乗せるという専門家の見通しは、わずかな例外を除いて存在しなかった。２％台に達した後も、滞空時間は短いと見られて

図２－８　エコノミストのCPIコア予想（ESPフォーキャスト調査のコンセンサス、前年比）

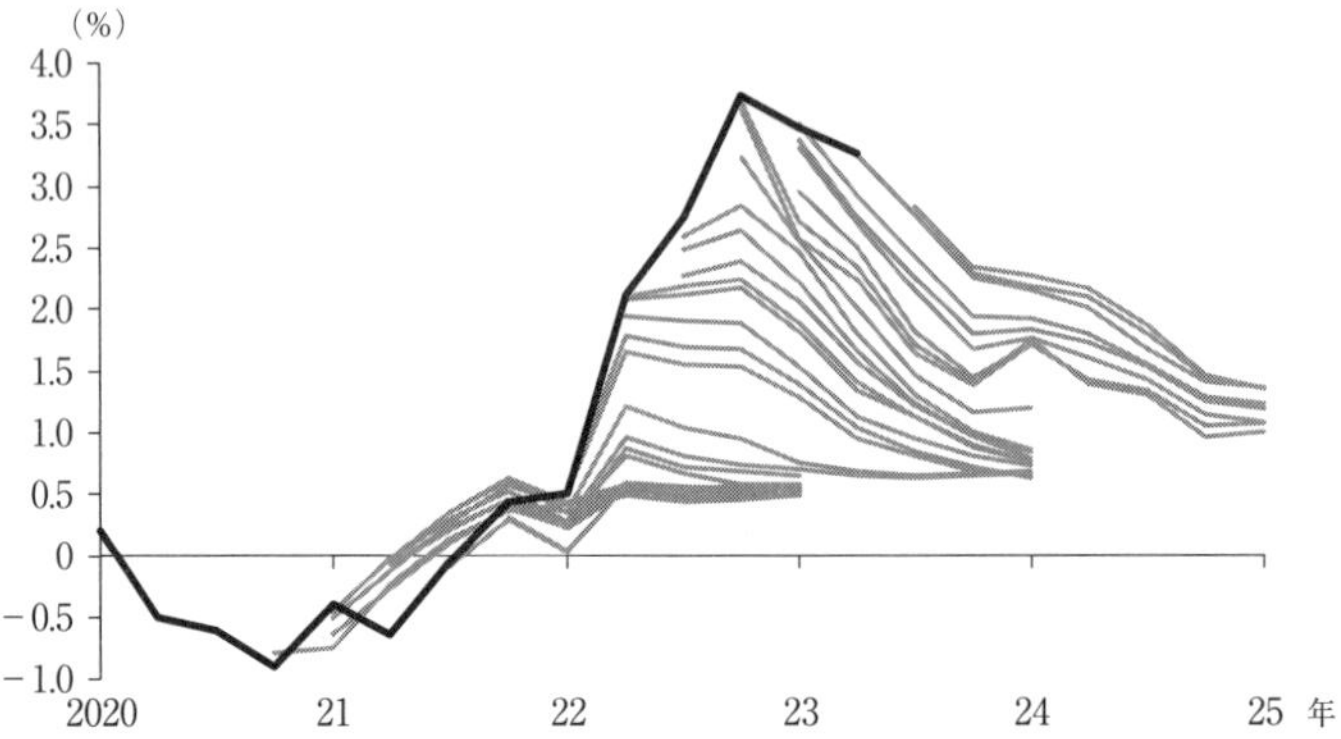

（出所）　総務省、ESPフォーキャスト調査資料より、BNPパリバ証券作成

いた。ＣＰＩコアが４％台に乗せるという見通しどころか、３％台に乗せるという見通しも当初は皆無だった。

さらに興味深いことに、図２－８が示す通り、民間エコノミストの物価見通しの推移をみると、２０２２年以降、実際のインフレ率が上昇し、２％、３％、４％を超えても、インフレ率見通しは予測期間内に急速に低下して、常に１％程度に収束するというパターンが繰り返されている。

図２－８の見方を補足すると、太線はＣＰＩコアの実績値（四半期）であり、細い線は、毎月調査されているエコノミストのインフレの四半期見通しの平均値がインプットされている。２０２２年５月調査を例にとると、まず、２０２２年４－６月のＣＰＩコア予想の平均値は１・94％であり、その後、22年中は１・９％前後で推移するが、翌23年に入ると急速に鈍化し、23年７－９月以降は１％弱まで低下する、という見通しになっ

図２−９　日銀のインフレ見通しの変遷（政策委員の中央値）

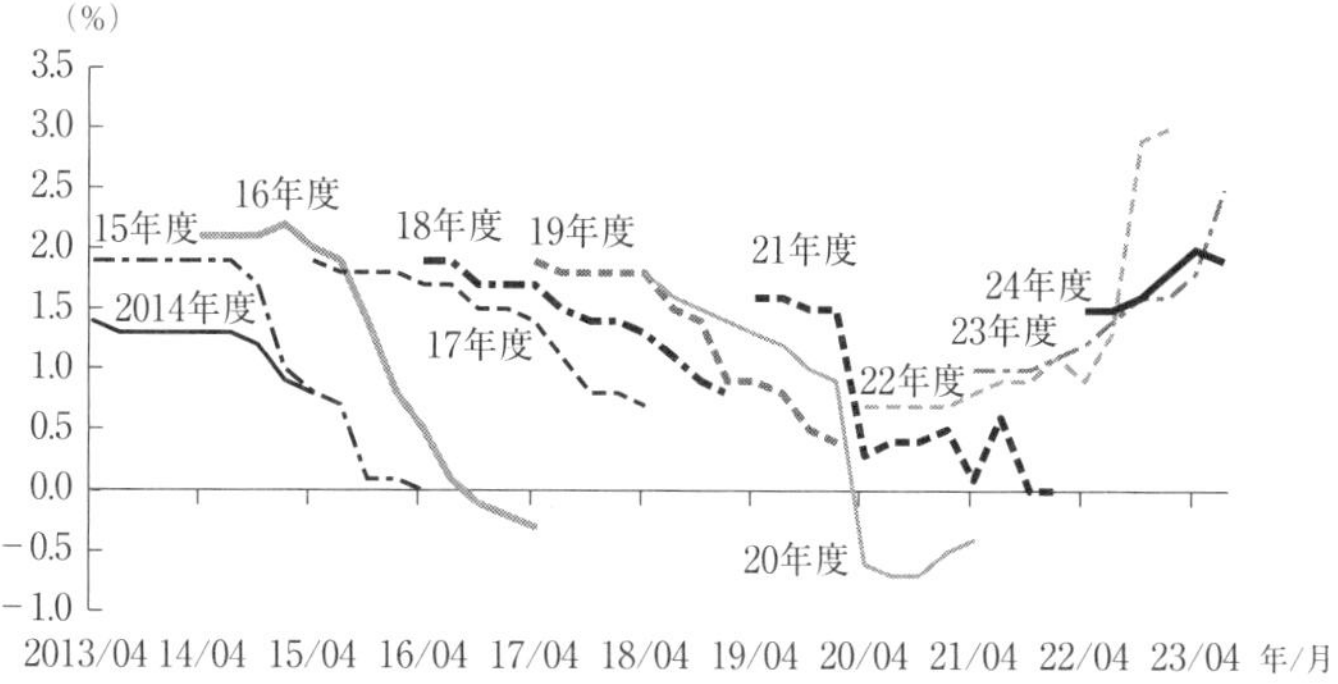

（出所）　日本銀行資料より、BNPパリバ証券作成

ていた。その時点におけるエコノミストの２０２３年度予想の平均値は０・91%だった。足元のインフレが高くなっても、それは一時的であって、先行きの見通しは低下し、最終的には１%弱まで低下する、という見方になっていた。

最近は、日本でも高いインフレの滞空時間が長期化しているため、エコノミストの先行きのインフレ見通しは、当初の１%割れから徐々に上昇しているが、２０２３年８月調査でも、予測期間が終わる２０２５年１−３月の見通しは１・35%と、１%台前半に留まる。

実は、こうした先行きが低下していくという予測パターンは、図２−９が示す通り、民間エコノミストだけでなく、日本銀行の物価見通しでも共通している。こちらは、時間が経過するに従って、日本銀行がどのように、物価見通しを変化させていったのかが示されているが、２０２１年以降、上方修正が繰り返されていることが端的に示されている。ここでもインフレの過小評価というシステマティック・エラーが観測される。

図２-10　５年後の物価は現在と比べ何％程度変化すると思うか（中央値）

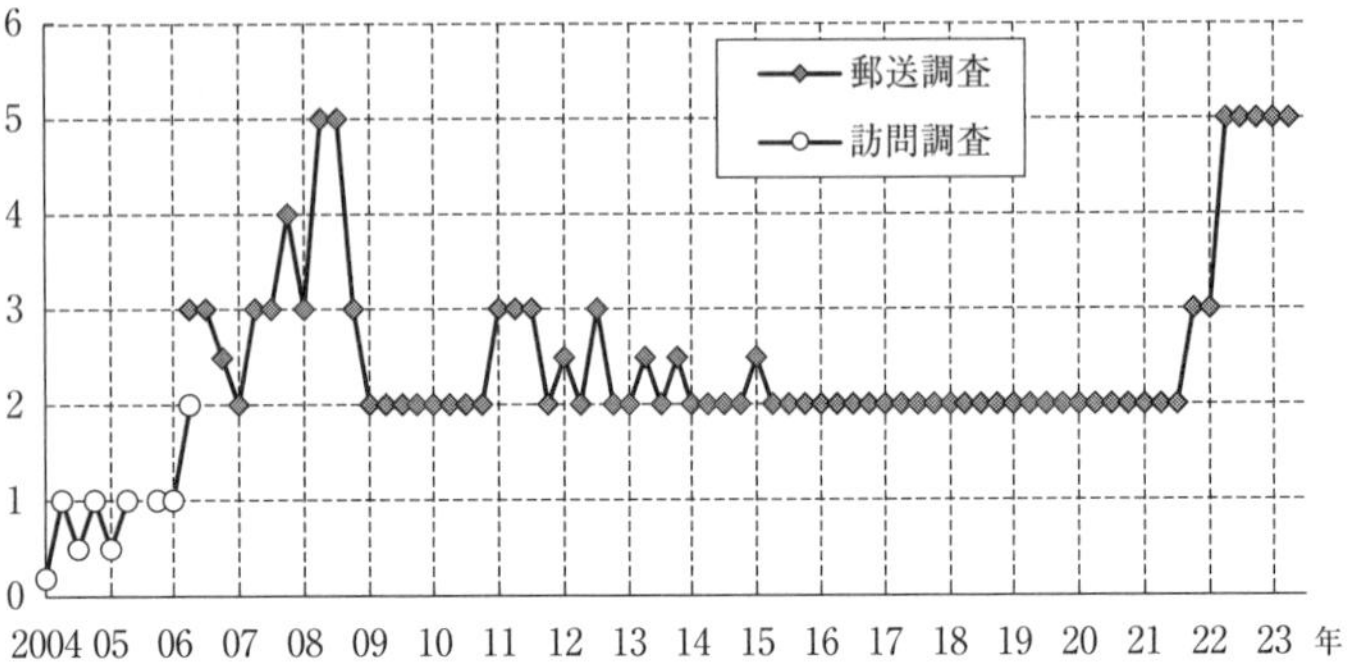

（出所）日本銀行資料より、BNP パリバ証券作成

専門家が足元のインフレ上昇を一時的と考えるのは、物価予想の作業において、ゼロ近傍が続いていた過去四半世紀のデータを利用することもあるのだろうが、ライス教授が強調していた通り、何よりインフレ期待が簡単には変わらないと考えるからにほかならない。

ちなみに、２０２３年６月調査の日銀短観によれば、全規模・全産業で、企業の想定する物価上昇率は１年後が２・６％、３年後は２・２％、５年後は２・１％であり、中長期的な見通しはすでに２％程度まで上昇している。つまり、企業は２％インフレの定着を予想しているのである。また、家計部門に対し、「５年後の物価は現在と比べ毎年、平均何％程度変わると思いますか」という質問に対し、物価上昇が始まる２０２１年７－９月以前は中央値が２％程度だったが、21年終盤から急上昇し、２０２３年６月現在は５％で推移している（図２－10）。家計が物価を予想する際、購入頻度が高い食料品やエネルギーの変動が参照されるため、高めに物価上昇を見積もる傾向があるが、大きく上がっているのは間違いない。

欧米と同様、大きく物価が変動した今回は、日本でも中央銀行を含め専門家の物価見通しが外れ、企業や家計のインフレ見通しに軍配があがるのではないだろうか。筆者の物価見通しは、２０２３年末まで３％前後のＣＰＩコア、４％台の新型ＣＰＩコアが続き、年明け以降低下しても２％程度で下げ止まると予想している。今回のグローバルインフレですでに日本のインフレ期待が２％程度まで上昇したと考えているが、グローバルインフレの動向次第では、さらに上昇する可能性もあるだろう。

ライス教授の欧米の分析に戻ろう。結局、２０２１年のデータでは、インフレ予想が大きく変化していることが明らかになった。数十年間、ほとんど動かなかったインフレ期待のアンカーは、すでに海底を離れていたわけである。経済を襲ったショックの結果かもしれないし、それに対応した金融緩和が影響したのかもしれない。

不運も重なった。ガソリン価格や自動車価格など、２０２１年に最も大きく動いた相対価格のいくつかは、消費者がインフレ期待を形成する際に強く影響されるものばかりである(4)。中央銀行がインフレ率の上昇を容認すると、そのこと自体が、家計の将来のインフレ期待を高める。一時的なインフレショックであっても、インフレ期待のアンカーがそれに伴って動けば、インフレは持続的になるのである。

(2)「信認」に頼りすぎた中銀

政策運営に有効な「信認」

1年先の予想インフレ率の急激な動きは、ショックが持続的であるという警鐘を鳴らしていた。しかし、より遠い将来のインフレ期待が安定を続けるのなら、インフレへのダメージは限定的になるはずである。インフレ目標を導入する中央銀行のクレディビリティ（信認）は、最終的には長期的な予想インフレ率がインフレ目標と等しいかどうかによって評価される。あらゆるショックが収束する長期においては、理論上、貨幣は中立であり、フィリップス曲線はほぼ垂直であって、インフレ期待は実際のインフレ率と一致するはずである。中央銀行が、長期的にインフレ率が目標通りに推移すると家計や企業を納得させることができれば、長期的に実際のインフレ率を目標通りに維持するためのほとんどすべての仕事が完了したことになる。

2021年に実際のインフレが大きく上昇する中、中央銀行は「大いなる信認」に頼ることを自ら正当化した。この信認は、20年以上にわたる2％に非常に近いインフレの達成によって得られたものである。今後数年間、インフレ率が目標通りに達成されると人々が強く信じ、中央銀行の実際の行動に人々はあまり注意を払わないという、第1章に登場したサイモンの「関心の理論」やシムズの「合理的無関心の理論」が説明する人々の「無関心の資本」を中央銀行は享受しようとした。つまり、「信認」があれば、その間、インフレが多少高くても、それには目を瞑って景気をサポートできると考えたのである。

この「信認」の重要な帰結の一つは、「インフレと実体経済（雇用）」の負の関係（トレードオフの関係）が、よりフラットに見えるようになることである。本来なら、景気が過熱し失業率が下がればインフレは上がる。しかし、家計や企業が賃金や物価に無関心になって、それらを改定する頻度が低くなると、経済の名目ベースの硬直性の程度が高まり、金融政策が実体経済に与える影響が増す。中央銀行は「信認」に依存して、インフレの上昇を心配することなく、経済（雇用）をサポートし、経済厚生の改善を図れるというわけである。

2021年は「信認」を削って対応したが……

グレートモデレーション期に、政策担当者がより「ハト派」に見えたのは、政策の誤りが高インフレを引き起こすより、景気後退を引き起こす可能性が高いと考えられていたためである。2021年、経済に打撃を与えるショックと目まぐるしく変化する指標によって、異常なほどの不確実性に直面した中央銀行は、これまで蓄えた「信認」に大きく頼り、目先のインフレ率が目標値を上回って上昇することを容認し、ショックが実体経済に与える影響を相殺しようとした。信認がある限り、インフレは緩やかにしか上昇しないはずだったが、実際はどうだったのか。

遠い将来のインフレがどの程度になると家計が予想しているかを調査するのは難しい。代わりに、「信認」の主要な尺度は、金融データから得られる。最もよく使われる指標は5年先5年の予想インフレ率である。やや専門的な話になるが、金融市場には、今後5年間のインフレがどうなるか市場参加者が予想する5年インフレ債と、今後10年間のインフレがどうなるか市場参加者が予想

図２−11　今後10年間におけるリスク調整後の平均インフレ率に関する確率密度

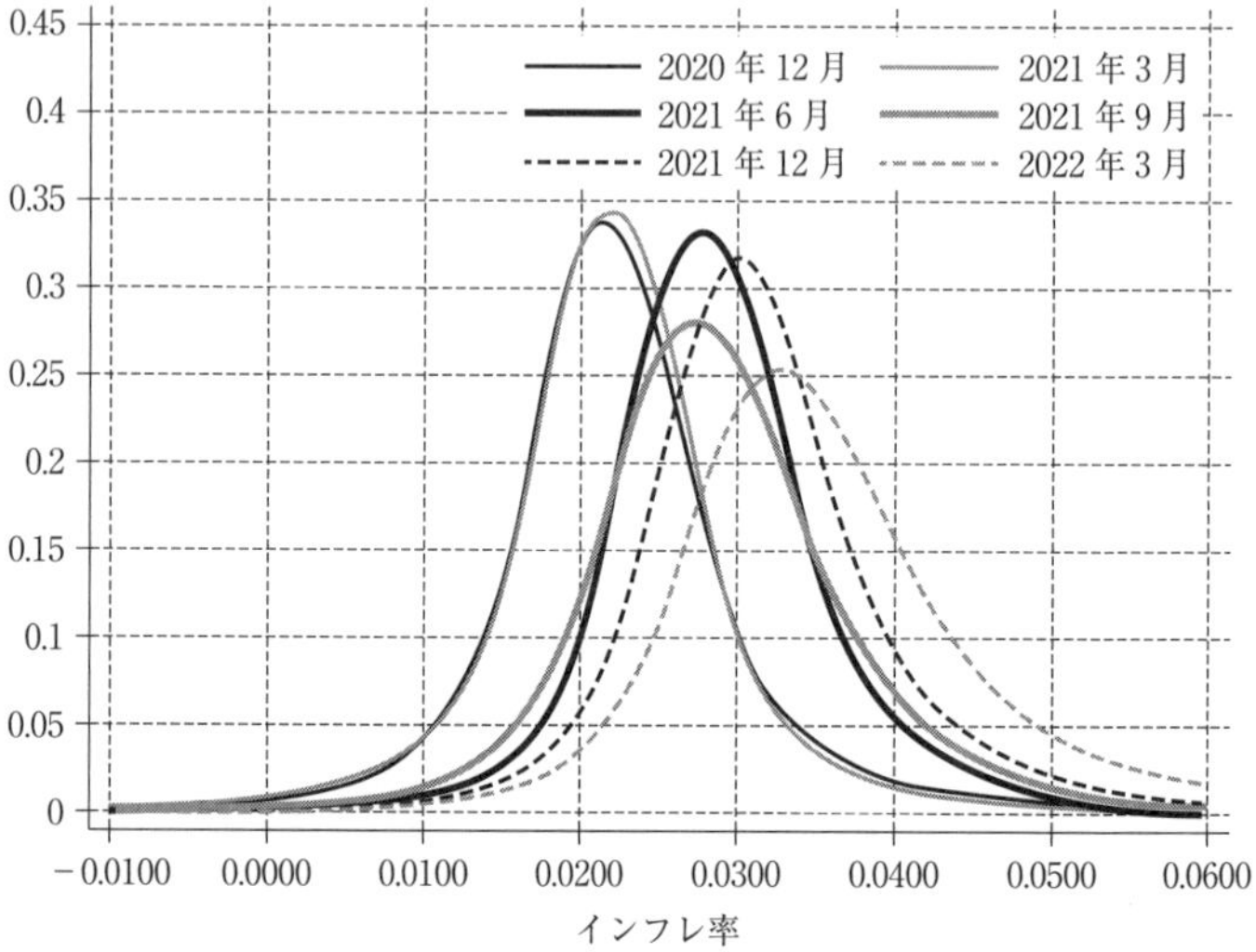

（出所）Reis（2022b）をもとに、BNPパリバ証券作成

する10年インフレ債が売買されている。

　その利回り差は、理論上、５年先における、さらに５年間のインフレ予想（５年先５年のインフレ予想）を意味する。たとえば、現在が２０２３年８月１日だとすると、５年インフレ債と10年インフレ債の利回り格差は、５年後の２０２８年８月１日から２０３３年８月１日までの５年間の現時点における年率換算したインフレ予想となる。

　実際に、２０２０年、21年、22年の４月21日時点の５年先５年のインフレ予想を見ると、米国ではそれぞれ１・34％から２・13％、２・67％に上昇していた。金融市場は長期的にみて、２％台後半までインフレ予想が上昇すると受け止めているということだが、それは平均値ベースの話である。家計の物価データもそうだったが、平均値だけで判断すると、背後にある大きな変化を見過ごしてしまう。統計の分布まで掘り下げて見ると、より大きな変化が浮かび上がり、警戒感を強めざるを得ない。

実現する可能性は低いけれど、現実に起きると影響が大きいリスクをテールリスクと呼ぶ。リーマン・ショックや東日本大震災、コロナ禍などは、事前には予想できなかったが、現実に起きると大きなインパクトを経済にもたらした。最近の研究では、オプション価格を利用して、可能性は低いが起きるとダメージが大きいテールリスクの発生確率を、金融市場がどう受け止めているか、正確に把握する方法が開発されている。

図２－11は、２０２１年前後の米国における10年間のインフレ予想の分布を示している。平均値はすぐには上昇しなかったが、明らかに分布は右にシフトしていた。特に２０２１年後半の右方向へのシフトが著しい。インフレに対する上振れリスクが支配的になるにつれて、分布はますます左右非対称になっている。

「インフレ大惨事」保険

図２－12は、大惨事保険（カタストロフ保険）の一種で、インフレ率が持続的に高くなる「インフレ大惨事」に保険をかけるために、市場参加者がどれだけの保険料を支払う意思があるかを反映した確率を示している。右側のテール（右側の分布の歪み）に焦点を当てたものだが（左側のテールはデフレである）、これらの試算では、直近の数年間の物価ではなく、中央銀行の物価安定能力

図2-12　5年先5年インフレ率のテールリスクの確率

（出所）Reis（2022b）をもとに、BNPパリバ証券作成

への「信認」に焦点を当てるために、5年後におけるその先5年の期間を設定している。つまり、5年先5年の平均インフレ率が4%を超える確率を測定している。

決して高い可能性ではないが、市場参加者は、米国の5年先5年のインフレが4%を超える可能性が10%強あると見なしているわけである。欧州でも10%に近づいている。もちろん、市場参加者が高い確率で4%を超えるインフレを将来、想定しているわけではない。しかし、中央銀行が真にリスクの管理者たる行動を取るのなら、2021年にインフレ期待が落ち着いていると主張した際、平均値だけでなく、こうした大惨事の確率に関心を持つべきだったはずである。[5]

米国では、2021年半ば以降、「インフレ大惨事」の確率は着実に上昇している。このサンプルの最後の日付である２０２２年４月には16％になっていた。投資家は、ＦＲＢが２０２７年から２０３２年の間にインフレ目標を大幅かつ持続的に逸脱する可能性に備えて、高い保険料を支払う覚悟を固めていたということである。

これはＦＲＢに対する信認の欠如を見事に示している。ＥＣＢのインフレ目標に対する信認は２０２１年末までは高いままだったが、その後、インフレ大惨事の確率は非常に速く上昇し、８％に達している。ライス論文が発表された段階では、ＦＲＢほどではないとはいえ、信認は損なわれていないという信念はＥＣＢもかなり傷つけられている。

これらの数字を見ると、インフレ目標の「信認」に依存してインフレ率の上昇を甘受することでショックを相殺するというのは、大胆でリスクの高い行動であると判断すべきだ。今では、欧州のインフレ率は、米国以上に高止まりしている。

(3)　r*の過小評価と高いインフレの許容

r*とは

ライス論文の中でも、評価が大きく割れるのは、r*をめぐる議論だと思われる。r*とは、マクロ経済において、実質ＧＤＰが潜在ＧＤＰと等しくなる際の実質金利の水準である。つまり、完全雇用ＧＤＰに対応した実質金利の水準であり、中立金利や自然利子率と呼ばれるものである。

筆者はライス教授と同様の問題意識を持っているが、ライス教授がr*はさほど低下していないと考える一方で、以前に比べれば、やはり大きく低下したと考えている。その理由は、最終章で詳しく取り上げる通り、世界的に長寿化が進んだことで、老後に備え、貯蓄が増えていること、また、グローバル金融経済において、安全資産を供給することができない新興国が先進国の国債を安全資産として強く選好していることなどが考えられる。

さらに、前著でも強調した通り、近年のイノベーションによって、所得水準の高い一部の経済主体にその恩恵が集中し、マクロ経済全体の貯蓄と投資のバランスが損なわれたことも、r*の低下要因だろう。しかし、ライス教授は、以下に述べるように、実物資本の収益性が低下していないことに着目し、r*はさほど低下していない、という立場を取っている。

r*は極めて重要な概念であり、2020年以降、FRBとECBが金融政策のフレームワークを見直したのも、r*の低下が大きな理由の一つだった[6]。パウエルFRB議長は、2020年8月のジャクソンホールで、見直しの結果を報告した際、重要な動機の一つとして、「均衡実質金利の低下、すなわち、r*の低下」を挙げていた。ECBも同様であり、フレームワーク改定の必要性を示す第一の論拠として、「構造的要因によって、均衡実質金利が低下したからである」と金融政策レビューで明確に述べている。

前述した通り、r*は、完全雇用GDPに対応した実質金利の水準であるが、実物経済における資本収益率の長期均衡値と解釈され、測定されることが多い。中央銀行が依拠するニューケインジアン・モデルにおいては、中央銀行の名目ベースの政策金利が、r*にインフレ目標を加えた水準を上回ると、景気抑制的とされ、反対に政策金利がr*にインフレ目標を加えた数字を下回る場合、景気刺激的とされる。

図2－13　ロンガーラン（FED が想定する FF レートの長期均衡）

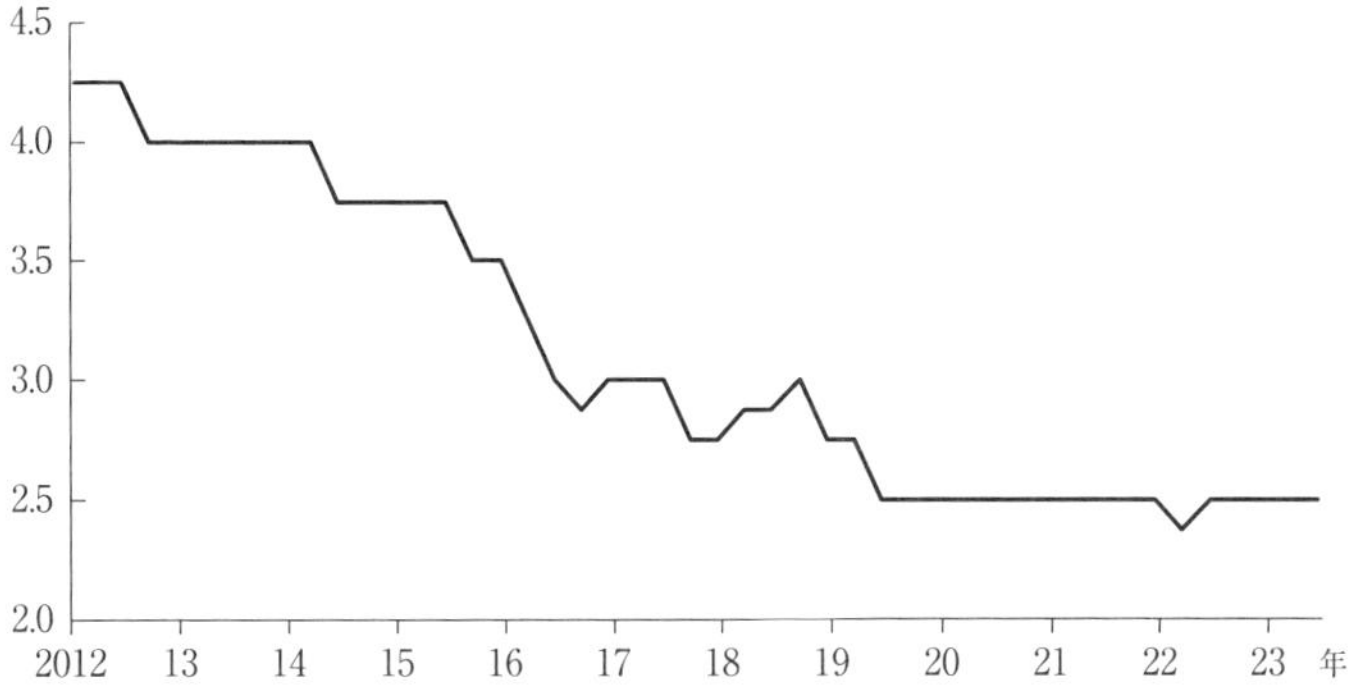

（出所）Macrobond より、BNP パリバ証券作成

自然利子率とも呼ばれるが、政策金利が実質ベースでこれより高ければ、インフレ率は低下傾向となり、これより低ければインフレ率は上昇傾向になるため、物価安定を責務とする中央銀行にとって、測定は難しいものの、r^*は極めて使い勝手がよい概念なのである。

ＦＲＢが3カ月に一度、経済・物価見通しを提示する際、名目ベースの政策金利の長期的な均衡値として、「Longer Run」を示すが、概念的には、r^*にインフレ目標の2%を足したものにほかならない。近年、「Longer Run」を2・5%としているため、ＦＲＢはr^*を0・5%程度と見なしてきたということである（図2－13）。

なお、2022年以降、ＦＲＢが政策金利を大きく引き上げたにもかかわらず、景気がなかなか減速しないことから、r^*が上昇しているのではないか、という議論がわき起こっている。議論の中身を見ると、r^*の短期的な上昇と長期的な上昇を混同したものも見られる。たとえば、財政政策によって、経済が刺激され、潜在レベル（潜在ＧＤＰ）を超えて経済が稼働している時、たしかにr^*は短期的に上昇している。それゆえ、財政政策の効果を相殺し、景気を抑制するためには、より高い政策金利が必要という議論は可能である。ただ、財政政策の効果が剥落し、経済が潜在レベルの水準まで戻るとすれば、同時にr^*も元の水準まで低下する。短期のr^*は上昇していたが、長期のr^*は変化していない、ということである。

この文脈に従えば、財政政策の効果が剥落してくれば、金融引締めの効果が現れてくるということになる。もし、財政政策の効果が剥落しても、金融引締めの効果が乏しいということになれば、長期のr^*が上昇していることを疑うべきであろうか。ただ、その前にもう一つ、考えることがあるように思われる。それは、同じ名目政策金利であっても、高いインフレが続いた結果、インフレ期待が上昇し、実質金利が低下している可能性である。

このようにr^*は、そもそも均衡状態に対応するが、現実の経済においては、繰り返しプラスのショック、マイナスのショックが訪れるため、推定は極めて困難である。ただ、もしr^*が長期トレンドとして低下したと推定される場合、政策金利がそのままであれば、金融政策は以前に比べて景気抑制的となる可能性が高い。数年前に、ＦＲＢやＥＣＢはこのr^*が大きく低下したと判断したわけであるが、それが金融政策のありようにも大きく影響し、インフレ上昇の原因になった、というのがライス教授の主張である。

r*の低下は実効下限制約をもたらす

もし、r*が実際に大きく低下していたのなら、不況が訪れた際、中央銀行が景気を刺激するために政策金利を積極的に引き下げようにも、それができなくなる。つまり、それ以上、政策金利を引き下げることができない「実効下限制約」に直面する。それは、原理的には、低すぎるインフレ率につながる。中央銀行がフォワードガイダンスやQE（量的緩和）を利用して、長期金利に影響を与えようとしても、それだけでは十分ではないかもしれない。FRBやECBは、日銀がそうした事態に陥ったと考え、その同じ過ちを繰り返さないために、コロナ禍でアグレッシブな金融緩和を行い、それが高インフレを招いたということである。

ただ、FRBやECBはそのようなことになるとは夢にも思わず、r*の低下が事態のさらなる悪化をもたらすことばかりを懸念した。つまり、人々がデフレを予想し始め、中央銀行がそれ以上金利を引き下げることができない実効下限制約に直面すれば、テイラー・ルールが通用できない事態に陥り、デフレ予想が自己成就するようになる。2020年のジャクソンホール講演でパウエルFRB議長が論じたように、その場合、経済は「インフレとインフレ期待がより低下する悪循環」に入り、「デフレの罠」に陥るリスクが高まる。

総需要の刺激ばかりが追求される

このように、低いr*を強調することは、総需要の刺激にばかり焦点を当てることになってしまう。実効下限制約に直面した経済では、総需要が低すぎる、ということになり、金融政策は可能な限り緩和を続けたほうがよいということにもなる。

こうした議論は、近年は、財政政策にまで話が及び、それゆえに多額のPB赤字（プライマリー財政収支赤字）を継続しても、公的債務の膨張を気にする必要はない、という大胆な議論が横行するようになっている。たしかに「名目成長率＞長期金利」が恒常化するのであれば、マクロ安定化政策として財政政策の役割を認めることはできるが、それでも次章で詳しく論じる通り、財政の上限は存在し、これまで見てきたように、現実にも過大な財政政策がグローバルインフレの大きな要因になっている。

もう一つ大事な点は、低いr^*を強調すると、総需要刺激策ばかりが政策的にフォーカスされる一方、対照的に、サプライサイド（供給面）の政策が疎かにされることである。本来、r^*の引上げにこそ注力すべきと筆者は考えるが、構造改革路線で生産性上昇率が改善すれば、需給ギャップがむしろ悪化し、それがインフレ期待の低下につながるなどというおかしな議論になりかねない。

まとめると、r^*が大きく低下すれば、名目金利がゼロ近傍であっても、金融環境が引締め的となり、デフレ懸念が強まる。それゆえ、インフレ率が目標を上回って上昇することを中央銀行はむしろ歓迎し、景気刺激にばかりに焦点を当てる。

実際、FRBとECBの政策レビューはいずれもこの方向に進んでしまった。いわば日本化を恐れた結果、とんでもないインフレを引き起こしたというのがライス教授の主張である。実際にr^*が低下したかどうかはともかくとして、r^*が大きく低下したと判断したことが、過大な金融緩和を招いただけでなく、それがもたらしたインフレを許容することになったというライス教授の意見には賛同する。

(4) ライス論文の日本へのインプリケーション

フレキシブル・インフレーション・ターゲットの本質

２０２１年から22年にかけてのインフレ上昇は極めて劇的な出来事であり、今後数年にわたって、それを説明しようとする多くの学術論文が生まれ、激しい議論に拍車がかかるのは避けられないだろう。ライス教授は、場合によっては、金融政策にレジームチェンジをもたらすかもしれないという。短期的には、インフレを目標値に戻すための金融引締めが続けられることは間違いない。

筆者もライス教授の意見に同感だが、目標に戻すまでには、思った以上に長い時間がかかるかもしれない。その理由の一つは、急激な利上げとなれば、金融システムに大きな負担がかかり、その回避を重視すべきというフィナンシャル・ドミナンス（金融従属）の視点から、追加的な利上げが難しくなる可能性があるためである。

改めてライス論文のポイントを日本の金融政策へのインプリケーションを踏まえつつ、振り返ろう。本章の結論は、以下の通りである。第一に、インフレ目標を導入する独立した中央銀行が政策金利を決定する現在のフレームワークが過去30年間にわたって先進国に非常に役立ってきたことを忘れてはならない。今回の高インフレを見て、独立した中央銀行がフレキシブル・インフレーション・ターゲットの枠組みを捨て去るのは賢明ではない。

筆者も１００％同意するが、目標値にこだわりすぎることは、フレキシブル・インフレーション・ターゲットの本質から逸脱することになりかねない点も付け加えておこう。現在、日本銀行は2％というピンポイントに、インフレ期待を引き上げようとしているように見えるが、わずかな下振れを問題視すると、欧米の中央銀行のように、むしろ持続的な物価安定を損なうことになりかねない。

ライス論文が触れていない財政インフレ問題

ライス教授は、インフレ率を大幅に上昇させた四つの構造的要因を提示した。いずれの要因にも共通するのは、極めてシンプルだが、インフレが高まったのなら、それは中央銀行がインフレ上昇を容認したためだ、という前提である。毎年、経済をショックが襲い、中央銀行は課題に直面する。現在の混乱に比べれば、過去は常にバラ色に見える。しかし理論的には、現在のフレームワークは、最終的には中央銀行が常に何らかの手段で、インフレ率を数年で目標近辺まで抑制できるという原則に基づいている。

短期的にインフレ率が目標から大きく逸脱することを許す場合、それは中央銀行の選択によるものであって、他の目標とはトレードオフの関係にある。経験的に、過去20年間、世界中の数十の国々があらゆる環境の下で、このフレームワークを採用し、あらゆるタイプのショックに直面してきた。ほとんどの国でほとんどの場合、インフレ率を平均的に低く安定させることができた。

ただし、筆者は、財政インフレがその例外の一つになり得ると考えている。(7) パンデミック危機で大規模財政を繰り返しただけでなく、その後の物価高がもたらす国民への痛みを取り除くことを理由に、各国で拡張財政が現在も繰り返されている。今後、中央銀行が高い政策金利を続けるにもかかわらず、インフレが下げ渋る場合、財政インフレが疑われ始めるのではないか。2023年秋以降の米国の長期金利の大きな上昇は、政治分断などを背景に、財政信認の低下（債務返済能力の低下）を市場が織り込み始めた可能性がある。その場合、金融政策だけでは対応できないが、この問題は、改めて第3章で詳しく取り上げる。

物価に関する偏った診断

ライス教授によれば、今回のグローバルインフレの失敗の原因の第一は、2020年から22年にかけて繰り返し訪れた異常で大きなショックの大半を、極端に緩和的な金融政策の維持を正当化する要因として、中央銀行が捉えていたことである。実体経済へのダメージにばかり焦点が当てられ、2021年のインフレの急上昇にもかかわらず、それまでのフォワードガイダンスの引締め方向への転換の必要性が認識されなかった。連続した供給ショックは、潜在GDPを低下させるショックとしてではなく、総需要に悪影響をもたらす一時的なコストプッシュ・ショック（あるいはマークアップ・ショック）として解釈された。

その結果、インフレ率が目標をオーバーシュートすることを意図的に許容することが最適かつ望ましいと考えられ、高すぎて正当化できなくなる水準までインフレが上昇した。日本銀行も円安や供給ショックについて、いまだに2021年の欧米の中央銀行と同様の認識を続けているが、同様の失敗に陥らないか、心配である。

インフレ期待に対する誤った信念

ライス教授が掲げた失敗の第二の原因は、インフレ期待が過去20年間と同様、安定したままという確固とした信念であった。この信念は、エコノミストなど専門家への調査や家計調査によるインフレ期待の中央値に依存してもたらされた。予想インフレ率の分布の歪みやレジームシフトの歴史的経験は、2021年後半にはすでに学界で指摘されるようになっており、2022年にはより明らかになっていた。にもかかわらず、中央銀行はインフレ期待のアンカーが外れたのを見逃し、目標からのインフレの継続的な大幅乖離を過小評価した。

ゼロインフレ期待を2％のインフレ期待にリ・アンカリングさせることを目指してきた日本銀行は、今回のグローバルインフレを千載一遇のチャンスと見なしている。ただ、すでにインフレ期待は上昇傾向にあり、極端なビハインド・ザ・カーブ戦略は大きな混乱を招きはしないか――それが筆者の懸念である。欧米が今回、直面したほどの高い金利水準ではなくても、ゼロ金利に慣れ切った日本の経済社会や金融システムには、大きなストレスをもたらすリスクがある。

すでにインフレ期待が不安定化している現在、想定外の新たなインフレショックが訪れた場合、フィナンシャル・ドミナンスやフィスカル・ドミナンス（財政従属）に陥り、インフレ期待の加速を止められなくなるリスクもある。特に、公的債務が大きく膨らんでいるため、財政の要請から長期金利の急上昇をもたらしかねない政策が困難になるという懸念がある。

そうしたフィスカル・ドミナンスへの懸念はもっともなのだが、異次元緩和の10年の間に、企業向け融資のみならず、家計向けの住宅ローンを含め、変動金利での融資が大きく膨らんでいる。それ故、短期金利の引上げこそが、金融市場や社会経済の混乱を引き起こすという懸念が広がるのは想像に難くない。だとすると、必要であっても、短期金利を引き上げるのが政治的に困難になるというフィナンシャル・ドミナンスがより強く懸念される。

中央銀行の「信認」への過度な依存

ライス教授が掲げた第三の要因は、金融政策の信認（クレディビリティ）への過度な依存であった。中央銀行が過去に蓄積した人々の「無関心の資本」は、中央銀行が実体経済やその他のマンデートに集中することを可能にしてきた。しかし、不運によって、あるいは過去の信認に依存しすぎることによって、その一部は失われ、実質ＧＤＰが潜在ＧＤＰを上回ったときにインフレの加速を生み出した。

日銀が直面する信認の問題は、さらに複雑であろう。２０００年８月のゼロ金利解除や２００７年２月の利上げの後に、ドットコムバブル崩壊やサブプライムバブル崩壊が訪れ、日本経済が不況に陥ったことで、日銀の信認、あるいはポリティカル・キャピタルが大きく損なわれた。

政治的独立性の問題も絡み、ポリティカル・キャピタルの回復に躍起になっていることが、過度なビハインド・ザ・カーブにつながり、インフレ期待を不安定化させるリスクがある。日本銀行の直面する損失関数と日本の経済社会が直面する損失関数が混同され、政策の歪みが生じれば、信認の回復は覚束ないだろう。

かつて速水優・日銀総裁は「遅れてきたインフレ・ファイター」と評された。ここでビハインンド・ザ・カーブ戦略を追求すれば、植田和男総裁は「遅れてきたデフレ・ファイター」となりかねない。そうした点で、2023年7月末のYCCにおける10年金利の上限の1%への引上げは、早い段階でマイナス金利政策やYCCそのものの撤廃を可能とし得る「地ならし」と位置づけることができるだろう。

r^*低下という推計の影響

ライス教授が掲げた第四の原因は、金融政策の枠組みの見直しにおいて、r^*が大きく低下しているとの推計が影響を及ぼしたことである。これらは、低インフレと戦う決意と、目標を上回るインフレに対する許容度の上昇、そして総需要への過度の配慮につながった。

また、インフレ率が上昇し始めたとき、これらのことは、インフレと戦わない一因ともなってしまった。民間資本収益率から推計されるr^*は安定しており下がっていない。これらの収益率と国債収益率のギャップが拡大していることは、異なる政策が正当化される可能性を示唆している。

この問題の日本へのインプリケーションは難しいが、日銀の大量の国債購入によって、価格がサポートされ、金融機関が国債を保有することが有利になった結果、単に民間資本収益率と国債利回りの間に大きなギャップが生まれただけではなく、実物投資も敬遠され、いわば金利が低いまま、クラウディングアウトが生じたことが、日本の長期停滞を助長した可能性があると筆者は考えている。インフレ期待の上昇で実物投資が増えることは望ましいとは言えるが、同時にゼロ金利の銀行預金が選択されなくなり、その結果、金融機関が国債の購入に躊躇するようになれば、ライス教授が論じたことと同様に、財政の持続可能性が損なわれるリスクに備える必要があるだろう。

念のために言っておくと、必要なのは、信頼に足る財政健全化プランを打ち出すことであって、利払いの増加を避けようと、金利を低い水準のままで維持するということではない。

ライス教授の予測のインプリケーション

ライス教授の論文は、これら四つが高インフレの要因という仮説を提示した。これらが影響をもたらしたという有力な事例は存在するが、定量的に最も影響が大きかったかどうかは、今後の研究で明らかになるだろう。インフレ率を低下させるという課題に直面する現在、これらの仮説は、当面の金融政策運営が、以下の方向に向かう可能性があるとライス教授は論じている。ただし、論文が発表されて、初稿からはすでに1年、最終稿からは半年以上が経過しているため、カッコ内に筆者が現在の状況を付け加えている。

(1) 将来的に実体経済の活動水準が低下することを受け入れなければならない（本書執筆段階では、継続的な金融引締めにもかかわらず、まだ経済活動の減速は観測されていない）。
(2) 近い将来、インフレ期待をリ・アンカーさせるために、金利を引き上げ、精力的かつ鋭く行動しなければならない（FRBは政策金利の水準をかなり引き上げたが、長期のインフレ期待が上昇しているのなら、実質金利は思ったほど高い水準ではないのかもしれない）。
(3) 政策を導く目標として物価安定が最優先されることを、可能な限り声高かつ説得力を持って再表明しなければならない（現在も各国中央銀行によって、表面的にはそれは続けられているが、インフレがピークを打って低下していることから、金融システムや景気への配慮もうかがわれるようになっている）。

（4）総供給に着目した政策に焦点を当てるとともに、高インフレがもたらす相対的コストを改めて見直す必要がある（グローバリゼーションの変容やコロナ禍を契機とする働き方の変化などによって、潜在GDPがさらなる悪影響を受けており、高いインフレを甘受することにメリットがないことが明らかになるのは、これからかもしれない）。

日銀にとっての喫緊の課題は米欧の失敗のレビュー

植田和男新体制の下での第一回目となった2023年4月末の金融政策決定会合では、過去四半世紀の非伝統的な金融政策を振り返るとして、1年から1年半の期間をかけて、多角的レビューを行うことを決定した(8)。日本政府も同様だが、これまで新たな政策を決定しても、本当に効果があったのか、また効果があったとしても、コストとの見合いで有効な政策だったのかなど、本格的なレビューが行われたことが一度もない、というのがわが国の経済政策の実態である。

それでも日銀は政策点検を行ってはいるが、従来の政策が限界に達したり、副作用が大きくなった場合、それに代わる政策を導入するために急ごしらえで検証が行われてきた。いわば、新たな政策を正当化するためのものだった。そうした点で、今回の多角的レビューが、新たな政策の導入と切り離して行われるのは、極めて望ましい。

ただ、過去四半世紀のレビューとなれば、それは当然にして、低いインフレの時期における望ましい金融政策ばかりがフォーカスされることにもなる。過去四半世紀のレビューが重要であることはいま述べた通りだが、それが今後の政策にバイアスをもたらすことはないのか。むしろ、現在の日本銀行にとって、喫緊の課題は、ライス論文のように、米欧の中央銀行が2021－22年に直面したシステマティック・エラーを振り返ることではないだろうか。

第2章　注

（1）Giovanni Sgaravatti, Simone Tagliapietra, Cecilia Trasi The fiscal side of Europe's energy crisis: the facts, problems and prospects Brugel 02 March 2023
https://www.bruegel.org/blog-post/fiscal-side-europes-energy-crisis-facts-problems-and-prospects

（2）植田和男『金融政策の基本的な考え方と経済・物価情勢の今後の展望』内外情勢調査会における講演、日本銀行、2023年5月19日。

（3）いや、後述する通り、日本銀行という組織が直面するリスクと、日本経済が直面するリスクを混同しているのではなかろうか。

（4）車社会の米国では、自動車価格の変動もインフレ期待に大きく影響する。

（5）それが、リスクマネジメント・アプローチを適用した際の本来あるべき姿であろう。

（6）FRBは2018年11月～20年8月、ECBは2020年1月～21年7月に政策レビューを行い、金融政策のフレームワークを見直した。

（7）もう一つの例外は、グローバルインフレが訪れる前の日本であろう。有効な政策ツールが存在しない中で、達成不可能なインフレ目標を掲げ、中央銀行は大量の長期国債の購入を余儀なくされるようになった。その結果、①財政規律が弛緩するリスク、②金融機関の利鞘を圧迫し、貸出行動に悪影響をもたらすリスク、③金融市場の機能を大きく損なうリスクをもたらした。その後、インフレ予想は大きく上昇しているが、これらはグローバルインフレの結果であって、異次元緩和が不在であっても、インフレ期待は上昇したと思われる。むしろ、異次元緩和によって、バランスシートが大きく膨らむなど、その後遺症が、インフレ期待が上昇する中で、金融政策運営を難しくする可能性がある。

（8）2023年4月28日の声明文では、「わが国経済がデフレに陥った1990年代後半以降、25年間という長きにわたって、『物価の安定』の実現が課題となってきた。その間、様々な金融緩和策が実施されてきた。こうした金融緩和策は、わが国の経済・物価・金融の幅広い分野と、相互に関連し、影響を及ぼしてきた。このことを踏まえ、金融政策運営について、1年から1年半程度の時間をかけて、多角的にレビューを行うこととした」としている。

第3章　グローバルインフレは財政インフレなのか

1　しつこく高いインフレは、いつでもどこでも財政的現象

(1)　2022年のジャクソンホール

夏の思い出

「夏がくれば思い出す」と言えば、「はるかな尾瀬　遠い空」と続く、江間章子氏の『夏の思い出』だろうか。かつて夏山登山にはまっていた筆者も、そのフレーズを耳にすると、はるかなる尾瀬ヶ原や至仏山、燧ケ岳を思い浮かべたものだ。ただ、近年、「夏がくれば思い出す」のは、主要中央銀行首脳が集うジャクソンホールでのシンポジウム。そんな金融市場関係者も多いのではないだろうか。

いまさらなのだが、第2章でも登場したジャクソンホールとは、米国ワイオミング州のグランドティトン国立公園に隣接する、美しい山々に囲まれた静かなリゾート地である。毎年8月末にカンザスシティ連銀が主催するシンポジウムで、主要中央銀行の首脳が集い、その時どきの金融政策に関わる重要な論点が討議される。

コロナ危機が襲った2020年のジャクソンホールでは、パウエルFRB議長は新たに導入した金融政策のフレームワークをお披露目した。2%を下回る低い水準でインフレ期待が定着するのを懸念していたこともあり、ビハインド・ザ・カーブとなることを敢えて組み込んだアベレージ・インフレーション・ターゲットを導入したが、それが初めて示されたのが、このジャクソンホールだった。

翌2021年のシンポジウムでは、パウエル議長は「量的緩和（LSAP：Large Scale Asset Purchase）」の規模縮小について、「年内開始」を予告したものの、同時にゼロ金利政策の解除には慎重で、拙速な政策変更を避ける姿勢を明確にしていた。同年春からインフレ率の加速が始まっていたが、高インフレは一時的であると強調し、サプライチェーンの寸断など、様々な供給ショックが総需要を悪化させることをむしろ懸念して、積極的な金融緩和の継続が適切であることを強調していた。私たちは、そうした政策運営の過ちがどのような思考回路の下で選択されたのかを第2章で詳しく分析したが、パウエル自身が過ちだったことを認め、大きく方向転換したのが2022年のジャクソンホールだった。

2005年のジャクソンホール

後知恵で考えると、これまでもジャクソンホールで、誤った政策の方向性が打ち出されたことは何度もある。少し古い話になるが、多くの人の記憶に残るのは、2005年のシンポジウムではないだろうか。退任を間近に控えたグリーンスパンFRB議長（当時）の花道を飾るため、グレートモデレーションをもたらした金融政策運営を賞賛すべく皆が集った。テーマもずばり、「グリーンスパン時代」。低いインフレと安定成長の下で、住宅価格など資産価格の上昇も続き、リアルタイムでは、経済は絶頂にあるように見えた。

しかし、緩和的な金融環境が続けられても、資産市場に資金が流れ込むから、インフレが落ち着いていたともいえる。底流では、サブプライム・バブルという金融不均衡が蓄積されていた。さらに言えば、先進各国の長寿化に伴う貯蓄増やグローバリゼーションによる先進国の国債の魅力度の高まりなどによって、自然利子率が低下したことがディスインフレ傾向の原因だったが、多くの人の目には入らず、慢心が広がっていた。

参加者の中には、一歩引いた冷静な見方も少数だが存在した。当時、IMFのチーフエコノミストだったラグラム・ラジャンは多数派の見解に異を唱え、「金融システムの発展は、世界をより危険にしたか？」という、グリーンスパン時代に極めて批判的な報告を行った。サブプライムローンが抱える金融システムへの危険性について警告を鳴らしたのである。しかし、多勢に無勢、洞察に富むその警鐘は、中央銀行関係者が慢心に浸る中で、打ち消された(1)。

2022年のパウエルの改心

さて、低インフレを心配して超金融緩和を続け、高インフレを許したことが明らかになった後の2022年のシンポジウムでは、極めてシンプルな講演だったが、パウエル議長は、1970年代の高インフレ（グレートインフレーション）とその後の80年代のグレートモデレーションと呼ばれる物価安定期の歴史から、インフレダイナミクス（インフレの動態）について、現在の政策運営につながる以下の三つの教訓を説明した。

① 高インフレがグローバルな現象であっても、供給制約によるものであっても、原因が何であれ、中央銀行にとり、「低位でのインフレ安定」の責務は無条件である。ＦＲＢはその責任を果たすことが可能であり、果たさなければならない。現在の米国の高インフレは強い需要と供給制約によるものだが、ＦＲＢは総需要に働きかけるツールを有する。

② 実際のインフレの形成メカニズムにおいては、インフレ期待が重要な役割を果たし、高インフレが長引くほど、高いインフレ期待が定着するリスクが高まる。現在は、長期的なインフレ期待はまだ低位でアンカーされていると考えるが、だからといって、現在の高いインフレを放置してよい理由にはならない。

③ 物価安定をやり遂げるまで、ＦＲＢは仕事をやり続けなければならない。インフレ抑制のために犠牲になる雇用は、インフレ抑制が遅れるほど大きくなる可能性が高い。

政策金利については、インフレ率を2％に押し戻すために、十分引締め的なレベルに向けて、「固い決意で（purposefully）」、政策スタンスを移行すると論じている。当時のＦＦレートの誘導水準は2・25－2・5％と低く、ようやく中立金利（Longer Run）と見なされる水準に達したばかりであり、パウエル議長は、高インフレと労働需給の逼迫を前提にするなら、単なる通過点でし

図3－1　米国・FFレート（誘導目標）

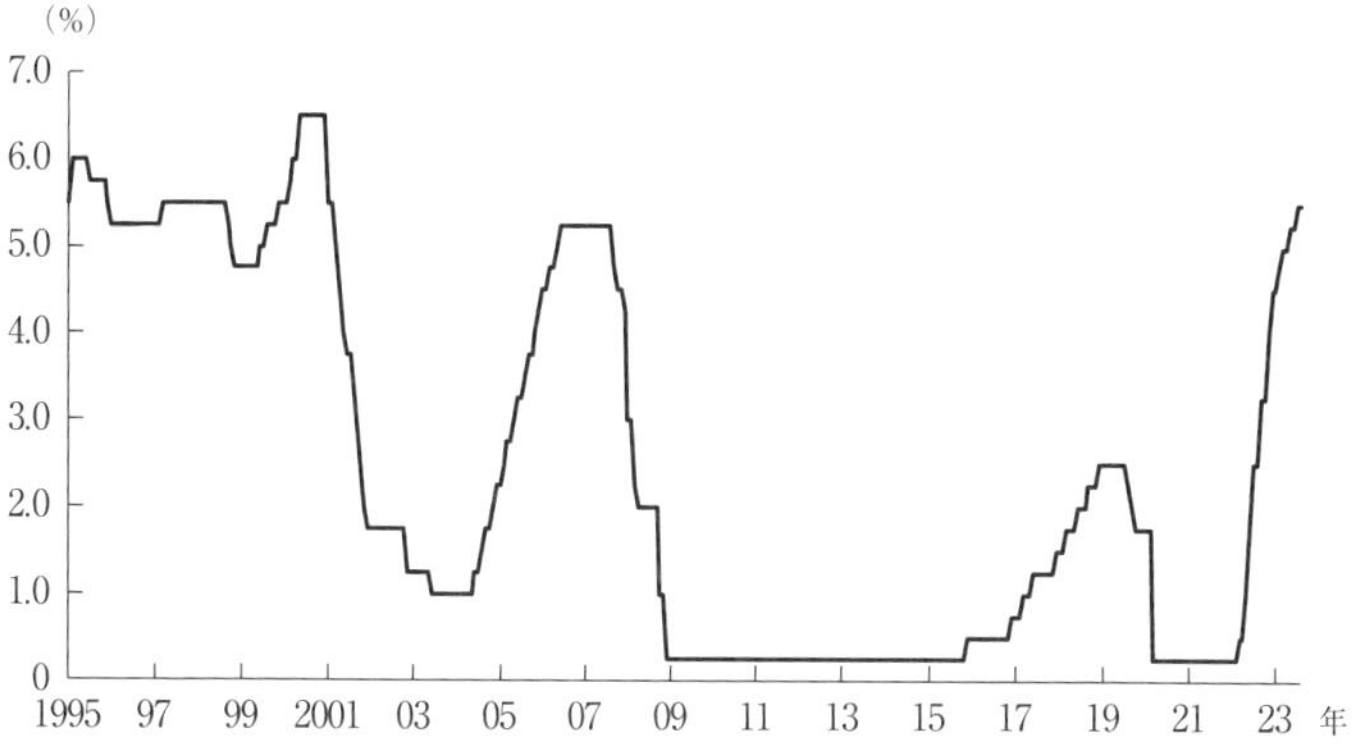

（出所）Macrobondより、BNPパリバ証券作成

かないと適切に論じていた。しかし、その後もインフレ見通しの上方修正が繰り返され、政策金利も2023年7月には、2022年のジャクソンホールのときの倍を超える5・25－5・5％に引き上げられた。図3－1にある通り、結局、2022年のジャクソンホールにおいては、利上げサイクルの五合目にも到達していなかったわけである。

ボルカーの「Keep at it」

2022年のパウエル議長は、最悪の事態を想定してか、1970年代末から80年代初頭において、高インフレを抑制するために、大幅な景気悪化を甘受せざるを得なかったポール・ボルカー元FRB議長のエピソードを紹介している。1970年代にインフレが亢進するにつれて、高インフレが家計の意思決定に定着し、インフレが上昇するほど、インフレが高止まりすると予想する人が増え、それが賃金と価格の設定に大きく影響するようになった。

安定した生産性の高い経済に復帰するには、高い水準で定着したインフレ期待を打破しなければならないが、それには景気を大きく悪化させるしか方法がない。そうした事態に追い込まれたのは、ボルカー以前の15年間において、景気が悪くなるとインフレの水準にかかわらず金融緩和や拡張財政を行うストップ・ゴー政策が続けられ、インフレ予想を抑え込むことができなかったからである。パウエル議長は、そうした事態を避けるには、早い段階で、インフレを２０２１年春以前の水準まで引き下げなければならないとしていた。

このようにパウエル議長は、ボルカー時代のエピソードを持ち出し、高いインフレが長引くほど、高いインフレ期待が定着するリスクが高まるとした上で、「そのことは、インフレを抑えるという仕事を成し遂げるまで、それを続けなければならない、という（先ほどの）三つめのレッスンにつながる（That brings me to the third lesson, which is that we must keep at it until the job is done.）」と論じた。それは、景気が悪化に転じても、インフレを抑え込んだという確信を得るまでは、簡単には利下げに転じることはない、ということである。

さらに講演の最後でも、「仕事を成し遂げたと確信するまで、それを続けなければならない（We will keep at it until we are confident the job is done.）」と、「Keep at it」なるフレーズを繰り返している。実は、このフレーズは、ボルカーの自伝のタイトル「Keeping at it（邦題は『ボルカー回顧録――健全な金融、良き政府を求めて』）」からの援用であり、単にボルカー時代のエピソードを持ち出しただけでなく、具体的な政策スタンスもボルカーに学ぶことを強く意識したものであることを匂わせていた。

その後の講演でも「Keep at it」のフレーズをパウエル議長は繰り返した。利上げを開始した2022年3月から、わずか1年の間に500BPもの利上げを行い、3月と5月には不適切な経営を行っていた一部の地方銀行が破綻したが、その後も、金融引締めスタンスを崩してはいない。

ただ、後述する通り、金融システムへのリスクにも配慮しなければならなくなったため、「Keep at it」という同じ言葉を続けていても、2023年3月以降、その意味するところは変質しているように思われる。2022年のジャクソンホールでは、インフレ鎮静のためには、不況も甘受するとしていたはずだが、今では「不況を想定していない」とパウエル議長は前言を撤回している。一頃に比べてインフレが低下してきた一方で、金融システム問題も無視できなくなり、中央銀行としてのリスクバランスが変わってきたということなのだろうか。

執筆の最終段階において、2023年ジャクソンホール・シンポジウムが開催された。パウエル議長は講演の最後を、再び「仕事を成し遂げるまで、それを続けなければならない（We will keep at it until the job is done.）」という言葉で締めくくった。しかし、本章で明らかにしていく通り、その意味するところは、もはや2022年のジャクソンホールとは異なるというのが筆者の仮説である。

下げ渋るインフレ

2023年8月の米国のヘッドラインインフレは前年比3・7%、CPIコアは4・3%と、2022年からは低下したが、高止まりを続けており、いまだ2%には程遠い。今後もある程度の低下は続くだろうが、高めの水準が長引いているため、そのこと自体がインフレ期待の上昇につながれば、パウエル議長が懸念したように、実質金利がむしろ低下して、総需要を抑制する効果は削がれる。現に、高い金利を背景に、減少していたはずの住宅販売は底入れ傾向が見られ、下落に転じていた住宅価格にも下げ止まりの兆しが現れている。インフレ期待の上昇で、金融引締め効果が減衰し始めているのかもしれない。

もちろん、金融引締め効果は、長いタイムラグを持って、実体経済に現れてくる。5%を超える高い政策金利を継続すれば、いずれは景気減速が本格化し、インフレ率も2%に向かって低下していくはずであろう。思ったよりも多少長い時間がかかっているだけなのかもしれない。

しかし、そもそも高金利を続ければ、インフレが低下するという前提は妥当なのだろうか。実は、2022年のジャクソンホールでは、この常識に大きな疑問が投げかけられていた。もし、グローバルインフレが政府の財政信認の低下がもたらした財政インフレだとすれば、金融政策だけでは、インフレ鎮静は困難である。そして、2023年秋以降の長期金利の大きな上昇は、市場がそのことを織り込み始めたのではないか。

(2) 財政インフレ論を唱えるビアンキ=メロージ論文

「Keep at it」を繰り返したパウエル議長の講演とともに、2022年のジャクソンホールでもう一つ注目を浴びたのは、ジョンズ・ホプキンス大学のフランチェスコ・ビアンキ(Francesco Bianchi)とシカゴ連銀のレオナルド・メロージ(Leonardo Melosi)の論文『財政の上限としてのインフレ（Inflation as a Fiscal Limit）』である。

そこでの主張は、今回のグローバルインフレには財政インフレの要素があり、その場合、中央銀行がいくら利上げをしても、景気が悪くなるだけであって、インフレは必ずしも鎮静しない、という衝撃的なものだ。理論上、パウエル議長が２０２２年に示唆した政策が追求されると、景気悪化と物価高が併存するスタグフレーションに陥るリスクがある。以下、ビアンキ＝メロージ論文を詳しく見ていこう。

中央銀行の信認の問題ではない

ビアンキ＝メロージ論文は、20年間にわたる低インフレの後、インフレの時代が再来し、政策当局は、急激な物価高騰の新たな脅威に直面している、と始めている。それでは、インフレは鎮静するのか、持続するか。その答えは、財政当局の信認にかかっており、中央銀行のインフレ退治の能力は重要ではあるけれども、今回のグローバルインフレにおいては決定的なものではない、と論じる。つまり、パウエル議長のインフレを抑え込むという強い意志の問題ではなく、ジョー・バイデン大統領やジャネット・イエレン財務長官の財政規律の問題というのである。

もし、基礎的財政収支（プライマリー収支、PB収支）を最終的に均衡させるという責任を財務当局者が全うしない、と認識されると、人々はインフレ上昇によって税収増が図られることを通じて、公的債務の持続可能性が維持されると考えるようになる。つまり、インフレタックスを家計や企業が予想するようになる。「大規模なPB赤字」であっても、それが一時的であればこうした事

図 3 - 2　米国一般政府のプライマリーバランス（対 GDP 比）

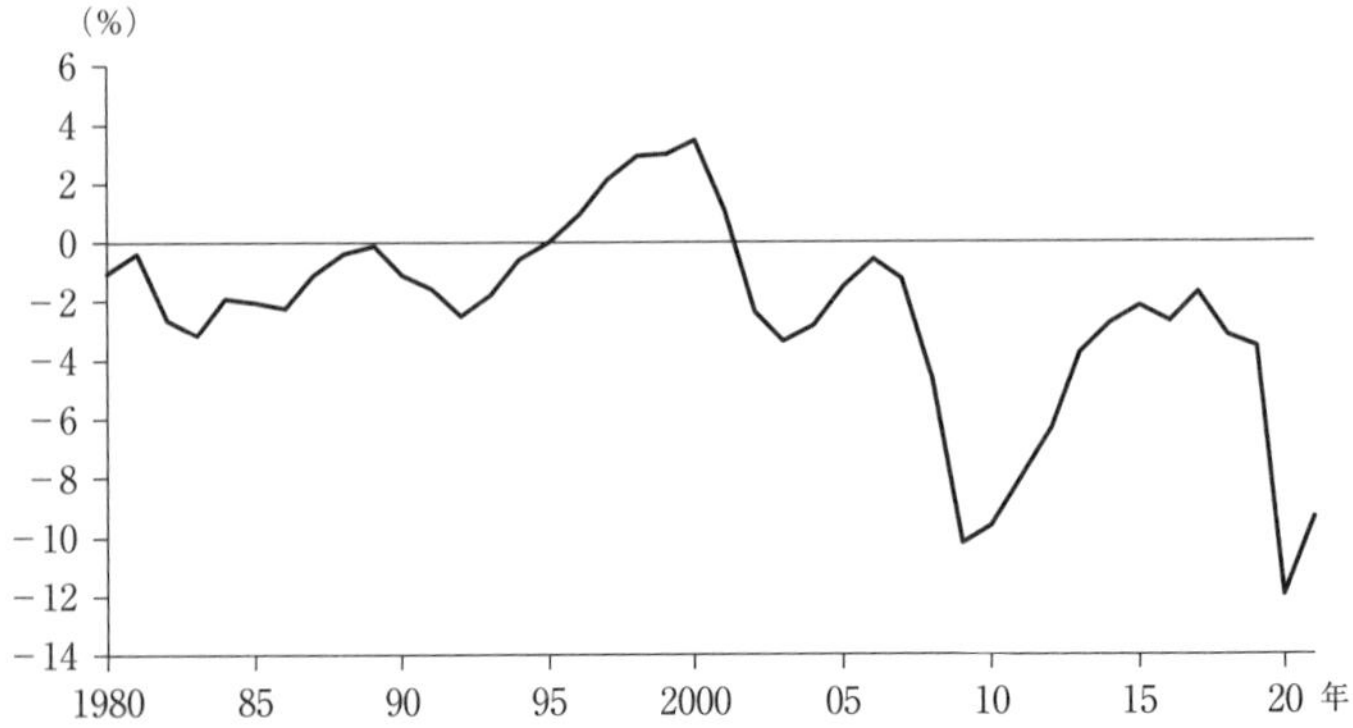

（出所） OECD 資料より、BNP パリバ証券作成

図 3 - 3　米国の一般政府債務（GDP 比）

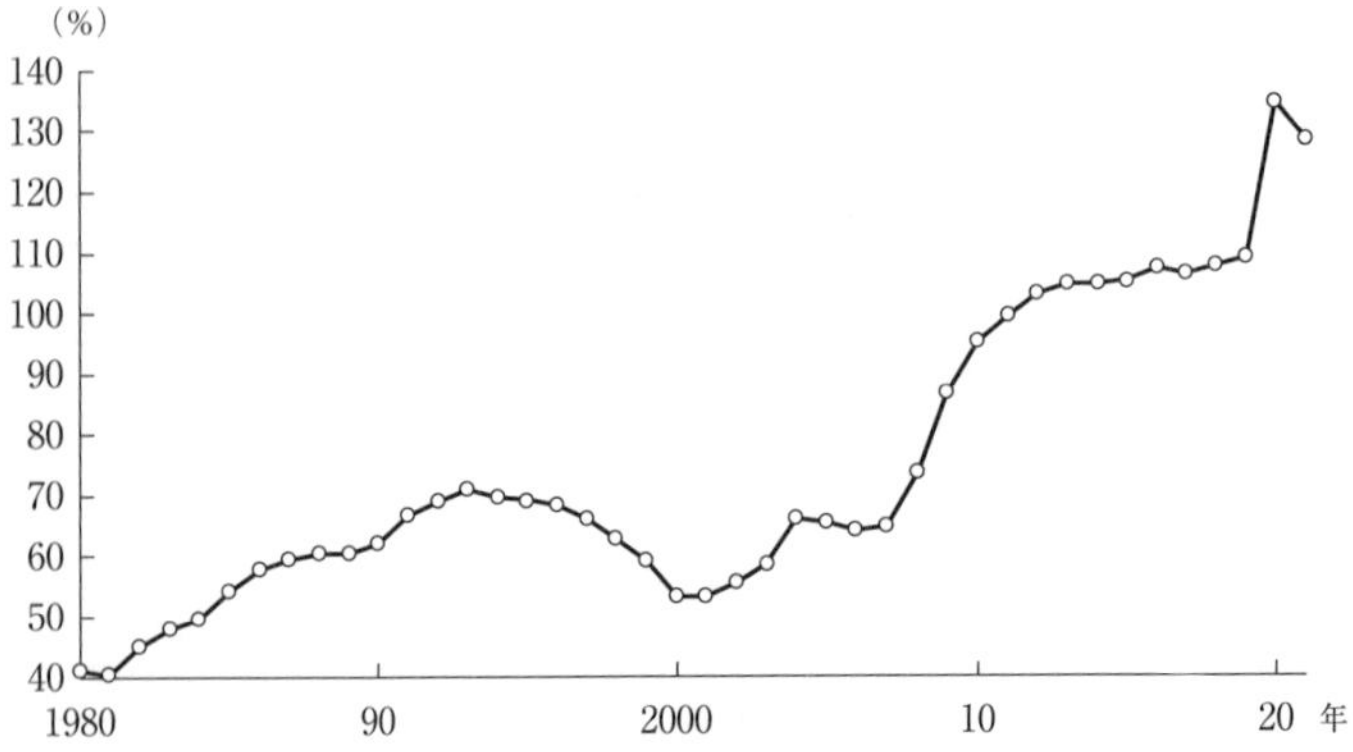

（出所） Macrobond より、BNP パリバ証券作成

態には陥らないのだが、「公的債務に対する信認の弱体化」が組み合わさると、インフレ期待、そしてインフレのトレンドは中央銀行が掲げる2％目標から逸脱するリスクがある（図3－2、3－3）。

インフレはいつでもどこでも「財政的現象」

信頼に足る財政健全化計画によって公的債務の持続可能性が維持される、と人々が考える場合にのみ、FRBはインフレを完全に制御できるというのが、ビアンキ＝メロージ論文の仮説である。マネタリストの総帥だった故ミルトン・フリードマンが発した「インフレは、いつでもどこでも、貨幣的現象」という言葉が、かつては決め台詞だった。しかし、この論文の世界では、財政インフレ論の先駆けであるトマス・サージェントが論じた通り、「しつこく高いインフレは、いつでもどこでも財政的現象」なのである。

こうした推論から、金融政策がそれ以上、政策金利を引き下げることができないことを意味する「実効下限制約」に達し、財政政策をマクロ安定化政策として利用する場合、一種の「上限」を設定できる。つまり、中央銀行が2％の安定したインフレ目標を達成できない状態となれば、財政政策が望ましい「上限」を超えたことになる。それがビアンキ＝メロージ論文の主張であり、今回のグローバルインフレは、財政政策がこの「上限」を超えたために、財政インフレが始まったということにほかならない。米国は、財政規律が損なわれたと見なされるほど、財政政策をやり過ぎたのである。

第2章で詳しく紹介したリカルド・ライス教授のＢＩＳ論文「２０２１年から22年のインフレの暴走：高インフレは、なぜ、どのようにして、起こったのか」では、財政政策を含め大規模なマクロ安定化政策がグローバルインフレの原因とされてはいたが、そこでは、金融政策で解決できることが前提とされていた。しかし、おいおい見ていくように、ビアンキ＝メロージ論文の世界では、もはや中央銀行だけでは問題が解決できないのである。

財政スタグフレーションのリスク

仮にグローバルインフレが財政的な性質を持つ場合、金融引締めが悪性の財政スタグフレーションを引き起こす可能性がある。現在の景気がいかに好調でも、高金利政策の継続によって、成長率はいずれ大きく減速し、短期的には需給ギャップの悪化から循環的なインフレ圧力がある程度は抑制されるであろうが、財政への信認低下がインフレ率の基調的な上昇をもたらし、インフレは中央銀行の掲げる目標から逸脱した状況が続く。ＦＲＢの利上げがもたらすのは、主に景気の悪化ということになるが、後述する通り、筆者はまず金融システムへの悪影響を加えるべきだと考えている。

財政スタグフレーションは、理論的に、①公的債務を持続可能な水準で運営することが期待されていたはずの財政当局に対する信認が悪化し、②そうした下では、中央銀行のインフレ抑制能力への評価が崩れることから生じる。ビアンキ＝メロージ論文では、こうした推論を確認するため、金融政策の限界（実効下限制約）を組み込み込んだ上で、金融政策主導のレジームから財政政策主導のレジームへの移行を可能とする経済モデルを構築している。

財政政策主導のレジームと金融政策主導のレジーム

若干補足すると、財政政策主導のレジームとは、以下のようなものである。たとえば、インフレを抑制するため、中央銀行が金利を引き上げる場合、政府の利払い費が増える。政府は、増えた利払い費の財源として、歳出削減や増税といった財政調整を選択するのではなく、新たな国債発行で賄う。財政政策主導のレジームにおいては、中央銀行は新たな国債発行が引き起こす金利上昇圧力を吸収するため、資金供給を行うが、それがインフレを加速させる。

インフレ加速に対し、中央銀行は再び利上げで対応できるが、利払い費がさらに増えた政府は、国債発行をさらに増額する。利上げの継続が景気を多少は悪化させるが、一方で政府の利払い費を通じた民間部門への所得移転が続くため、総需要が支えられ、インフレは抑制できない。いわゆる「非リカーディアン型政府」の世界であり、財政政策が先行し、中央銀行はその尻拭いを余儀なくされるため、財政従属（フィスカル・ドミナンス）とも称せられる(2)。

一方で、金融政策主導のレジームとは、インフレ上昇時に、中央銀行が利上げを行い、政府の利払いが膨らんだ場合、政府は最終的に歳出削減や増税といった財政調整で対応する。この結果、中央銀行の利上げによって、インフレは抑えられる。いわゆる「リカーディアン型の政府」であり、金融政策が先行し、財政政策はそれに整合的な行動を採る。

先に触れたライス論文で、インフレ抑制が中央銀行の信認次第であったのは、あくまで金融政策が主導するレジームを前提としていたためである。ビアンキ＝メロージ論文では、財政政策主導のレジームへの移行が念頭に置かれ、その場合、もはや中央銀行の行動だけではインフレを目標値にアンカーさせることはできない。

ボルカー流の金融引締めも有効とはいえない

こうした経済モデルに実際のデータを当てはめ、ビアンキとメロージは、まず以下の結論を得る。

- ・２０２１年以降のインフレの大幅上昇は、大規模な財政政策と、財政主導の政策レジームへの移行によって説明される。コロナによるコストプッシュ・インフレはあくまで一時的な影響に留まる。
- ・ＧＤＰの10％にも及ぶ追加財政を含む２０２１年のバイデン政権の米国救済計画法は、財政主導のレジームへの移行の可能性を高め、そのことは、景気回復をサポートしただけでなく、同時に財政インフレの急上昇をもたらした可能性がある。
- ・モデル上、金融引締めだけでは、高インフレを抑えることはできない。

さらに、今後の政策的インプリケーションとして、以下のように論じる。

①　高インフレが持続するリスクは、巨額の公的債務と財政制度に対する信認の低下の組み合わせ

に起因するのであって、１９８０年代初頭のグレートインフレと呼ばれた高インフレを打ち負かすために採用されたボルカーＦＲＢ議長の高金利政策をもってしても、今回は上手くいかないかもしれない。

②　コロナ後のインフレ克服には、すでに存在する巨額の公的債務についても、また、今後予想される財政支出の増加についても、借換え国債や赤字国債ではなく、歳入改革や歳出削減で対応可能とすべく財政のフレームワークの見直しが必要である。利払い費増加を国債発行で賄ってはならない。

繰り返される拡張財政

それでは、現実の財政政策は、２０２２年のジャクソンホールの後、どうなっているのか。バイデン大統領は、財政健全化に向かうのではなく、第2章で論じた通り、中止に追い込まれたものの、学生ローンの返済免除などを進めており、財政規律を意識した政策が取られているとは言い難い(3)。バイデン政権の下では、基本的に、高インフレで国民が苦しんでいるのを和らげるためとして、拡張財政で対応する選択が取られている。前にも触れたが、２０２２年8月に成立したインフレ抑制法（ＩＲＡ：Inflation Reduction Act）も名ばかりで、電気自動車工場からグリーン水素製造プラントに至るまで、内外企業のプロジェクトの米国への誘致を目的に、レッドカーペット（赤じゅうたん）の大盤振舞いの補助金が用意されている。

歳入改革もセットではあるため、経済に対して中立、と考える人もいる。ただ、これはまぎれもない保護主義政策であり、先進各国の政府は、自国の企業や雇用に不利だとして、不満を述べているが、まさにそのことは、米国経済にこそ大きな負担をもたらす。

長期的にみれば、米国の供給能力を拡大させるとしても、短中期的には、ただでさえ米国はマクロ経済の需給逼迫に直面しているのであって、投資拡大を促すことは、需給逼迫を助長し、インフレを高める方向に作用する可能性がある。

一方、パウエルFRB議長は、前述した通り、高インフレに対して、景気悪化を厭わず、利上げを進める覚悟を示していた。拡張財政と金融引締めのポリシーミックスが選択されているということであり、利上げが景気を悪化させるとしても、拡張財政が修正されない限り、ビアンキ＝メロージ論文を前提にすると、インフレは鎮静しない。

いや、拡張財政が続く限り、利上げを続けても、景気後退さえ簡単には訪れないというべきかもしれない。現実に米国の景気は、利上げにもかかわらず、堅調を続けている。それでは、問題は生じないのか。そうなると、さらなる利上げが必要となり、金融システムに大きなストレスがかかることになりかねない。それが大きな問題を孕む。

(3) 財政インフレがもたらす金融システムへのストレス

米国地銀破綻の原因

２０２３年３月にはシリコンバレーバンクとシグネイチャーバンク、５月にはファーストリパブリックバンクの米地銀３行が破綻した。これらの破綻は、すでに不適切な経営がなされていた一部の特殊な事情を抱える地銀の問題であって、金融システム危機につながる話ではないと広く認識されている。

グローバル金融危機以降、金融システム危機によって、マクロ経済が激しく動揺することを回避するため、ＦＲＢや米国財務省を含む銀行監督当局は厳しすぎるほどの規制強化を続けてきた。ただ、今回の銀行破綻は、財務の健全性や頑健性などソルベンシーリスクに注視しすぎたため、金利リスクを結果として軽視したことや、グローバルで活動する巨大な金融機関（Ｇ‐ＳＩＢｓ）の規制にばかり注力し、ローカルバンクに対し注意が疎かになったという銀行監督上の問題も影響していると思われる。

また、ＳＮＳを通じた風評の急激な広がりを背景とした急激な預金流出（バンクラン）など、ネットバンキング時代において、銀行が新たに直面するリスクの把握が遅れたことも影響していたと見られる。環境の変化に対し、規制が手薄になっていた点は、今後、一段と強化が図られるのだろう。

しかし、わずか1年の間に5％もの急激な利上げが行われたこと自体が、金融機関経営に対し、大きなストレスになっていたことは無視できないであろう。不適切な銀行経営だったといっても、急激な利上げが行われなければ、地銀3行が破綻する可能性は高くはなかったはずである。そもそも損失が発生したのは、世界で最も信用度が高いはずの米国債投資である。

問題は、敢えてビハインド・ザ・カーブを選択した結果、高いインフレに見舞われ、急激な利上げを余儀なくされたＦＲＢの金融政策の失敗にある、と言えなくもない。それゆえに、日本銀行も

図3－4　米国の2年金利と10年金利の推移

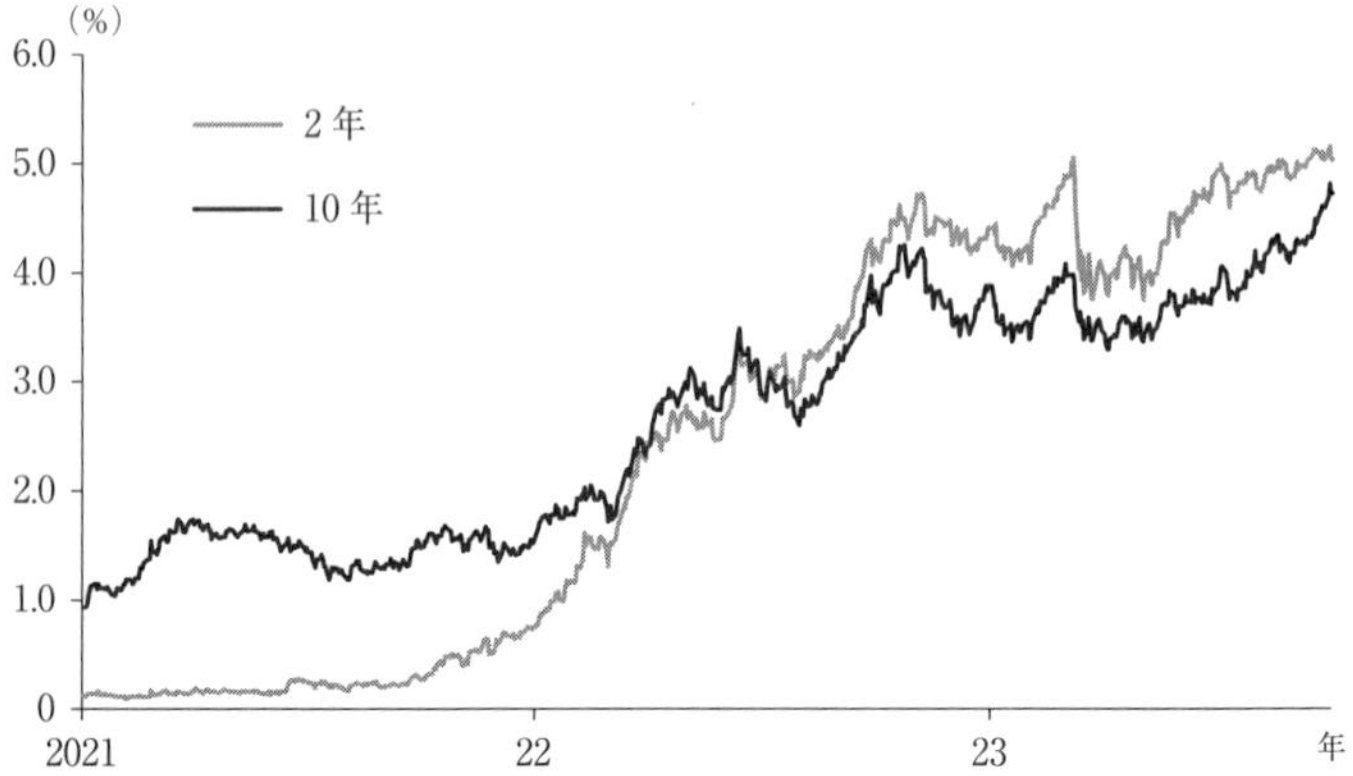

（出所）Macrobond より、BNP パリバ証券作成

行きすぎたビハインド・ザ・カーブ戦略を採用すべきではない、と考えられるのだが、ビアンキ＝メロージ論文が主張する通り、もし、グローバルインフレに財政インフレの要素が強いとするのなら、話はさらに複雑である。大規模財政によって、利上げ効果が損なわれているから、より高い政策金利が必要となり、イールドカーブ（利回り曲線）の長短逆転（逆イールド）が生じ、銀行経営、ひいては金融システムに強いストレスがもたらされている、ということはないだろうか（図3－4）。預金を中心に短期資金を調達し、その資金を企業や家計への融資や長期国債で運用する伝統的な金融機関は、逆イールドが続くと、逆鞘となり収益性が大きく損なわれる。

大幅利上げでも消費が抑制されない理由

大規模財政は、政府から家計への所得移転を意味するが、そのことは、同時に、家計からの預貯金の

図３－５　米国の家計・非営利団体の預金額：実質ベース（2021年１Q＝100、MMF を含む）

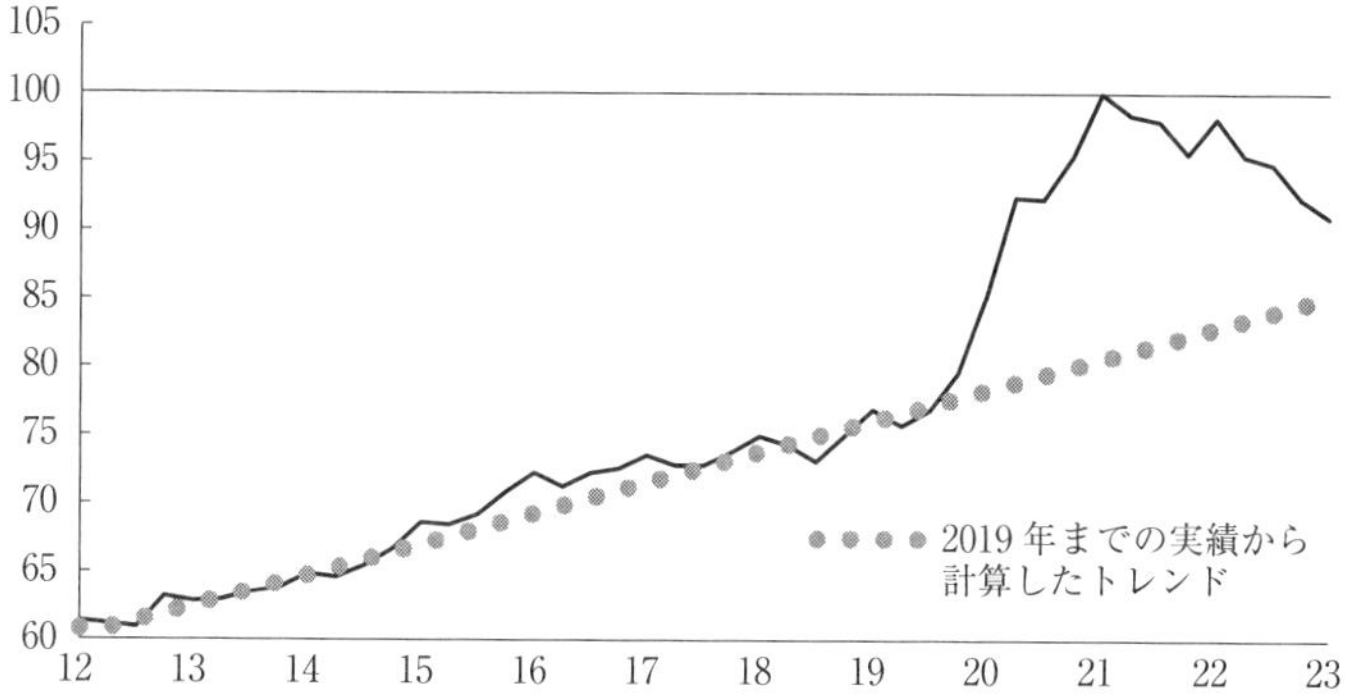

（注）CPI で実質化。
（出所）FED、BLS より、BNP パリバ証券作成

急増に直面した中堅・中小金融機関の一部が、長期国債の運用を急増せざるを得なかったことを意味する。政府から家計への所得移転によって、民間部門は潤沢な資金を持つから、追加的な資金需要は生まれず、融資を増やすことができない銀行は、長期国債の購入を増やさざるを得なかったのだが、話はここで終わらない。

以下のように、ＦＲＢが政策金利を引き上げても、長期金利がさほど上昇しなかったため、マクロ経済の抑制にもなかなかつながらず、より高い政策金利が必要となり、逆イールドが拡大することで、銀行経営により強いストレスが働いた。

まず、ＦＲＢが利上げを繰り返しても、景気がなかなか減速しなかったのは、政府からの所得移転によって、家計のバランスシートが、かつてなく健全なためである。もともと、コロナ禍の巣籠り時に、個人消費は抑えられ、強制貯蓄が積み上がっていた。さらに政府からの現金給付（所得移転）もあり、家計は潤沢な貯蓄を抱えていたから、利上げを行っても、個人消費はなかなか抑制されなかった。

2000年代末のグローバル金融危機以前は、FRBが利上げを開始すると、比較的早い段階で個人消費が減速していた。これは、家計部門が大きな借入を抱えていたからである。2010年代に家計は債務の返済が進んだが、その後、コロナ禍で貯蓄が膨らみ、現在は純債務が大きく減ったために、利上げ効果が乏しくなったのである。

もちろん、低所得層は、コロナ後の物価高もあって、強制貯蓄を早い段階で使い果たした。ロックダウンが行われた際、レイオフされた人々は、所得を失い、政府からの現金給付に頼るしかなかった。ただ、所得水準にかかわらず、政府が大規模な所得移転を行った。このため、マクロ経済全体でみると、図3－5にあるように、家計の預貯金の残高は、物価調整をした後も、トレンドを上回る水準にあり、利上げ効果を減じていたと思われる。ただし、2023年末には、トレンドを超える貯蓄はほぼ消滅すると見られる。

政府の家計への所得移転が利上げ効果を相殺

一方で、潤沢な家計の貯蓄を受け入れた金融機関は、前述した通り、融資も増えず、長期国債などを購入せざるを得ないから、FRBが政策金利の引上げを続けても、長期金利はさほど上昇しなかった。そのことも利上げの景気抑制効果を減じてきた。図3－6にあるように、政府が家計や企業に大規模な所得移転を行っていることから、増えた預金を貸出に振り向けることができないので

図3-6　米国商業銀行の貸出と預金

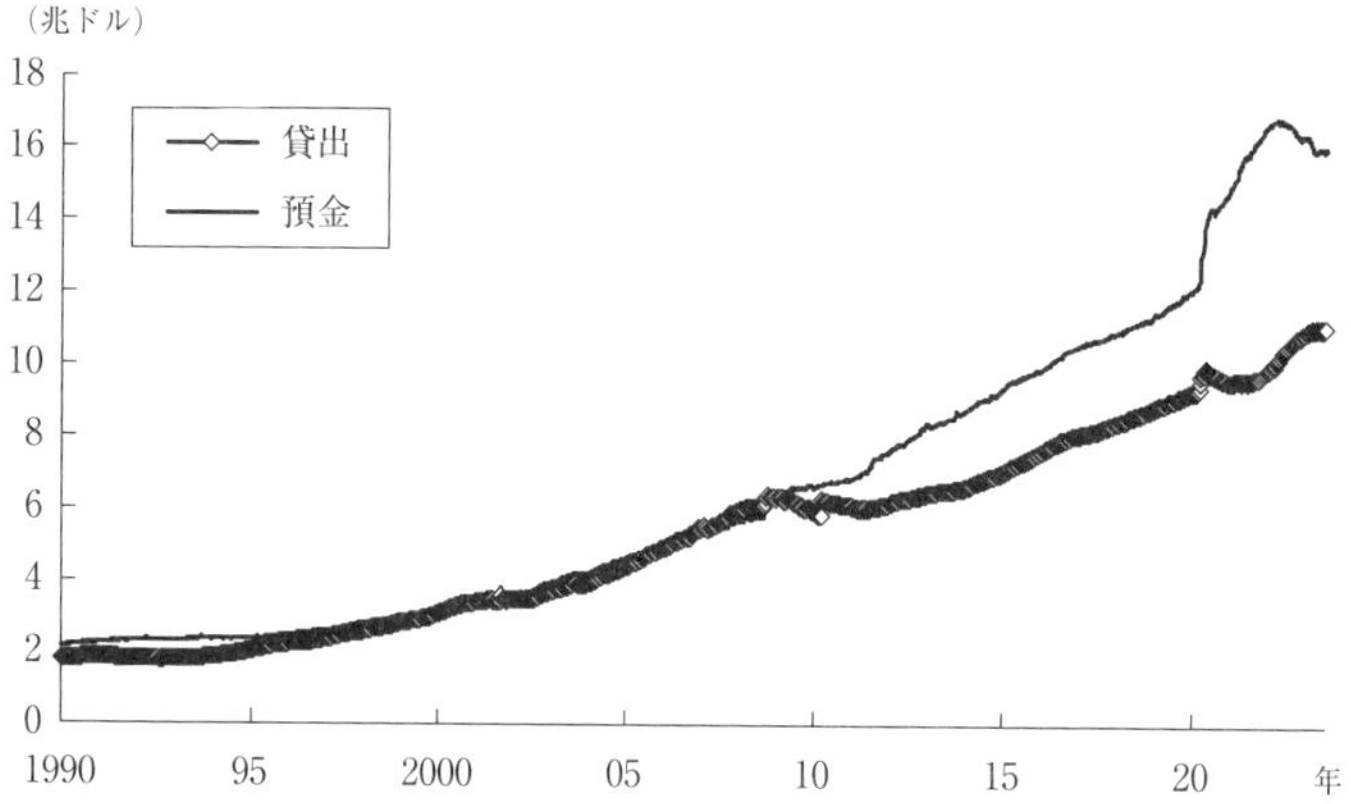

(出所)　Macrobond より、BNP パリバ証券作成

ある。

結局、政府が国債で調達した資金は銀行預金に向かい、貸出を増やすことができない金融機関は資金を国債購入に振り向けるから、長期金利がさほど上昇しないという、一種の均衡に陥っていた。ただ、後述する通り、民間部門で資金需要が乏しい中で、貸出が膨らんだのが商業不動産向けであり、それが今後の金融システム上の火種となり得る。

本来、政策金利の引上げは、長期金利の上昇を通じて、実体経済に引締め効果をもたらす。とりわけ、経済のストック化が進むと、前述したように、長期金利の上昇が住宅価格や株価の下落につながり、それが家計や企業の支出を抑制する。しかし、長期金利の上昇が限られるとすれば、資産価格は高値が続き、十分な景気引締め効果を生み出すことができず、中央銀行は政策金利をより高い水準に引き上げざるを得ない。

当初、4%程度まで政策金利を引き上げれば、景気抑制に十分と考えられていたのは、長期金利もそれに伴って上昇すると考えられていたからである。しかし、短期金利が上昇しても、長期金利がさほど上昇しないため、より高い短期金利が必要となった。前述した通り、長短金利の逆転を意味する逆イールドの拡大は、銀行経営に強いストレスをもたらす。

かつての銀行破綻で観測されたのは、利上げの継続によって、個人消費が抑制される結果、売上の減った企業の財務内容が悪化し、融資の返済などが滞る不良債権化が進み、銀行経営が困難になるといった現象だった。しかし、2023年3月以降に見られたように、実体経済が悪化する前に、安全資産であるはずの長期国債の価格下落で、それを保有する銀行の損失が拡大し、銀行取付(バンクラン)に直面して破綻に至ったというのは、前代未聞だ。

中央銀行のバランスシートの問題

もう一つ、政策金利を引き上げても、長期金利がさほど上昇しなかった大きな理由がある。それは、中央銀行のバランスシートが大きく膨らんだままであることだ。コロナ禍では、政府の大規模財政がもたらす長期金利の上昇を避けるべく、大量の長期国債の購入によって、中央銀行はバランスシートを急激に膨らませた。要は、中央銀行が大量に長期国債を保有しているから、政策金利が上がっても、長期金利の上昇が限られていたのだ。

わずか1年で500BPもの急激な利上げが行われたが、中央銀行のバランスシートの圧縮(量的引締め、いわゆるQT)は償還の訪れる国債の再投資の抑制に留まり、極めて限られたペースでしか行われていなかった（前掲　図２－３）。このため、インフレ上昇にもかかわらず、長期金利の上昇が抑えられ、住宅価格や株価などの資産価格は上昇傾向を続け、景気抑制効果が十分に現れなかった可能性も否定できないだろう。

金融緩和局面における中央銀行の大量の長期国債の購入（量的緩和、いわゆるＱＥ）の後遺症で、利上げサイクルに入っても、金融引締め効果が減じられ、インフレ抑制に時間を要している点も財政インフレの特徴と言えまいか。そして、２０２３年秋以降、ようやくＱＴの効果が現れ始めたのか、あるいは、財政信認の低下が織り込まれ始めたのか、長期金利に大きな上昇が見られ始めた(4)。

先ほど、膨らんだ商業不動産向け融資が金融システム問題の火種の一つと論じた。コロナ時の超低金利局面で、商業不動産に資金が流れ込んだだけでなく、過去10年間の低金利局面でも、商業不動産への資金流入が続いていた。しかし、コロナをきっかけにリモートワークが普及し、オフィス需要が落ち込んだ結果、都市中心部の商業不動産への需要は低迷している。このため、高い金利水準が続けば、融資の借換え時期に、立ち行かなくなる投資プロジェクトが増えると見られる。商業不動産向け融資を増やしていた中堅・中小銀行の一部は、すでに長短金利の逆転で苦しんでいるが、より強い逆風に晒されるようになると見られる。預金を獲得し融資で稼ぐ伝統的なビジネスモデルの中堅・中小銀行の破綻が続く可能性があるが、それが金融システムを揺るがすことになるのか。

その可能性はゼロではない。しかし、銀行監督当局は、銀行取付（バンクラン）が広がり、金融システムの動揺につながることを避けるため、すでに破綻した三つの銀行と同様、今後、新たな銀行破綻が生じた場合でも、預金は、結果的に全額保護すると見られる。そのことは、むしろ財政膨張の新たな要因になると見られる。

パウエル議長の「もはや不況を想定していない」の真意

もし、金融システムの動揺が起きれば、単なる不況では終わらず、深刻な不況が不可避となる。2022年のジャクソンホールで、パウエル議長は、インフレ鎮静のためには不況も厭わないとしていた。しかし、2023年のジャクソンホールでは、「仕事を成し遂げるまで、それを続けなければならない（We will keep at it until the job is done.）」という2022年と同じフレーズを繰り返しつつも、一方で「もはや不況を想定していない」とも語っている。

すでにお気づきの読者も多いと思われるが、そのことは、深刻な不況につながりかねない金融システムの動揺は回避するということであって、インフレの鎮静が重要だとしても、金融システムにさらに強いストレスをかける一段の金融引締めは選択しない、ということである。一言でいえば、「想定していない」のではなく、「不況にさせない」のである。

高いインフレが長引いてはいるが、もはや2022年夏のような極端に高いインフレではなくなっており、以前に比べれば、その弊害も和らいでいる。もし、ここでインフレを早期に2％目標まで一気に引き下げようとすれば、さらなる利上げが必要となり、逆イールドで苦しむ金融機関にダメージを与え、金融システムを動揺させかねない。それは深刻な不況を招くリスクが高い。

そうした事態を避けるには、インフレ抑制には長期戦で臨み、場合によっては、インフレ期待の多少の上振れも甘受する。２０２３年3月以降の銀行破綻によって、「keep at it」の意味するところが変質している、というのが筆者の仮説である。

米国政治の分断は、２０００年代末のサブプライム危機がもたらした深刻な経済の落込みも大きく影響している。ＦＲＢが金融システムの動揺がもたらすであろう深刻な不況を恐れるのは、後述する通り、米国政治が、政治分断どころか、内戦を懸念する政治学者が現れるありさまだからである。

ビアンキ＝メロージ論文の結論の若干の修正

ビアンキ＝メロージ論文が妥当性を持つなら、現在の先進各国のポリシーミックスの帰結は、早期のインフレ鎮静ではなく、財政スタグフレーションということだった。ただし、ここまで論じたように、ビアンキ＝メロージのモデルを現実に適用する際には、多少の修正が必要であろう。すなわち、政府から家計・企業への所得移転が金融引締め効果を減殺するため、景気が悪化するまでには、相応の時間を要する。また、中央銀行のバランスシートの膨張が、長期金利の上昇を抑えるため、より高い短期金利が必要となる。しかし、それは逆イールドを深刻化させ、経済が悪化する前に、金融システムにストレスをかける。

もちろん、金融システムが脆弱化すれば、最終的にはマクロ経済に大きな悪影響が及ぶため、ビアンキ＝メロージ論文の通り、現在のポリシーミックスが財政スタグフレーションをもたらすリスクがあるという結論は最終的には変わらない。また、市場が財政信認の低下を織り込み始めれば、抑えられていた長期金利も上昇するため、それも経済を悪化させる。

欧州も財政インフレのリスク

だとすれば、財政インフレの鎮静には、財政政策の方向転換が必要だが、それが政治的に果たして可能だろうか。この問題は、次の第2節で改めて取り上げるが、本節の最後に、財政インフレが、もはや米国だけが抱えるリスクではない点を論じておこう。

すでに英国では、財政インフレを疑わせる大混乱が2022年秋に生じている。官邸パーティ・スキャンダルで身を引いたボリス・ジョンソン首相の後を2022年9月に継いだリズ・トラス首相が財源の裏づけのない大規模な減税・歳出拡大策を打ち出すと、通貨ポンドと英国債が価格急落に見舞われ、資本市場は大混乱に陥った。

その結果、トラス政権は大盤振舞いの政策を撤回、就任からわずか49日で退陣し、保守党党首選で財政健全化を掲げて争ったリシ・スナクが首相の座に就いた。政策転換で金融市場は、いったんは落ち着いたが、インフレ抑制のため金融引締めが続けられる中で、財源なき拡張財政策が提示されると、利払い費の急増懸念から通貨安や金利上昇が生じ、財政インフレに転化するリスクがあることを示す一件となったのである。

なお、利上げをしなければ、利払い費の膨張が避けられ、危機も回避できるという誤った見方があるが、インフレが上昇する中で名目金利を抑え込むと、今度は実質金利の低下によって、通貨安インフレのスパイラルに陥るリスクが高まることは、第1章でも見た通りである。
また、大陸欧州でも、インフレ鎮静が遅れている。民主社会主義的な労使の賃金決定慣行の下、もともと物価上昇による実質賃金の目減りを補うメカニズムが社会に組み込まれていた。輸入物価上昇を起点に物価が上がると、賃上げが行われ、その人件費の上昇が再び物価に転嫁される二次的波及がインフレの鎮静を困難にしているが、それだけではない。

資源高の国民生活への悪影響を補うため、エネルギー補助金など、家計や企業に様々な財政補填が行われているのである。このため、大陸欧州でも、利上げの継続にもかかわらず、家計や企業の支出は抑えられず、景気そのものが比較的、堅調に推移してきた。ここにきてようやく景気は減速し始めたが、インフレ鎮静が遅れているのは、拡張的な財政政策が影響している可能性がある。米国だけでなく、大陸欧州のインフレについても、財政インフレのリスクが拭えないのである。

ちなみに、中国がゼロインフレ傾向にあるのは、人口動態の影響がもたらす不動産不況や、世界的な財からサービスへの需要シフトによる輸出の減少も影響しているが、コロナ禍で、政府から家計への所得移転がほとんど行われなかったことも大きな原因である。新興国の中には、コロナ危機の際、通貨安や資源高、食料品価格の高騰で、高インフレに見舞われた国も少なくないが、大規模な財政支援は限定的だったため、コロナ終息で経済が再開されても、旅行客の消費を除くと、内需の回復は脆弱で、先進国のような「しつこく高いインフレ」は避けられているケースが多い。グローバルインフレとは言うものの、先進国が直面しているインフレは、新興国とは大きく異なる。中国の直面する問題である日本化（ジャパニフィケーション）は、改めて第4章で取り上げる。

日本も財政インフレを心配すべきか

ビアンキ＝メロージ論文を2022年8月に手にした際、このモデルを現実に適用するのは難しいと筆者は考えていた。それは、巨額の公的債務を抱え、PB赤字の抑制もまったく見込まれず、一方で日銀が異次元の金融緩和を続けても低インフレを続ける日本経済に対し、説明力があまりに低いと考えたためである。

しかし、その後の日本のインフレ率は、想定した以上に上昇し、高止まりを続けている。第2章で論じたように、FRBやECBが直面したインフレ抑制におけるシステマティックな失敗を、日銀だけが避けられる可能性は低いのではないか。また、コロナ禍で大規模な財政政策が繰り返され、その後の物価高に対しても、いまだに家計や企業向けの財政支援が続けられている。さらに、第5章で詳しく論じる通り、2023年は防衛費とこども対策で年8兆円にも上る恒久的な歳出が、十分な財源が整わないまま決定されてしまった。日本でも、思った以上に高いインフレが長引くのは、グローバルインフレの波及だけでなく、財政インフレの要素があるからではないか。

2　1980年代初頭のグレートインフレーション終息のもう一つの理由

パウエルの覚悟とビアンキ＝メロージの提案

まず、財政インフレに関するここまでの議論を簡単に振り返ろう。2022年のジャクソンホールで、パウエルFRB議長は、1980年代初頭のグレートインフレーションを抑え込んだポール・ボルカーの金融政策を強く意識し、インフレ抑制のためには景気悪化を厭わない覚悟を示した。しかし、同じジャクソンホールで報告したビアンキとメロージは、グローバルインフレは、巨額の公的債務と財政制度に対する信認低下の組合わせが原因なのであって、ボルカー流の高金利政策をもってしても、抑え込むのは難しいと論じた。財政インフレなら、その克服には、歳入改革や歳出削減を含む財政フレームワークの抜本的な見直しが不可欠、というのが二人の提案する処方箋だ。

しかし、その後も先進各国で現実に取られたポリシーミックスは、中央銀行が利上げを継続する一方、政府は物価高の国民生活への悪影響を吸収するため、拡張財政で対応する、というものである。中央銀行が金融引締めを続けると、金融システムに強い負荷がかかり、いずれ景気は悪化する可能性はあるが、それでも政府が財政引締めに転じなければインフレを目標に抑え込むのは難しいかもしれない。もし、グローバルインフレが財政インフレであるなら、現在のポリシーミックスの帰結は財政スタグフレーションである、というのが第１節までの話だった。

グレートインフレはボルカーが終息させたのか

ただ、１９８０年代初頭に、急激な金融引締めによって、景気を大幅に悪化させることで、ボルカーがグレートインフレーションを抑え込むことができたのだから、財政インフレといえども、程度の問題はあれ、景気を悪化させれば、結局は同じ結末をたどり、インフレも鎮静する、と考える人が多いだろう。インフレ鎮静に対して、楽観的な見方も広がってきたが、今後、インフレが下げ渋ってくれば、ボルカー流の厳しい金融引締めもやむなしという意見が再び強まってくる可能性もある。

しかし、ボルカー流の金融引締めで本当にうまくいくのか。本節では、今一度、80年代初頭の高インフレ退治を振り返る。結論を先に言っておくと、グレートインフレーションと呼ばれた60年代後半から80年代初頭の高インフレもまた、財政インフレの要素を持ち、その鎮静には、強烈な金融引締めだけでなく、レーガン流の「小さな政府」による財政保守主義が寄与した可能性がある。強烈な金融引締めは必ずしも必要ではなく、財政の方向転換こそが必要だったのかもしれない。以下、詳しく見ていこう。

(1) グレートインフレ終息の真の立役者はレーガンか

1970年代も財政インフレの香り

1965年以降、ジョンソン民主党政権では、貧困撲滅と公民権の確立を骨子としたリベラル色の強い「偉大なる社会（Great Society）」政策に伴う歳出の拡大や、ベトナム戦争の戦費が嵩み、財政支出の増加が加速した。その後を継いだニクソン共和党政権においても、拡張的な財政政策はまったく変わらなかった。インフレも嵩じていたが、1972年の大統領選挙での再選を強く意識したニクソン大統領の下、子飼いのアーサー・バーンズ率いるFRBは、事実上の財政ファイナンスのための利下げを余儀なくされている（図3－7）。

米国では、グレートインフレーションの出現を許したのはアーサー・バーンズと見なすことが多

図3-7　米国のインフレ率と実効FFレート（1955～89年）

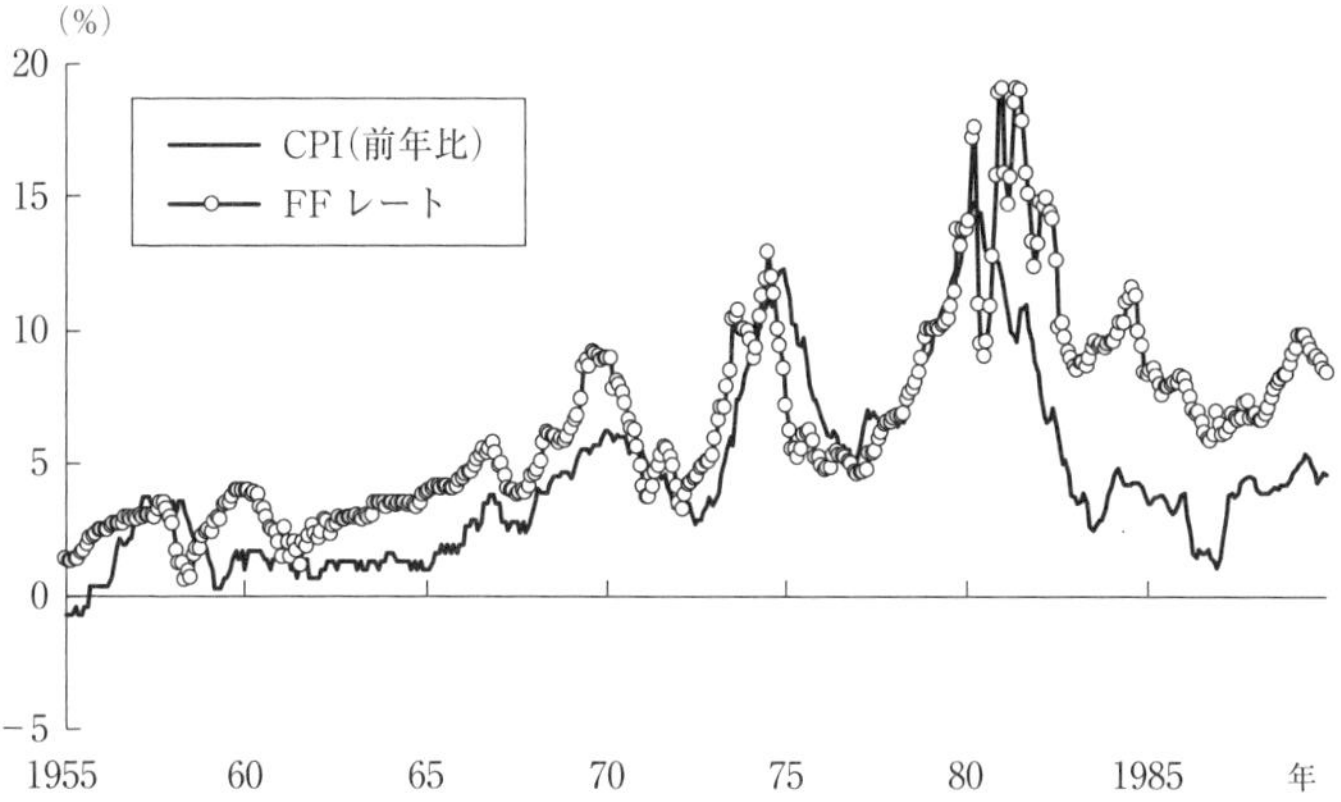

（出所）　Macrobondより、BNPパリバ証券作成

い。2022年にパウエル議長がボルカー流の金融引締めを厭わないとしたのは、「第二のアーサー・バーンズ」の烙印を押されることを恐れたから、とも言われる。

ニクソンショックと高インフレ

ニクソン大統領といえば、ブレトンウッズ体制の崩壊につながった1971年8月15日のニクソンショックが思い起こされるが、この決定もまた、1972年の大統領選挙が大きく影響している[5]。ブレトンウッズ体制と呼ばれた戦後の国際通貨制度は、金とリンクしたドルを基軸通貨に据える金ドル本位の固定相場制を基盤としていた。当時、米国の貿易収支は赤字に転落し、各国が保有するドルに見合うだけの金準備の維持が困難となり、ドル危機が繰り返されるようになっていた。

固定相場制の維持には、本来、貿易赤字に陥った米国が財政政策と金融政策を引き締めることによって、景気を減速させ、輸入の減少を通じて、貿易収支を改善させるのが最も有効な処方箋と考えられる。しかし、翌年の1972年に大統領選挙を控え、景気後退をもたらすリスクのある財政・金融政策の引締めという選択は、政治的にはあり得なかった。これ以降も、米国は、対外収支の改善が必要な場合も、自国の景気引締めという選択ではなく、自国通貨の切下げや減価とともに、他国に景気刺激を強く求めた。

当時、ニクソン大統領が選択したのも、各国通貨の切上げ、すなわちドル切下げである。米国の競争力を回復させる可能性はあるが、一方で、輸入物価上昇がインフレを加速させる要因となる。それを抑えるため、効果は疑われるものの、90日間の賃金・物価統制が同時に行われた。また、ドル切下げは米国の凋落を有権者に印象づけるため、それを相殺するため、米国の競争力強化策と銘打って、国内投資喚起のための減税を同時に打ち出した。

経済理論が想定する通り、賃金・物価統制でインフレが収まったのは一時的であり、むしろそれは総需要を刺激し、逆効果をもたらした。景気が過熱する中で、拡張財政や金融緩和が行われ、それらの政策パッケージがその後の一段のインフレ加速の元凶となったのは周知の通りである。

ニクソン「ショック」と呼ばれたのは、日本を含む先進各国の政府にドルの切下げを一方的に呑ませるために、米ドルと金の交換停止や輸入品への10％の課徴金などの施策を予告なしに発表したからである。政策パッケージとして、ニクソン大統領自身が国民向けのテレビ・ラジオ演説で語りかけ、各国の政策当局者も、米国の海外向け国営放送であるボイス・オブ・アメリカで、その演説を聴かされるありさまだった。

このドル切下げのシナリオを描いたのは、当時、財務次官だったポール・ボルカーだが、彼は変動相場制への移行を意図していたわけではない。ただ、切下げを一度行うと、一時的には落ち着いても、継続は難しくなる。それは固定制の運命であり、その長期金利への応用である日本のＹＣＣにも当てはまる話だと思われる(6)。

ただし、日本と欧州の競争力の回復によって、米国の対外収支が大きく悪化し、ブレトンウッズ体制がそのままのかたちで維持できなかったのも事実である。また、米国の圧倒的な優位性が崩れる一方、ソ連との対立の中で、欧州や日本の防衛費を米国が全面的に負担するのは、経済的にも政治的にもすでに困難になっていた。固定相場制の下では、防衛費の負担が経常収支を悪化させることも、ストレスとなっていた。安全保障上の費用負担を同盟国に求めるのは、現在の米国の姿とも重なるが、そうした行動は、ニクソンの時代から始まっていたのである。

オイルショックによるインフレ急騰の真因は需要ショック

このように、本来、景気引締めを行うべき局面で、拡張財政、金融緩和を続けていたが、そこに1973年10月の第四次中東戦争が訪れた。アラブ諸国は原油価格を大幅に引き上げ、世界的なインフレ高騰（第一次オイルショック）につながった。高インフレの原因が供給ショックだけではないことは、これまで述べた通りである。原油高はきっかけにすぎず、需要ショックが主因だったのである（図３－８）。

需要ショックの寄与が大きかったというのは、今回のコロナ後のインフレとも通底するが、共通

図3－8　原油価格（WTI、ドル／バレル）

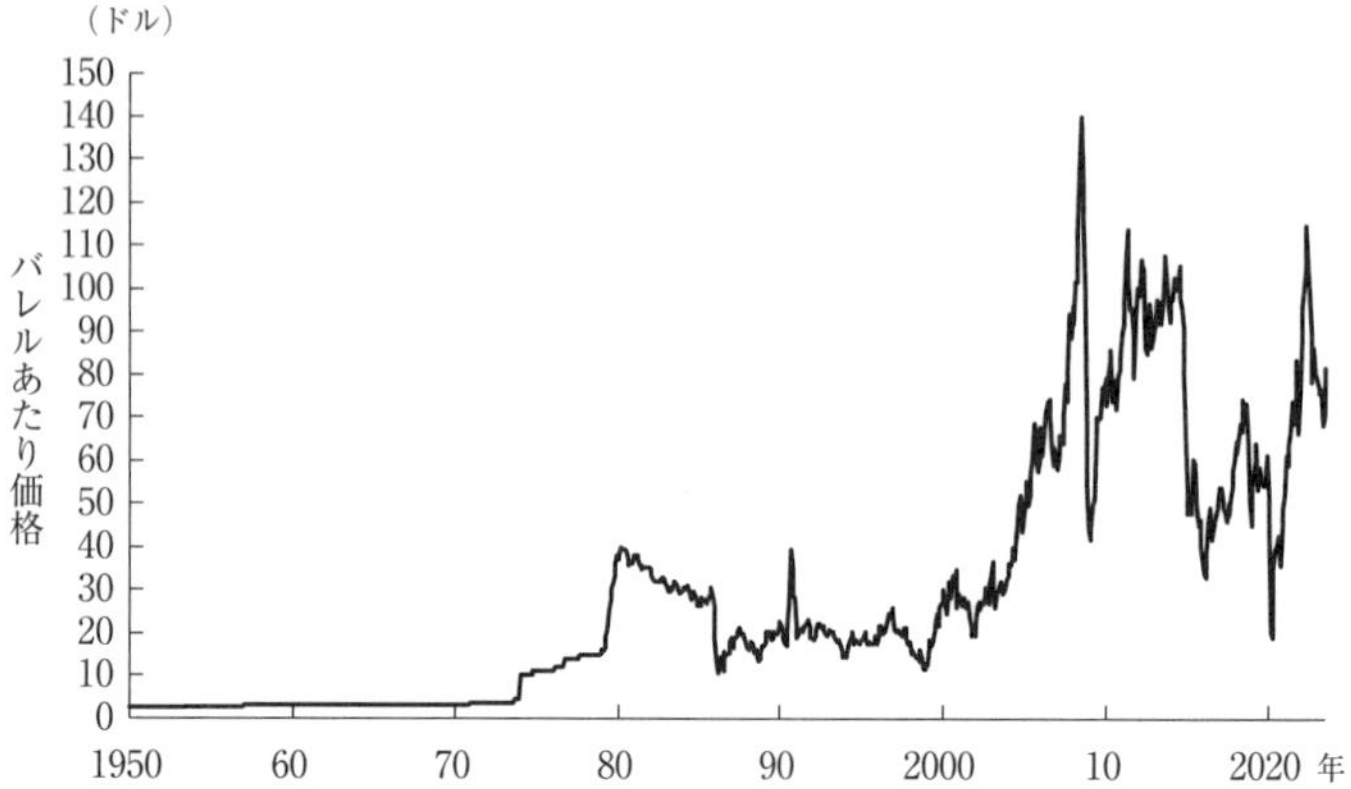

（出所）Macrobond より、BNP パリバ証券作成

点はそれだけではない。供給ショックが総需要に悪影響を及ぼすことを懸念し、当時も総需要政策の転換が遅れた。それまでタダ同然だった原油価格が、わずか数カ月で4倍近くに高騰したが、潜在GDPには大きな悪影響をもたらしたはずである。そのことは、需給ギャップをタイト化させ、インフレを押し上げる要因になったはずだが、当時も総需要への悪影響ばかりが懸念され、潜在GDPへの悪影響は見過ごされていた。さらに、拡張的な財政政策が繰り返されていたという点で、当時も財政インフレの要素は否定できなかった。

後述する通り、日本でも第一次オイルショックの直前、田中角栄政権の下で、列島改造政策による大規模財政が発動され、高めのインフレの下、日銀は金融引締めへの転換の先送りを余儀なくされていた。そもそも、それ以前の段階において、欧州と同様、ニクソンショック前後から、対ドルでの自国通貨の切上げ圧力を吸収するため、自国通貨売り介入を継続し、各国とも国内に過剰流動性を抱えていた。

米国では、その後もストップ・ゴー政策が続けられ、高率のインフレが継続していたにもかかわらず、景気が悪化すると、拡張的な財政政策や金融緩和が繰り返された。ニクソンショックの際、新しい固定的な通貨制度が合意されるまで金とドルの交換を停止するとしていたが、結局、変動相場制に移行したため、金との交換義務は履行されず、米国は金の軛から解放され、財政規律が弛緩したのである。少なくとも実務レベルでは、１９７０年代までは、財政政策も金融政策と同様、マクロ安定化政策の主要ツールとして活用されていた。

実務レベルといったのは、レーガン大統領以前までは、マクロ安定化政策として財政政策が活用されたが、経済学界では70年代には、マネタリズム革命に続いて、合理的期待革命が始まり、財政政策はマクロ安定化政策として適切ではない、という考え方が確立し始めていたからである。こうした中、１９７９年1月のイラン革命をきっかけに、ふたたび原油価格の高騰（第二次オイルショック）が世界経済を襲った。

１９８０年代初頭のインフレ鎮静化の通説

ウォーターゲート事件によるニクソン大統領の１９７４年の辞任の後、フォード政権を挟んで、77年にカーター民主党政権がスタートした。第二次オイルショックがもたらした二桁インフレと景気低迷のスタグフレーションの終結を託され、79年8月にＦＲＢ議長に就いたのがポール・ボルカーである。

ボルカー議長は、早速、マネタリーベースを操作目標とし、ＦＦレートの乱高下を容認する「新金融調節方式」に移行した。カーター大統領の在任中は、政府が権限を持つ与信管理（クレジットコントロール）に手を貸したため、マネーサプライの目標値からの予期せぬ急減が生じて、金融引締めの中断を余儀なくされ、それがインフレの再加速につながるなど、迷走も見られた。しかし、81年1月にスタートしたレーガン政権期になると、金融引締めの効果が現れ、インフレ鎮静に成功する。

マネタリーベース・コントロールという手法を取ったため、当時は、ボルカー流の金融引締めのエッセンスは、フリードマン流のマネタリズムである、と考える人も少なくなかった。あるいは、経済学者のアラン・ブラインダーなど、高金利政策の批判を避けるためにマネタリズム的な政策を単に隠れ蓑にしているのだと解説する経済学者もいた。しかし、実際には、ボルカーが後に自伝で述べた通り、当時、学界で影響力を強めつつあった合理的期待の知見を取り込み、インフレを鎮静させるため、自らの手足を強く縛って目標を達成するまでは引締めを継続する（keep at it）、という強いコミットメントが政策の本質だった。

このボルカーの強い物価安定へのコミットメントが80年代初頭に高インフレを抑え込んだというのが通説であり、そのボルカーに倣って、インフレ鎮静の目的を達成するまでは景気悪化にひるまず、金融引締めを続ける（keep at it）ことの重要性を強調したのが、２０２２年のジャクソンホールでのパウエル議長講演のポイントだった。[7] これは第1節で詳しく論じた通りである。

鍵となる人物はレーガン大統領

それでは、１９８０年代初頭は、財政インフレの要素が強かったにもかかわらず、金融政策だけで片づけようとしたから、あれほど激烈な景気の落込みをもたらす金融引締めが必要になったのか。そうした解釈も十分あり得るのだが、当時のインフレ鎮静には、もう一つ鍵となる要因が存在した。それは、１９８１年にカーター大統領の後を襲った共和党のレーガン大統領その人である。

単に、インフレ抑制のために、失業率の大幅上昇を甘受し、ボルカーＦＲＢ議長の金融引締めをサポートした、という話だけに留まらない。レーガン大統領は、自らの信念で「小さな政府」を掲げ、歳出を大幅に抑制した。81年の就任演説では、「現在の危機においては、政府は解決をもたらすものではなく、むしろ政府こそが問題」と論じていたほどである。ただし、レーガン大統領は、小さな政府の効能を説きつつも、大幅な減税とソ連を抑え込むための軍事費拡大で、巨額の財政赤字を創り出し、意図せざるケインズ政策を実行したとも言われる。

とはいえ、減税にせよ、軍事費拡大にせよ、それらはいずれも景気刺激の観点から選択されたものではない。また実際に、60年代、70年代に拡大された社会保障費を大きく抑制し、新自由主義路線に大きく舵を切ったのは、まぎれもない事実である。

前述した通り、実際、レーガン大統領期を境に、米国では、マクロ安定化政策として、財政政策に頼ることは少なくなった。それ以降、財政政策がマクロ安定化政策として利用されるのは、不況期に税収減少や失業給付の拡大で財政赤字の拡大を容認するという、主にビルトイン・スタビライザー効果である。需給ギャップの悪化を歳出拡大で補うという発想は一掃された（図３－９）。

図3－9　米国の財政支出（1960～89年、前年比）

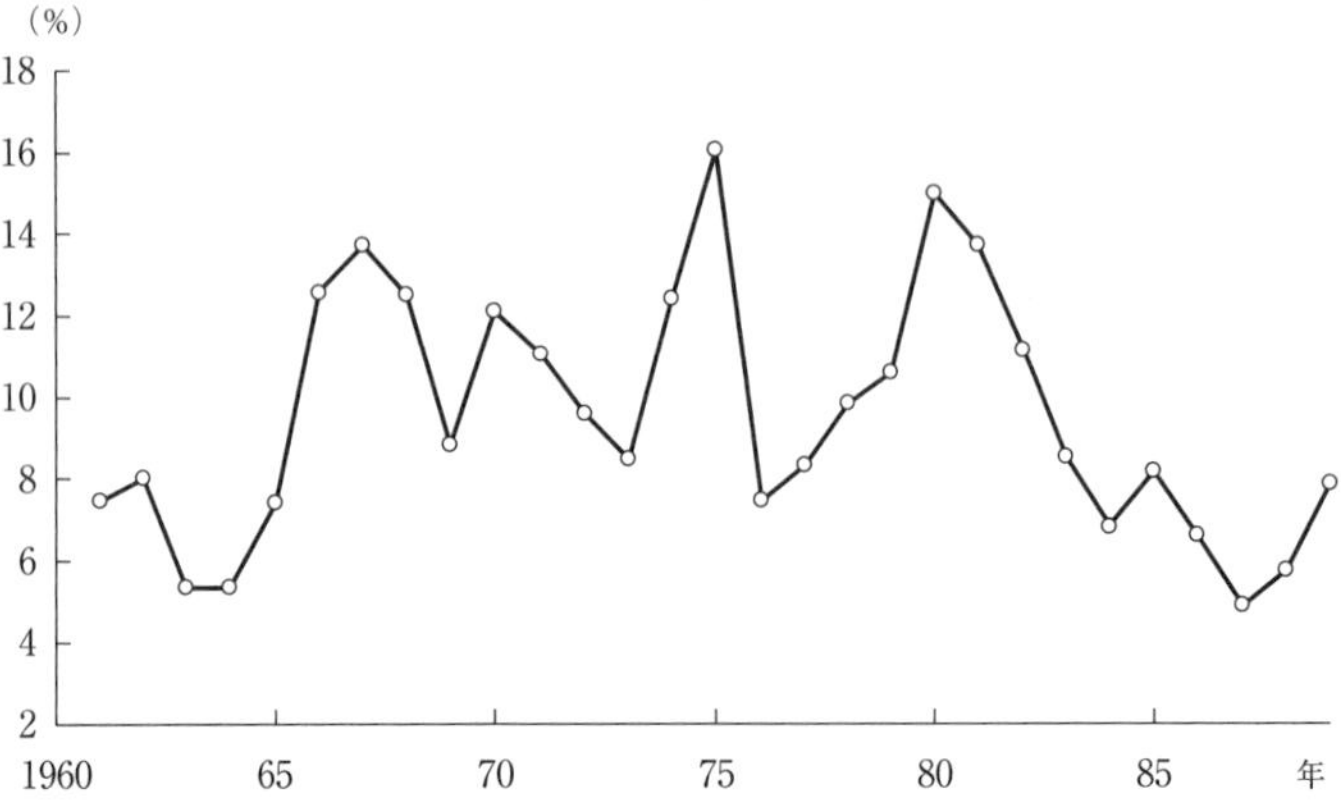

（出所）Macrobond より、BNP パリバ証券作成

ただし、2010年代後半以降、オリヴィエ・ブランシャールらを中心に、マクロ経済学者の間で、「名目成長率＞長期金利」が常態化していると認識され始め、マクロ安定化政策としての財政政策が学界で復活しつつあることは、改めて第5章で取り上げよう。

もう一つ、レーガン登場とインフレ鎮静が偶然ではないと考えられるのは、英国でのインフレ鎮静という事実があるからだ。ほぼ同時期、長く高いインフレが続いていた英国でも、金融引締めが取られるが、インフレ抑制には、政策金利の大幅な引上げだけでなく、「小さな政府」を掲げたサッチャー保守党政権の歳出抑制が大きく影響した。そこでは、戦後の労働党政権で拡充した福祉政策を巻き戻そうとされた。レーガン、サッチャー両政権とも、インフレ鎮静には、単に引締め的な金融政策が取られただけでなく、金融政策運営が、第1節で詳しく論じた財政従属（フィスカル・ドミナンス）の軛《くびき》から解き放たれたという点が大きく影響したと思われる。

今回も財政の方針転換が必要となるのか

通説とは異なり、ボルカーＦＲＢ議長らの厳しい金融引締め政策の貢献で、米英の１９８０年代初頭までの高インフレが終息したのではなく、「小さな政府」路線への転換によって、財政政策主導のレジームから金融政策主導のレジームに転換したからインフレ鎮静に成功した、というのが筆者のもう一つの仮説である。

もし、財政転換が決定打だったのなら、インフレ鎮静に、あれほどの急激な金融引締めも不要だった可能性もある。これは、ビアンキ＝メロージ論文の主張とも整合的だと考えられる。もちろん、当時は、公的債務の対ＧＤＰ比は、現在に比べると小さかったから、財政インフレであっても比較的容易に財政への信認を回復できたという点も付け加えておこう。

ここで問題となるのは、前述した通り、現在、先進各国とも、中央銀行が大幅な利上げを行う一方で、政府が拡張財政によって物価高による国民生活への悪影響を吸収しようとしている点である。もし、財政健全化に舵を切るのであれば、現状ほどの高い金利も不要になるかもしれない。しかし他方で、コロナ対応もあって、いまや巨額の公的債務を先進各国は抱えている。80年代初頭以上に、財政政策の明確な方針転換が必要なはずだが、果たして財政政策主導のレジームから抜け出すことはできるのか。

さらに言えば、インフレが問題だからといって、社会分断が深刻化する現代社会において、80年代初頭のように歳出削減で小さな政府を志向することや、あるいは反対に、負担増を目指す歳入改革によって、大きな政府の下で財政健全化を志向する政策に舵を切れるのか、ということである。

分断社会で緊縮は可能か

かつてインフレと言えば、「いつでもどこでも、貨幣的現象」というミルトン・フリードマンの言葉が決め台詞だったが、前節で述べたように、今後、グローバルインフレの鎮静にさらに時間を要することが明らかになれば、財政インフレが人々に強く意識され、トマス・サージェントの「しつこく高いインフレは、いつでもどこでも財政的現象」なるフレーズが一般化する可能性がある。いや、「財政」を規定するのが政治であるのなら、「しつこく高いインフレは、いつでもどこでも政治的現象」と言われるようになる、というのが筆者の見立てである。

まず、周知の通り、2000年代終盤のグローバル金融危機や2010年代初頭の欧州債務危機の後、欧米では著しい政治分断が進んだ。第4章で詳しく論じる通り、1990年代後半以降のITデジタル革命とグローバリゼーションによって、中間的な賃金の仕事は失われていった。中間層の瓦解とともに、彼らに支えられていた既存の中道左派政党や中道右派政党は、とりわけ2010年代以降、各国で大きく後退を余儀なくされた。欧州では、今や政権与党にポピュリスト政党が加わるケースも増えている。

共和党と民主党が政治を独占する米国においても、共和党は白人至上主義的な色彩の強いMAGA（Make America Great Again）政党に大きく変質し、片や民主党は、バイデン大統領その人は中道派であるとはいえ、社会民主主義、あるいは民主社会主義的な左派陣営に強く配慮した政権運営が行われている。

筆者は、世界が直面する深刻な地政学的リスクの一つは、2024年の大統領選挙の結果次第で、米国社会が混乱に陥ることではないかと、内心、心配している。実際、2021年1月には、大統領選挙結果に強い不満を募らせたトランプ支持者が連邦議会議事堂を襲撃したのは記憶に新しい。仮にインフレ鎮静のために緊縮財政が必要だとしても、深刻な政治分断が進む中で、それが政治的に可能なのか、大いに疑問である。

米国の社会混乱リスクについて、もう少し詳しく補足しておこう。近年、政治学者らが米国の外交戦略に活かすことを元々の目的に、世界中の内戦に関するデータベースを構築・分析した。その一人であるバーバラ・ウォルターによると、驚くべきことに、内戦の兆候には共通要素が多く、それが現在の米国にも認められるというのだ。

政治学者らは、最も専制的な国家をマイナス10、最も民主的な国家をプラス10とし、真ん中のゼロを含め、各国を21段階で評価したところ、内戦勃発リスクが低いのは、点数の高い民主国家と点数の低い専制国家であることがわかった。先進国を中心とする前者の内戦勃発リスクが低いのは自明だが、後者は、強権統治で反政府運動が抑圧されるからだという。

一方、内戦確率が高いのは、プラスマイナス5の領域にあるアノクラシー（部分的民主主義）国家であり、ある国が内戦に至るのは、それまでの地位や特権を失って、「格下げ」に直面する社会集団が反乱を起こすからだという。社会の支配層にいたはずの人種や宗派が転落し、不満が募るのである。かつては階級闘争が内戦の主因だったが、近年は、民族と宗教の対立が内戦の主因となっている。ポピュリスト政治家の「民族主義仕掛人」が登場し、SNSを駆使して社会分断を煽るというのが近年の傾向である。

驚くべきことに、米国の評点は、近年、プラス5とアノクラシーの領域に急落しており、この水準は南北戦争時を下回る。かつてエスタブリッシュメントだった白人層は、人口面で徐々に少数派に転落し、所得面でもアジア系の台頭などで劣勢気味で、とりわけ教育がさほど高くない人たちは強烈な「格下げ」に直面し、それが白人至上主義台頭の背景にある(8)。

欧州でもフランスや英国がアノクラシーの領域に近づきつつあり、物価高や年金の支給開始年齢の引上げに抗議し、暴力的なデモなども実際に発生している。しかし、最も厄介なのは米国だ。それは、銃保有や民兵が合法とされているからである。1980年代初頭の小さな政府を目指す動きや急激な財政健全化は政治的に相当にハードルが高い、と筆者が考える理由が、これでご理解いただけるかと思う。

第1節では、2022年に比べ現在のインフレは低下しており、パウエルFRB議長が深刻な景気後退をもたらす金融システム危機を回避する視点から、もはや2%インフレ目標の達成を従来ほどには急いでいないという筆者の仮説を紹介した。しかし、中央銀行は物価安定を最優先するはずだ、という反論は少なくない。たしかにそうなのだが、米国がアノクラシーの領域に入りつつある、というバーバラ・ウォルターらの論考を目にすれば、FRBの直面するリスクバランス、あるいは、政策の優先順位が2022年からは変わっていることにうなずく人も増えるのではないか。

また、筆者は、２０２３年秋以降の長期金利の大きな上昇の背景には、財政信認の低下があると考えているが、もはや経済問題に留まらず、政治分断がもたらす米国の統治能力への疑念も含まれているのではないか。２０２３年は政治分断を象徴する出来事として政府機関の閉鎖危機の高まりや下院議長解任などが生じた。２０２３年は内戦リスクを含め、根源的な債務返済能力が疑われ、リスクプレミアムの高まりで、長期金利が上昇している可能性がある。

欧州で拡張財政が続けられる可能性

財政そのものの問題に戻ろう。強いチェック・アンド・バランスの働く米国においては、ホワイトハウスが上院、下院のいずれかの多数派を失えば、分裂政府となり、大統領が強く欲しても、緊縮的な財政法案も、逆に拡張的な財政法案を成立させることも不可能ではないものの、簡単ではない。２０２２年の中間選挙で下院での多数派を失ったため、バイデン大統領は、政策の後退を余儀なくされているのが現実である。現状のインフレが財政インフレだとした場合、少なくとも２０２４年末までは、それを鎮静させる財政引締めも難しいが、その加速を助長する拡張財政も容易ではないと言えるかもしれない。

一方、欧州の国々は社会民主主義的な傾向が強く、前節で論じた英国のように、金融市場から待ったなしのアタックを受けるまでは、中央銀行が利上げを進めつつも、物価高による国民生活への悪影響を吸収するために、政府が追加財政を繰り返す可能性があるのだろう。政治の流動化リスクが高まっているのなら、極右や極左の台頭を避けるために、中道派政権は財政悪化に目を瞑《つむ》って財政膨張を続ける可能性がある。長く続いた2010年代のゼロ金利時代に財政規律が緩んだことも、市場の暴力的な歯止めなしに、拡張財政を抑えることを難しくしているのかもしれない。

英国の金融市場の混乱後も、日本では、岸田文雄政権の下で、2022年10月に物価高対策を中心とする大規模な経済政策が取りまとめられ、2023年は、防衛費とこども対策に関わる年8兆円に上る恒久的な歳出拡大が、恒久的な財源を十分に確保することなく決定されている。安倍晋三元首相も拡張財政を繰り返したとはいえ、そのほとんどは一時的なものであって、恒久的な歳出の増加には、恒久的な財源が紐づけられていた。つまり、安倍元首相といえども、恒久的な財源を見つけることができなければ、恒久的な歳出には舵を切らなかったということだ。

しかし、財政規律の弛緩ここに至れり、ということなのか。どうやら22年末の英国の混乱は、まったくの他人事として、岸田政権には受け止められたようである。あるいは、2024年9月に予定される自民党総裁選までは大石内蔵助の如く振る舞い、自民党総裁としての二期目に入れば、岸田首相は歳入改革に一気に舵を切るということだろうか。岸田政権の下で大きく変容した日本の財政スタンスについては、第5章で詳しく取り上げる。

(2) 日本のゼロインフレはグレートインフレの早期克服が遠因

ニクソンショック下の日本経済

ここで、1970年代のグレートインフレーション時代の日本に目を向けよう。第一次オイルショック当時、先進国の中で、最も高いインフレを経験したのは日本だった。長期にわたった佐藤栄作政権の末期の71年８月、前述したニクソンショックが訪れる。先進各国が外国為替市場を揃って閉鎖する中、金融機関や商社の保有するドル債権を吸収することもあって、政府・日銀は外国為替市場を閉じることなく、１ドル３６０円でドル買い・円売りを続けた。米国東部時間の夜９時にニクソンが演説を開始したときには、すでに日本は月曜日の午前中で、金融市場はオープンしていた。翌日以降も、市場を閉じるという決断ができなかったことが、ジャーナリストの西野智彦の『ドキュメント通貨失政』で詳しく語られている。

市場を閉じる決断に至れなかった理由の一つには、それ以前、日本の貿易黒字が世界的に大きな問題となる中で、外貨準備が膨らむのを避けるべく、政府に代わって大手民間金融機関にドルを半ば強制的に保有させていたため、信義則上、日本銀行がそれを引き取る必要があったからだという。

介入の結果、民間部門が大量の過剰流動性を抱えていたことがインフレにつながったと解説されることが少なくない。ただ、介入資金は不胎化されていたはずだが、円高恐怖症の強かった日本では、円切上げ後の、実体経済への悪影響を恐れ、金融緩和傾向が続けられていたことが、より大きな影響をもたらしたと思われる。

こうした傾向はその後も続く。ニクソンショック後、４カ月の国際交渉の末、71年12月にはドルの切下げと円やマルクの切上げを含むスミソニアン合意に達する。しかし、固定相場制維持への各国の熱意は乏しく、新制度は脆弱で、その後もポンドやイタリアリラが固定制を維持できなくなると、ドル危機が誘発され、結局、72年３月に総フロート制に移行する。円高恐怖症の蔓延する日本

図3-10　日本の消費者物価の推移（1971～89年、前年比）

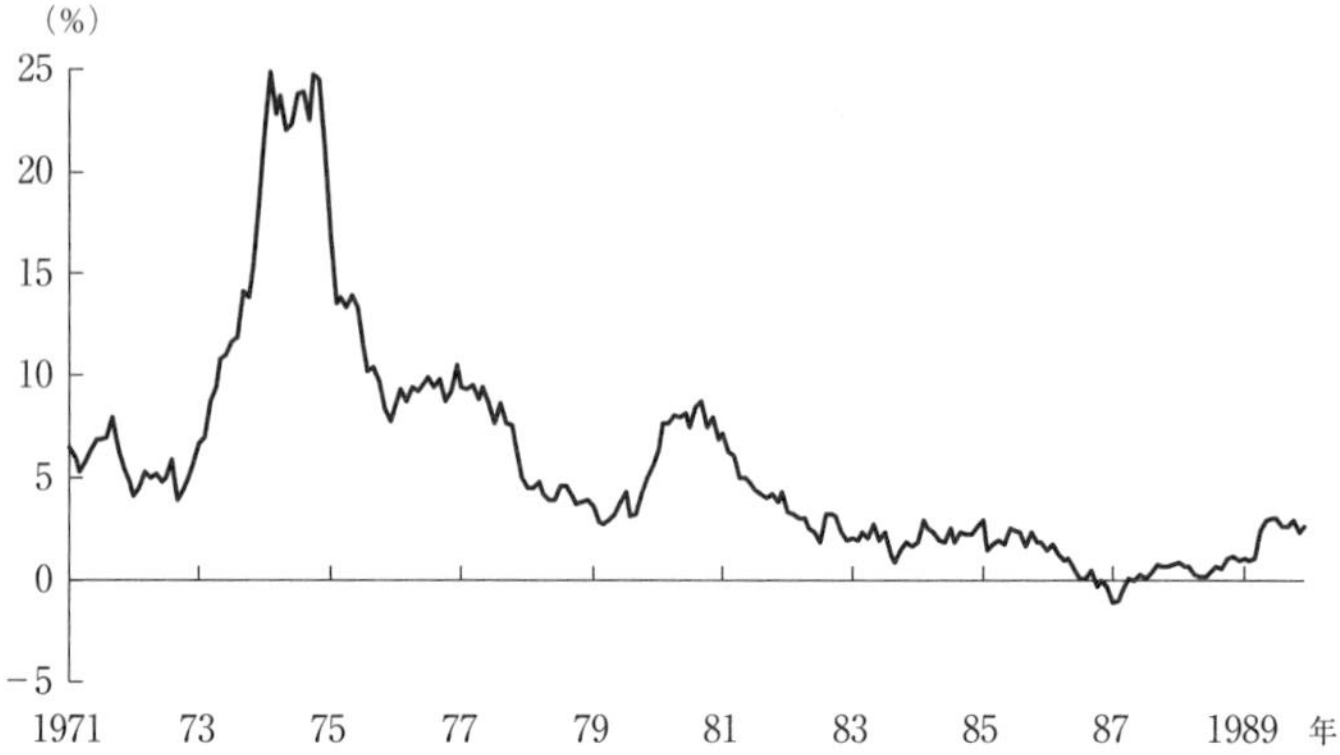

（出所）　総務省資料より、BNPパリバ証券作成

では、景気への配慮から金融緩和が模索され、利下げは72年6月まで続けられている。

列島改造とオイルショックで狂乱物価へ

こうした中、1972年7月に自民党総裁選で福田赳夫を破って、佐藤の後継として田中角栄が首相に就き、持論の列島改造政策を開始した。すでに都市部の不動産価格は高騰が始まっており、景気に過熱傾向が見られ始めていた。72年秋には日本銀行は利上げを模索し始めるのだが、列島改造政策に伴う72年度補正予算編成や、73年度予算案の国会審議等に阻まれ、利上げを開始するのが遅れに遅れ、73年4月にずれ込む。規制金利の時代においては、国会での予算審議中、物価安定のために必要であっても、政策金利（公定歩合）を日銀が動かすことは許されていなかったのである。利下げ停止も遅れ、利上げ開始も遅れる中、都市部で観測されていた不動産価格の高騰は、列島改造政策の開始後は、全国に

図3-11　日本の実質GDP（前年比）

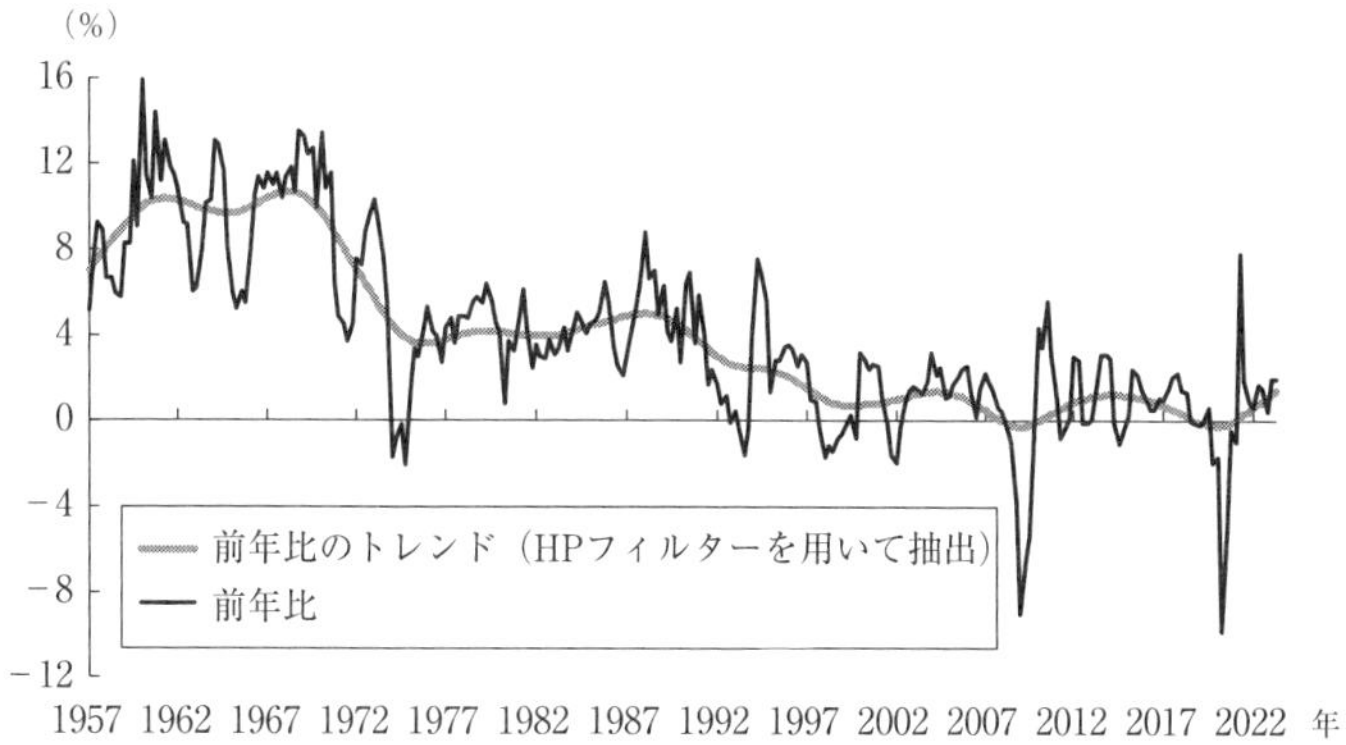

（出所）　内閣府資料より、BNPパリバ証券作成

一気に波及した。

金融引締めの遅れに大規模な財政政策の発動が加わり、インフレは加速傾向にあった。日本銀行は73年4月以降、急ピッチで継続利上げを行い、その5カ月の成果もあって、同年9月にはインフレが峠を越したと、一時は判断された。しかし、翌10月に中東戦争が勃発、第一次オイルショックが訪れた。当時の日本のインフレ率が主要国で最も高かった理由は、ここまでの説明で明らかだろう。

田中角栄の政敵だった福田赳夫は、この様相を「狂乱物価」と命名したが、その際、金融政策の引締めが続けられただけでなく、列島改造政策は放棄され、急激な緊縮財政に転換された。高度成長で二桁成長率の余韻が残る日本で、リアルタイムの成長率はマイナスに陥り、25%まで高騰していたインフレ率は10%程度までは低下した（図3-10）。しかし、続く三木内閣、福田内閣、大平内閣では、インフレが多少高くても、景気が悪化すると拡張財政が取られるストップ・ゴー政策が続けられた。

何より70年代は、高度成長の終焉の影響を、拡張財政や円安による外需刺激で対応しようとした。いや、正確には、潜在成長率やその低下といった概念が十分に理解されておらず、財政や金融政策を噴かすことによって、70年代初頭以前の高度成長が再来するという幻想を抱く人が多かった。今も、ゼロ近傍まで潜在成長率が低下しているにもかかわらず、到達不可能な2％成長を政府が政策目標に掲げる一方で、景気刺激策が続けられているところを見ると、潜在成長率の概念が十分に理解されているのかは、本当に怪しい（図3－11）。

また、70年代は、高度成長頼みの福祉政策の拡充で、財源手当てが必ずしも十分ではないまま歳出拡大が続き、財政赤字が続いた。ただ、高齢者の比率そのものが極めて低かったことから、90年代に比べれば、財政赤字頼みといっても、ほんのわずかなものではある。

財政健全化は日本も同タイミング

財政健全化がスタートするのは、1980年に誕生した鈴木内閣での行財政改革からである。正確に言うと、大平内閣で一般消費税の導入を掲げたのが新しい間接税導入への転機となったのだが、挫折し、鈴木内閣で「増税なき財政健全化」が目指された。売上税導入の模索を含め、財政健全化路線は、82年に誕生した中曽根内閣でも継承されたが、「小さな政府」を目指す政策開始のタイミングは、米英のレーガン＝サッチャーとほとんど同じである。

それでも大平政権時の1979年に第二次オイルショックが訪れた際、日本のインフレ率が先進

図３-12　日米欧の中央銀行のバランスシート（GDP 比）

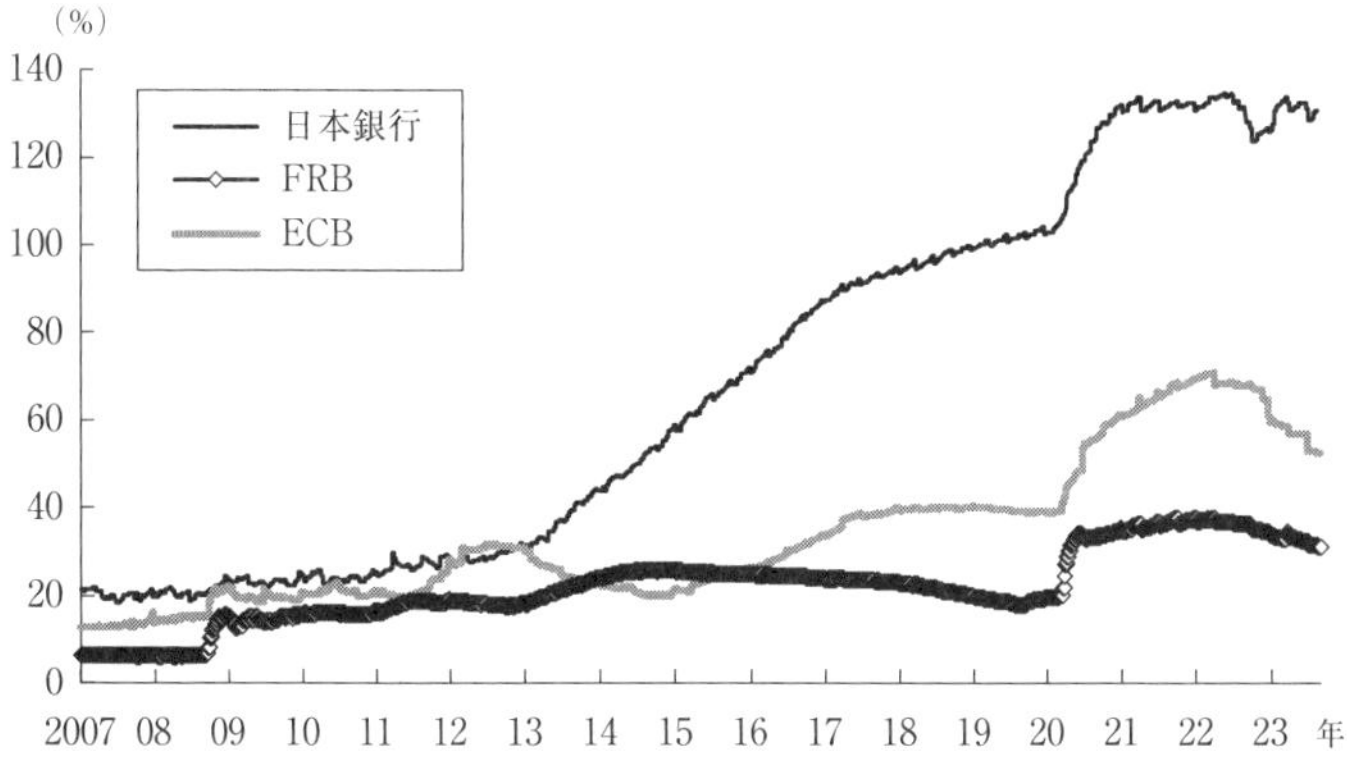

（出所）Macrobond より、BNP パリバ証券作成

国で最も落ち着いていたのは、省エネ技術やＭＥ（マイクロエレクトロニクス）革命などのイノベーションの継続で、高い生産性上昇率が維持されたことだけが理由ではないと思われる。第一次オイルショックの教訓から、民間企業が賃上げを抑え込み、二次的波及による賃金・インフレのスパイラルの回避に成功したからである。

それ以前は、労使交渉による産業界一斉の賃上げ慣行が続けられていたが、第一次オイルショック以降は、好業績でゆとりがあり、可能なところだけが賃上げを行うようになっていた。いわゆる「所得政策」と呼ばれるものであり、物価安定を目的に、生産性上昇率の範囲内での名目賃金上昇率の抑制が目指された。産業界一斉の賃上げ慣行の終焉が第二次オイルショックでのインフレ鎮静に大きく貢献したわけだが、振り返ればそれが、のちの低い賃金上昇率と低いインフレの遠因にもなった。

１９９０年代初頭のバブル崩壊後、長期停滞が訪れ、長くゼロインフレが続く。2013年に誕生した安倍晋三政権の下で、いわば社会規範となったゼロインフレ（ゼロインフレノルム）から脱却しようと、その後、10年以上にわたって続けられることになる異次元緩和が開始された。正常化に至るには数十年も要すると思われるほどの中央銀行のバランスシートの膨張にもかかわらず、成果はまったく現れなかった[9]（図3－12）。諦めかかったところに、グローバルインフレが到来し、2023年には再び賃上げが復活した。人間万事塞翁が馬と言うべきであろうか。

ドル高修正と新興国の債務危機

さて、グレートインフレーションからは、このほかにも学ぶべき点が多くある。1980年代初頭、レーガン政権の財政赤字拡大とボルカーFRB議長の金融引締めのポリシーミックスは大幅なドル高を招き、米国の輸出競争力の低下に拍車がかかった。米国の輸出競争力回復のため、ドル安に誘導する85年のプラザ政策につながったのは周知の通りである。今後、当面は、先進国のインフレ鎮静が政策の主眼になると思われるが、それが終息した暁には、為替市場において、ドル安修正が強く意識される可能性があるかもしれない。

ただ、ユーロもさほど安いわけではなく、新興国通貨が安いことと、円が安すぎることが論点になるのだろうか。特に円は相当に低い水準にある。とはいえ、日本は今では貿易赤字の定着が懸念されるありさまである。

また、短期的にも、日本銀行が意外と早い段階でマイナス金利政策の撤廃に動く可能性はあるとしても、低い水準の政策金利は長期間続けられると見られる。そのことは、日本の実質金利がさらに低下し、むしろ内外金利差が拡大するため、第1章で論じた通り、一段の円安が進む可能性もあるだろう。

ドル高修正論議も重要だが、80年代初頭を参考にするのなら、新興国の過剰債務問題がグローバル金融市場を揺るがすリスクも念頭に置く必要があるかもしれない。当時、借入を大きく膨らませていた中南米諸国は、ボルカーの金融引締めの余波で、債務危機に陥った（いわゆるカントリー・リスク問題）。

コロナ期のみならず、それ以前の２０１０年代の長い超低金利の時代において、新興国企業はドル建ての借入を大きく増やした。仮にグローバルインフレの長期化でドル金利が高止まりを続ければ、新興国企業の一部がファイナンスで困難に陥る可能性は否定できないだろう。ドル高・新興国通貨安の傾向が続いていることも、新興国企業の債務負担をさらに重くする。まだ、目立った企業破綻が起こっていないのは、米国企業と同様、債務の借換え時期が訪れていないからかもしれない。金融引締めの効果は、世界的にもタイムラグを持って現れる。

あるいは、今後ＱＴの効果が強く表れ、また、財政信認の低下問題や統治能力の低下問題も加わることで、米国の長期金利の水準が大きく切り上がり、世界的な金融市場の大混乱の引き金を引くのだろうか。一方で、世界的な高インフレの長期化によって、実質的な債務負担はそれほど上がっていない可能性もある。つまり、実質金利はほとんど上がっていない可能性があるということである。もしそうなら、大きなダメージは避けられるということだろうか。

第3章　注

（1）ラジャンは自著で「飢えかけたライオンの集いに迷い込んだ初期キリスト教徒のような心地がした、というのは言い過ぎだろうか」と当時の心境を吐露している（『フォールト・ラインズ』12ページより引用）。

（2）リカーディアン型政府とは、中央銀行が経済や物価情勢に対応して金融政策を決定した後、それと整合的な財政行動を取る政府のことである。非リカーディアン型政府とは、政府が財政政策を先行させ、中央銀行にその尻拭いを迫る政府である。

（3）2023年6月30日に米連邦最高裁は、バイデン政権による学生ローン返済の一部免除措置を認めない判断を下し、2023年10月から返済が再開する見込みである。超人手不足が続く中で、最高裁の違憲判決は、財政インフレを和らげるという点で望ましい決定だったかもしれない。

（4）QEの後遺症が金融政策運営に多大な支障を来すという問題に関し、10年を超す異次元緩和でバランスシートが急膨張した日本の深刻さは、米国の比ではないことを付け加えておこう。日銀はバランスシートの正常化に数十年を要すると見られ、長期金利への影響など、将来の金融政策運営の大きな制約になると見られる。そして、膨らんだ日銀のバランスシートの裏側には、公的債務残高の膨張がある。

（5）1971年8月13日の金曜日に始まる週末に、ニクソン大統領は、大統領専用の別荘であるキャンプ・デービッドで秘密会議を開催し、ニクソンショックとして知られる政策パッケージを8月15日に公表した。クリントン政権で商務長官を務め、研究者でもあるジェフリー・ガーデンは、その著書『ブレトンウッズ体制の終焉　キャンプ・デービッドの3日間』において、当事者への取材と膨大な資料から、政策決定に至る過程を克明に描いており、ニクソンショックに関する本書の論考の参考としている。そこでは、コナリー財務長官やバーンズFRB議長、ボルカー財務次官など、7人の主要メンバーと協議し、ニクソン大統領が最終決断に至る姿がスリリングに描かれている。

（6）そうした事態になることを回避するため、日本銀行は2023年7月末にYCCの10年金利のレンジを1％まで広げ、制約を大きく緩めたのだろう。金融市場では予想外という見方が多数だったが、筆者としては想定した通りの動きだった。長期金利を誘導するYCCにおいては、皆が想定していないときこそが、修正の最良のタイミングである。2023年5月に入って、植田和男総裁が講演を通じて、ハト派色の極めて強いメッセージを発信したが、筆者自身は、日本銀行が政策修正の準備を始めたことのシグナルだと受け止めていた。

(7) ただし、ボルカーその人は、物価安定の重要性を誰よりも強調しつつも、自伝でも論ずる通り、特定の数値の達成に拘るインフレターゲットには否定的である。

(8) 米英では、クリントン政権やブレア政権など、中道左派政権が教育重視に舵を切ったのは至極適切だった。しかし、能力がすべてという社会風潮となり、学歴の低い人が丸裸にされたようなものだと、経済学者のポール・コリアーとジョン・ケイは『強欲資本主義は死んだ』で論じている。本人が努力すれば高い教育を受けられるというが、現実には高い教育を受けた裕福な家庭の子弟が高い教育を受け、教育格差を通じて、経済格差が固定化したことなども白人至上主義の背景にある。

(9) 図3-12は、対GDP比でみた日米欧の中央銀行のバランスシートの推移である。図2-3は経済規模との比較を考慮していないため、図3-12で見ると、異次元緩和における日銀のバランスシートの膨張がいかに大きかったかが一目瞭然である。日銀は大量の長期国債を購入しており、将来、金融引締め期に入っても、売却をすることは困難であるため、償還が訪れるのを待つしかないが、それには数十年を要する。本当に大きな代償を払ったものである。また、現在の日本のインフレ上昇は、グローバルインフレが原因であるため、異次元緩和が行われる前の包括緩和のままであっても、ほとんど同じ結果がもたらされたと思われる。

第4章 構造インフレ論、中国日本化論、強欲インフレ論

1 米中新冷戦と構造インフレ論

(1) リベラルな国際秩序の崩壊と構造インフレ論

欧米の利上げも、早晩打ち止めという観測が広がっている。コロナ終息後の経済再開が引き金となった、「財からサービス」への世界的な需要の再シフトによって、製造業が減速傾向を続けているだけでなく、これまで恩恵を受けてきた非製造業の領域でも、強制貯蓄の減少に伴うペントアップ需要の一巡から、たしかに減速の兆しが見えなくもない。

そもそも金融引締めの効果は、長いタイムラグとともに現れる。特に米国の政策金利はすでに高い水準にある。それを維持するだけでも、時間の経過とともに、今後、実体経済を抑制する効果が急速に高まるリスクもあるだろう。図4－1にあるように、金融引締めによる資本コストの上昇を背景に、金融機関の貸出態度はすでに厳格化している。

とりわけ、コロナをきっかけとした人々の働き方の大きな変化によって、自宅で勤務する人の割合が高まったことの影響は無視できない。第3章でも論じた通り、オフィス需要の減少に直面する

図4－1　米銀の貸出基準～厳格化した割合

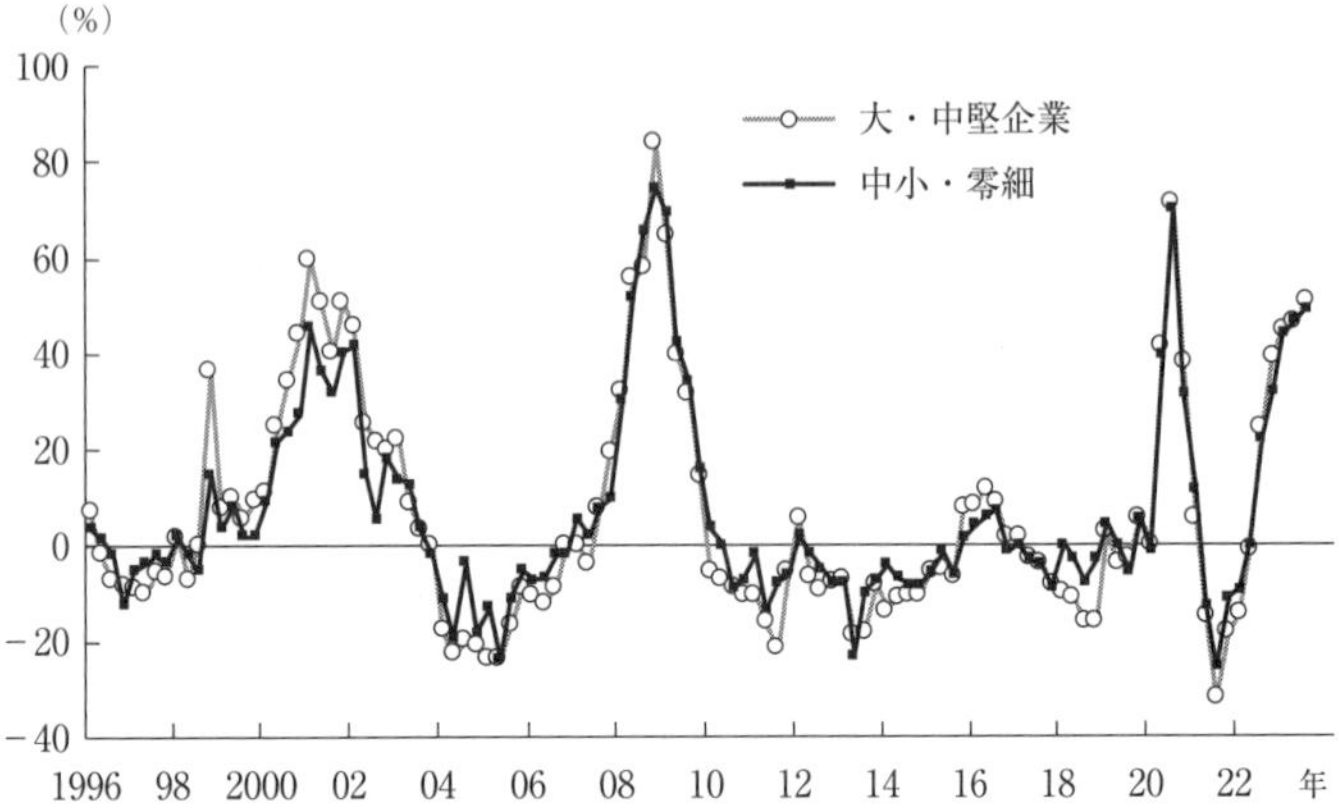

（出所）　Macrobondより、BNPパリバ証券作成

商業不動産セクターでは、今後、社債やローンの借換え時期が訪れると、経営が行き詰まるところも増えてくる可能性があるだろう。

大手金融機関には厳格で十分な規制がすでに取られているといっても、仮に米欧で不動産不況が到来すれば、少なからぬ中堅・中小金融機関が融資に手を染めていることから、銀行行動の変化を通じて、金融引締め効果が急激に高まるリスクもあるだろう。もちろん、商業不動産の投資プロジェクトの失敗が金融システムに及ぼす悪影響を抑えるため、米国では、銀行へのモニタリング強化だけでなく、中堅銀行を含む金融機関の自己資本強化にも乗り出している。中小金融機関の破綻や再編は今後も予想されるが、第3章でも論じた通り、金融システム危機の回避が最優先されると見られる。

一方で、筆者は、これまでも論じてきた通り、欧米では、インフレが高止まりしていることによって、人々の長期インフレ期待が徐々に切り上がっているのではないか、とも懸念している。もちろん、インフレ期待が上昇してきたといっても、金融環境が緩和的になっているとまでは考えていない。しかし、同じ高い政策金利の水準が維持されても、以前ほどの金融引締め効果が維持されていない可能性がある。景気抑制効果が以前に比べて限定的なのであれば、中央銀行が目標とする２％にインフレが落ち着くまでには、想定より長い時間を要するはずだ。

仮にインフレの鎮静を急ぎ、政策金利の引上げを続ければ、金融システムに強い負荷がかかり、そのことは、景気の大幅な悪化を余儀なくさせる。ファインチューニングは難しくなるから、その場合、グローバルインフレが終息したのはよいが、その後に訪れるのは、グローバルデフレということにもなりかねない。

いや、そもそも過去30年に及ぶポスト冷戦期のリベラルな国際秩序がもたらしたディスインフレ環境が、米中の新冷戦の開始とともに崩れ去ったのだから、目の前のグローバルインフレを抑え込むことができても、基調的にはインフレ傾向が続くという見方もある。構造インフレの時代が到来した、という見方もいまだに有力だが、それはどのように考えればよいのだろうか。それが本節のテーマである。

グレートモデレーションと米国一強時代

まず、グローバル経済構造と国際政治秩序の変化について振り返ろう。グレートモデレーションが進んだのは、ポスト冷戦時代のリベラルな国際秩序の下で、生産工程のオフショアリングが進んだからだった。グローバル企業の経営者は、生産工程を細分化し、自らの経営ノウハウと中国など新興国の安い賃金の労働力を巧みに組み合わせることで、品質の良い商品を安価で効率的に供給できるようになった。マクロ経済的にみると、断続的にポジティブな供給ショックが先進国に訪れ、経済の拡大とディスインフレ圧力が同時に生み出されたのである。

そうした状況を可能としたのは、ポスト冷戦が米国一強時代だったからにほかならない。そこでは、国際秩序を脅かし、国際条約に違反する侵略者に対し、米国が軍事介入することで、リベラルな国際秩序が守られていた。それゆえに、グローバル企業は、サプライチェーンにおける生産工程を細分化して、最も効率的に生産できる場所を選択しさえすればよかったのである。しかし、2000年代終盤のグローバル金融危機の後、社会が疲弊した米国は、必ずしも軍事介入できなくなった。

いや、グローバル金融危機は理由の一つにすぎない。皮肉なことだが、製造業のオフショアリングなどサプライチェーンのグローバル化もあって、先進国では中間的な賃金の仕事が消失し、中間層が瓦解した。中間層が支持する中道派の政治勢力が凋落したため、国際秩序の安定を目的に、米国が財政を負担することがもはや有権者から支持されなくなったのである。グローバル・サプライチェーン化によって最も恩恵を受けたのは、グローバル企業と中国経済であり、後者の膨張が米国一強時代を終焉させた。中国が領土的な野心を隠さなくなったのは、グローバル金融危機の直後からであり、それは胡錦濤体制の終盤である。

グローバル・サプライチェーンの要所争奪戦

ちなみに、２０１３年のシリア危機において、オバマ大統領（当時）は「化学兵器の使用はレッドラインを越える」とアサド政権に警告を発していたが、その使用に対し制裁を見送った。その際、オバマ大統領は「米国は世界の警察官ではない」と弁明した。それにつけ込んだのがロシアのプーチン大統領であり、２０１４年のウクライナでマイダン革命によって親ロシア政権が崩壊すると、軍事的要所であるクリミアを電撃的に併合する。

２０２２年２月のウクライナ戦争勃発後、ロシア弱体化を目指し、日本も米国に追随し、Ｇ７諸国と緊密に協力して、経済・金融制裁に踏み切った。しかし、制裁に参加したのは主に先進国だけであり、多くの新興国は中立に留まった。政治学者の森聡らが述べる通り、そこで明らかになった新たな国際秩序は、先進国グループ、中ロのグループの二極と、そのいずれにも属さず、中立の立場を取る多数の新興国によって構成されるグローバル・サウスである。中東でもサウジアラビアやイスラエル、トルコなど、かつて親米だったはずの国々が中立を決め込んでいる。安全保障上、中東では、もはや米国だけに頼れなくなったことの表れであろう。

一方の中国は経済力とともに軍事力も拡大させ、中東でもプレゼンスを拡大しているが、それらが可能になったのは、グローバル・サプライチェーンの中枢機能に強く関与し始めたからにほかならない。情報通信分野の主導権争いや軍用転換可能な機微技術において、米国が対中規制を強化したのも、グローバル・サプライチェーンにおいて、中国がもはや汎用品の加工組立に留まらず、高付加価値製品の研究開発やマネジメントにおいても強い力を持ち始めたためである。いわば経済、軍事の両面から、グローバル・サプライチェーンの要所を押さえる競争が始まったのである。

これが２０１０年代末から米中が新冷戦に突入した背景の一つである。リベラルな国際秩序の瓦解によって、グローバル企業は、生産拠点の先進国への回帰やＡＳＥＡＮへのシフトなど、サプライチェーンの再構築を余儀なくされ、グローバルな最適生産はもはや困難になり、大きなコストを被り、価格転嫁を余儀なくされる。これが地政学的リスクを背景とした典型的な構造インフレ論であろう。

安全保障のジレンマ

日本のグローバル・バリューチェーン研究の第一人者である猪俣哲史は、新興大国・中国の「追う者の驕り」と覇権国・米国の「追われる者の恐怖」という心理の交差が国際関係に破壊的なリスクをもたらす「トゥキディデスの罠」のフェーズは越え、米中関係はすでに「安全保障のジレンマ」のフェーズに移行したと論じている[1]。すなわち、グローバル金融危機後の中国の経済的、政治的な野心に対し、米国は強い危機感から、それまでの関与政策を転換するだけでなく、一気に中国包囲網を敷いた。それに対して今度は中国が米国など外部勢力による政権転覆を恐れたから、習近平の下で強権的な体制を敷き、対抗している。もはや一方が「驕り」、一方が「恐怖」に直面するのではなく、互いに最悪の事態を想定して準備することで、対立のエスカレーションを招く「安全保障のジレンマ」に陥っているというわけである。

このほか、構造インフレ論には、地政学的リスクによるコスト高だけでなく、カーボンニュートラルの要請がもたらすグリーン・インフレーション（グリーンフレーション）も加えるべきであろう。まず、座礁資産化を恐れ、化石燃料設備への更新投資が困難になったことが、近年の資源高の理由の一つだった。さらに、日本でもようやく導入が決まったが、ＣＯ２の排出に対するペナルティであるカーボンプライシングを２０５０年に向け、各国とも中長期的に引き上げ、製品価格に転嫁していかなければならない。

グレートモデレーションは金融政策の巧みさが主因ではない

過去30年間、ディスインフレ基調が続いていたのは、ポジティブな供給ショックが断続的に訪れていたことが背景にある。日本銀行は別として、先進各国の中央銀行がグレートモデレーションの理由として誇ったのは、金融政策運営の巧みさだったが、実際には、リベラルな国際秩序の下で世界経済に訪れたポジティブな供給ショックがより強い理由だった可能性が高い(2)。ポジティブな供給ショックが断続的に訪れていたからこそ、先進各国とも総需要が拡大しても、インフレが落ち着き、低い水準の金利を維持することが可能だった。

ネガティブな供給ショックによって、２０２１年以降、この逆回転が始まっていたのなら、インフレを抑えるためには早期の利上げが必要だった。しかし、先進国の中央銀行は、ショックがもたらす総需要への悪影響ばかりを懸念し、利上げを２０２２年以降まで先送りした。それがグローバルインフレの原因になったことは、第2章で詳しく論じた通りである。

また、ポジティブな供給ショックをもたらしたのは、リベラルな国際秩序の下でのグローバリゼーションの進展だけではない。これまで筆者は、中長期的には、貿易（グローバリゼーション）よりも技術（イノベーション）の影響を重視してきた。製造業のオフショアリングも多大なインパクトを持ったが、非製造業を含め、ＩＴデジタル技術の進展によって、広範囲に省力化、自動化が進み、人件費が抑制されてきたことがグレートモデレーションにより大きく影響したと考えられる。

また、日本のように、非正規雇用への依存というダークサイドのイノベーション（制度設計）も人件費を抑制し、ディスインフレ圧力を生み出したが、こちらは、セーフティネットを持たない労働者を多数生み出し、予備的動機による貯蓄を助長し、総需要の回復も抑制したと見られる。これもグレートモデレーションの下で、日本の停滞が目立っていた理由の一つであろうか。

リショアリングよりニア・ショアリング

地政学的リスクの高まりを受け、今後、グローバル企業の生産拠点については、リショアリング（生産拠点の国内回帰）や、後述するニア・ショアリングが広がると予想されるが、その際、多くの人が忘れていることがある。それは、すでに２０１０年代後半に、ＡＩやロボティクスの発展によって無人工場の稼動が技術的に可能となっていたことである。新冷戦の到来で生産拠点の国内回帰が進んでも、増えるのは主に無人工場なのであって、人手をさほど要するわけではない。それゆえ、必ずしも国内の賃金インフレ圧力を高めるわけではないと思われる。

なお、リスク管理の観点からは、サプライチェーンの国際分散がこれまで以上に強く要求される。このため、実際に行われるのは、本国に生産拠点を回帰させるという単純なリショアリングではないはずである。米国で販売するものは米国で生産し、欧州で販売するものは欧州で生産、中国で販売するものは中国で生産といった新・地産地消型（ニア・ショアリング）に近い、複線化されたグローバル・サプライチェーンの再構築であろう。

ところで、米国財務長官のジャネット・イエレンは、友好国での生産拠点の分散を意味する「フレンドショアリング」を提唱している。ここで挙げたニア・ショアリングに近い概念だと思われるが、米国外であっても、米国のコンテンツを含む財・サービスについては、中国企業との取引は容認しない、というのが米国政府の本来の意向だろう。

しかし、猪俣が指摘するように、米国ルールを広範囲なセクターまで厳格に域外適用すると、グローバル企業にとっては、むしろ米国のコンテンツが含まれることがグローバル・サプライチェーン上のリスクとなりかねない。また、米国にとっても、中国が関わるあらゆる財・サービスの経済取引をストップすれば、大量の返り血を浴びる。

それゆえ、新冷戦が激化しても、取引がストップするのは、軍事転用可能な機微技術や情報通信技術、あるいは、人権に関わる分野に限られると見られる。つまり規制対象を絞り込んで厳重に管理するという「スモールヤード・ハイフェンス」戦略が取られるはずである。これは、デカップリング（分断）ではなく、欧州委員会代表のウルズラ・フォン・デア・ライエンが提唱するディリスキング（リスクの低減）なのであって、中国がすべての分野でグローバル・サプライチェーンから外れるわけではない。フレンドショアリングとは必ずしも言えず、やはりニア・ショアリングと呼ぶべきだろうか。

賃金インフレで進むホワイトカラーのオフショアリング

筆者はニア・ショアリングが進んでもＡＩやロボティクスで無人化が進むため、それが人件費を大きく膨らませる可能性は小さいと考えている。しかし、もともと最新工場での人手は少なく、一方で、製造業、非製造業を問わず、本社部門では人手を相変わらず要するという反論はあるだろう。だが、すでにホワイトカラー業務でも、定型的業務についてはソフトウェアやアルゴリズムでの自動化対応が相当に進んでいた。それでも難しいのが非定型のホワイトカラー業務だったが、それは２０１０年代後半以降に進展したリモート技術によって、新興国へのオフショアリングが技術的に可能となっていた。

欧米では、今回のコロナ禍において、このリモート技術を活用して、多くのホワイトカラーが在宅勤務に移行し、オフィスに出社しなくても業務にさほどの支障を来さないことが証明された。今後、グローバルインフレがもたらした人件費高騰を抑える決め手として、ＡＩやロボティクスによる無人工場化だけでなく、人件費の安い新興国人材によるホワイトカラー業務のオフショアリングが広がると見られる。

残念ながらコロナ禍を経てもまったく変わらないのは、ウォールストリートに代表される「人々の貪欲さ」であり、目先の利益追求である。今回のグローバルインフレで膨らんだ人件費を圧縮するためにＡＩやロボティクス、リモート技術が一段と活用されると見られる。構造インフレ論は、

「構造」というほどの頑健さを持たないと思われる。高いインフレが長引いているのは事実だが、永続するわけではないだろう。

ネガティブな供給ショックを相殺するイノベーションが続く

念のため、筆者は、ポジティブな供給ショックが今後も断続的に訪れ、近い将来において、欧米で低すぎるインフレが再び問題になる、と言いたいわけではないことを申し添えておく。地政学的リスクがグローバリゼーションを変質させ、ネガティブな供給ショックを断続的にもたらすとしても、コスト高を相殺するようなイノベーション（技術）が新たに生まれるため、恒常的なインフレの時代が必ずしも到来するわけではないということである。

もし、欧米で低すぎるインフレが問題になるケースがあるとすれば、それは、今後も想定以上に高いインフレが長引き、それを抑えるためにＦＲＢとＥＣＢの強烈な引締めが必要となって、ディスインフレを通り越し、デフレを懸念しなければならないようなオーバーキルが生じた場合だろうか。

(2)　日本への思わぬ恩恵

経済安全保障の問題は、グローバル・サプライチェーンへの悪影響を通じて、日本の潜在ＧＤＰを制約する要因になると考える人が多いと思われるが、中長期的にはプラスに働く可能性がある点も、ここで改めて論じておきたい。

中国への関心の高まりと日本への関心の低下

四半世紀にわたって日本が停滞してきた理由の一つには、グローバル経済において速いスピードで拡大を続ける中国への関心の高まりと、その逆である日本への関心の低下があった。もちろん、中国経済への関心が高まったのは、あくまで中国経済が高い成長を続けたことの結果であり、日本経済への関心が低下したのは、日本経済が停滞を続けたことの結果である。しかし、これまでも本書に登場した経済学者のハーバート・サイモンが論じた通り、人々の関心の総量は限られる。そのことが、実体経済への影響を以下のように増幅した可能性がある。

長らく世界中の人々の関心の対象であった中国は、海外からの実物投資や金融投資をさらに惹きつけ、一方で蚊帳の外に置かれた日本への投資は実物面でも金融面でも停滞していた。行動経済学的な論理が支配するアテンション・エコノミー（関心の経済学）の文脈においては、日本経済に対する世界の企業経営者や投資家からの関心の低下は、日本が置かれた不利な立場をより強固にしたと見られる。そのことは同時に、中国の置かれた有利な立場をより強固にしたであろう。

日本国内においても、経営者の国内市場への関心は低下し、海外でのビジネス拡大ばかりが追求された。経済産業省や日本銀行は、日本企業が稼ぐ方法を変えたのであって、国内で稼ごうとも海外で稼ごうとも、それは変わらないと説明してきた。むしろ、人口も減少し、国内売上の増加が期待できない日本にこだわるより、成長の著しい中国など海外でビジネスを拡大し、収益を上げることを是認、ないし推奨してきた(3)。

しかし、海外での利益拡大は、国内での支出拡大にはさほどつながっておらず、それを是認することが政策当局者として、果たして適切だったのか。むしろそれは「合成の誤謬」を強めただけではないのか――この点について、筆者はずっと疑問を持ってきた。そして、高齢化の進む国内の需要構造の変化に適合する努力を怠り、かつての日本で利益を上げることができていた古いビジネスモデルを新興国に適用しているだけの企業も少なくないと警鐘をならしてきた。

経済安全保障問題が日本への関心を高めるか

とはいえ、筆者自身、人々の中国など海外に対する強い関心と、日本市場への無関心を逆転させるための説得的なアイデアを持ち合わせていなかったのも、また事実である。しかし、想定していなかったことだが、経済安全保障の観点から、半導体の製造など、日本における立地を増やす動きが近年見られる。人々の関心を国内に向けるのは容易ではないが、経済安全保障の視点は、「悪い均衡」から抜け出せなかった日本に大きな転機をもたらす可能性があるだろう。

日本に立地を増やそうとしても少子高齢化による人手不足によって、困難と考える人も少なくないかもしれない。たしかに、過去20年、新興国へのオフショアリングが進む際、その理由の一つに挙げられたのは、製造現場で働く若者がいないということであった。実際、ＴＳＭＣ（台湾積体電路製造：台湾セミコンダクター・マニュファクチャリング・カンパニー）の熊本工場の稼働の影響で、人手不足は九州全域に広がり、熊本県外の賃上げにもつながったという話が聞かれる。やはり絶対的に人手が不足しているのである。とはいえ、前述した通り、多くの製造工程の現場はすでに無人工場であって、ロボティクスやＡＩでの対応が進み、限られた人手で対応している。

同時に、国内に生産現場を持ち、稼働することは、常に新たな知の発見が行われ、イノベーションにつながり、日本の生産性を高める。それとともに、めぐりめぐって、国内での支出を増加させると考えられる。

政府の経営への関与の遮断が不可欠

一つ心配なのは、日本政府が過度な関与を施すことであろう。経済安全保障の視点からは、政府の介入はある程度やむを得ないと考える人がいるが、経営に関与すれば、機動性や創意工夫が損なわれ、あるいは甘い経営目標が掲げられ、結局、成長できない分野に雇用や資本を投入することになりかねない。経済学者のコルナイ・ヤーノシュが唱えた「ソフトバジェット問題」に陥るのである。

これまで、官民ファンドを含め、政府が関与した少なからぬ産業群では、自らの足で立つことができなくなり、最終的に退出を余儀なくされたケースが見られた。政府が規制当局者としてだけでなく、同時に株主として口出しするため、経営にガバナンスが働かなくなることが原因である。民営か公営かの問題ではなく、企業経営は専門家に委ね、政府は規制者としてのみ振る舞い、経済安全保障絡みといえども、意思決定から遮断することが肝要であろう。

自然利子率は上がるのか

世界各国で、地政学的リスクへの対応として経済安全保障や防衛力が強化され、また地球温暖化への対応が強化されれば、インフレを押し上げる要因になるだけでなく、巨額の投資資金を要し、世界的に自然利子率を引き上げる要因になるという見方もある。インフレ期待だけでなく、自然利子率の水準も切り上がれば、長期金利の水準をさらに押し上げることになるが、自然利子率について、私たちはどのように考えればよいのだろうか。

たしかに地球温暖化対応や防衛費増額などは、追加的な資金需要を生み、他の条件が同じであれば、自然利子率を押し上げる要因となるはずである。ただ、一方で、コロナ禍後も経済社会の脱物質化のトレンドは続いている。いやむしろ、コロナ禍を挟んでITデジタル化など脱物質化が加速し、資金需給面、所得分配面で、それが自然利子率を押し下げる要因になり得る。

いまや付加価値の源泉は無形資産にあるが、企業が無形資産投資を行う場合、有形資産の時代のように、巨額の資金を必要とはしない。世界中の伝統的な銀行業が、膨らむ預金を吸収するためのローンを創出できず、長期国債投資を継続せざるを得ない。このため、第3章で論じた通り、高インフレの下、中央銀行が政策金利を引き上げても、長期金利の上昇圧力が抑え込まれてきたのである。

所得分配の歪みも自然利子率を下押し

過去四半世紀に進んだ無形資産の時代においては、所得水準の高いアイデアの出し手にその果実が集中し、マクロ的な貯蓄投資バランスの失調がもたらされることも、自然利子率を抑える要因となった。もちろん、脱物質化のトレンドが所得分配面で自然利子率の低下をもたらす、というのは必然ではない。物的資産と異なり、アイデアが生み出す付加価値の帰属は明白ではなく、アイデアに対する所有権の強さはその社会慣行に大きく依存する。たとえば、仮に現在の極端な知財権の強さが修正され、脱物質化の果実が広く民主的に分配される社会が訪れるのなら、経済にも好循環が訪れ、むしろ自然利子率は上昇するかもしれない。

こうした問題意識もあって、欧州では、GAFAなど巨大プラットフォーマーへの課税が、限界的ではあったが強化された。GAFAの本拠地の米国でも、バイデン政権がパンデミック危機を好機とすべく、所得再分配の見直しにチャレンジした。しかし、欧州とは異なり米国では、共和党はもとより、民主党中道派の反対もあって、見直しはわずかなものに留まっている。それゆえ、全体としてみれば、これまでと同様、無形資産が生み出す付加価値を享受するのは、主にアイデアの出し手であることは変わらない。

ますます、デジタル経済化、経済の脱物質化が進んでいるが、所得水準の高い彼らの支出性向は極めて低いため、一国全体で所得が増えても、支出はさほど増えない。その結果、貯蓄と投資のバランスの失調は続き、今後も自然利子率には低下圧力がかかると見られる。

(3) デジタル社会の加速と種の限界

スマホ画面になぜ引き寄せられるのか

現在のインターネットシステムであるＷｅｂ２の世界は、ＧＡＦＡなど一部の巨大なプラットフォーマーに牛耳られた中央集権的な世界であり、利益も独占されている。彼らの利益の源泉は、私たちユーザーが生成したデータにほかならないのだが、巨大プラットフォーマーによって管理され、ユーザーは自らに関するデータであっても、他のＳＮＳやプラットフォームへ持ち出すことは容易ではない。

新たに訪れるＷｅｂ3の世界は、Ｗｅｂ2の世界とは大きく異なり、ブロックチェーン（分散型台帳）技術によって、ネット社会の民主化が進展すると期待されていた(4)。ユーザーは他のＳＮＳやプラットフォームをまたいで自らのデータを持ち歩けるし、データを売ることも可能である。しかし、巨大プラットフォーマーが生成ＡＩを手にしたことで、一層プラットフォーマーの独占的な利益獲得システムが強化されているように見える。

ここで改めて、私たちは人類のほとんどがスマホでつながり、さらに生成ＡＩの普及が始まったことの意味を確認しておく必要があるだろう。15世紀にグーテンベルクが発明した活版印刷技術によって、支配層以外も情報取得・発信が可能となり、ルネサンスの時代が到来するとともに、社会秩序が揺るぎ、中世社会を崩壊させることになった。拙著『成長の臨界』では、今回のインパクトはルネサンス期以上の衝撃が不可避であることを論じた。

それにしても、なぜこれほどまでに私たちは、パソコンやスマホの画面に惹きつけられるのか。そこに映し出されるのが、真偽も定かではない情報が多いにもかかわらず。

その答えの一つは、ヒトの進化に大きく関係している。ヒトは、生き残って子孫を残すため、性や抗争、不安などに関する情報に敏感に反応するように進化を遂げてきた。パートナーをうまく見つけ、また抗争や不慮の事故を巧みに回避した個体だけが生き残り、子孫を残すことができた。進化の過程の名残で、フェイクニュースであったとしても、パターン認識から生み出されるＡＩの創作であっても、それらの情報に無関心ではいられないように、文字通りＤＮＡに組み込まれているのである。

ただし、文明の誕生後、社会秩序の観点から、性や抗争、不安などに関する情報は、権力による検閲や宗教的禁忌によって、人々のアクセスが強く制限されてきた。それゆえ、活版印刷技術の発明後も強い規制が存在した。しかし、18世紀末以降、民衆は権力や宗教の軛から逃れることが徐々に可能になっていった。さらに今日のネット社会の到来によって、ついに数多の情報を私たちから遮断することができなくなったのである。

１５０人以上を直接統治できない

認知社会学者のジェラルド・ブロネールは、人々が欲する情報を手にするようになった現在の状況を「認知アポカリプス」と呼んでいる。「アポカリプス（黙示録）」というと、新約聖書で世界の終末を示したヨハネの黙示録を連想させる。そこから、ＡＩに汚染された誤情報を含め、膨大な情報に社会が圧し潰され、人類が終末を迎えるという、いわゆる「インフォカリプス」を想像する人もいるだろう(5)。

だが、ブロネールの意図はそれとは異なり、「アポカリプス」の本来の語源である「啓示」を意味する。つまり、フェイクニュースも含めて、人類が欲する情報を際限なく自由に得られる時代の到来を意味している。それが「啓示」であり、ネットが映し出すのは、低俗なメディアが歪めた人々の欲望ではなく、むしろ人類の真の姿に近いのだという。

とはいえ、アルゴリズムが人の欲望を増幅し、さらにポピュリズムも誘発する点には注意が必要だろう。進化学者のロビン・ダンバーが唱えた「ダンバー数」として知られるが、ヒトは種の限界として、１５０人を超す大集団を直接は統治できないという。ヒトが互いを認知し、安定した集団を形成できる人数の上限が１５０人ということであり、これは狩猟採集を行っていた時代からほとんど変わっていない。当初はヒトも10～15人で暮らすネアンデルタールの群れと変わらなかったから、１００人を超えて行動をともにし、分業・協業を行うだけで大きな進化だったが、このダンバー数は今も変わらない。しかし、ヒトは中間的組織や制度、権威といったフィクションを創造することで、ダンバー数を超える大集団を間接的に統治し、高度に発展してきたのである。

そして、多くのポピュリストは、ＳＮＳなどを通じて有権者と直接対話をすることで、人々の心をつかみ、ポリティカル・キャピタルを積み上げようとする。同時に、彼らは、既存の政治組織にどっぷり浸かってきた議会人や議会そのものを否定しようとする。そのことは、実は、人類がダンバー数の限界を克服するために築いてきた中間的組織や制度、権威を失墜させ、統治を不安定化させることにつながりかねない[6]。有権者の意見を直接汲み取ろうとするポピュリストに政治的意義を見出す専門家もたしかに存在するのだが、間接統治の有用性を否定することは、人類にとって、致命的な問題を孕む。

スマホ画面が私たちから奪う関心

ネット社会にはもう一つ大きなダークサイドがある。かつて人類は他の生物と同様、食料を見つけるために、一日中、労働をしていた。しかし、創意工夫によって働く時間を減らし、考える時間を捻出することで、新たな技術革新を生み出し、それがより長い考える時間を捻出することにつながってきた。これが連鎖的なイノベーションの要因でもあったが、それでもハーバート・サイモンが論じるように、時間や関心の総量は今でも限られている。

現在は、そうした限られた時間や関心を、人類が直面する気候変動やパンデミックなどに割く必要があるはずだが、スマホ画面にすっかり奪われているのではないか。ハリウッド映画『マトリックス』の世界のように、視覚や聴覚だけでなく、その他の感覚も現実と区別ができない仮想現実が可能となれば、多くの人はその中に快楽を見出し、問題解決に時間や関心を割くどころではなくなる可能性がある。

ハーバート・サイモンは、「情報の豊かさは関心の貧困をもたらす」と予言したが、それは種の限界までも意味する警告だったのだろうか。

あるいは、仮想社会に私たちが満足するようになるから、脱物質化社会が訪れ、資源の費消も限られ、対面接触も減って、気候変動やパンデミックは主たる問題ではなくなるのだろうか。

2　中国が直面する日本化（ジャパニフィケーション）問題

(1)　グッドハートらの高インフレ再来論

ディスインフレ時代の終焉と高インフレ時代の到来を予測

本節でまず取り上げるのは、欧米で話題となっていた、経済学者のチャールズ・グッドハートらが唱えたインフレ時代再来論である。その著書『人口大逆転』は、原書が2020年に出版され、その後、30年に及ぶディスインフレ時代の終焉と高インフレ時代の到来を見事に予測した一冊として注目を浴びた。日本でも2022年夏に訳書が出版され話題となったが、そのポイントは以下の通りであった（図4－2を参照）。

①　30年間の世界的ディスインフレの原因は、金融政策の成功ではなく、中国で生産年齢人口が増え続け、労働供給が増大した偶然の賜物である。

②　今後、少子高齢化によって先進国だけでなく、中国でも労働力が減少するため、人手不足から世界的に賃金インフレが進む可能性がある。

③　生産年齢人口の減少がインフレをもたらすという主張と相反するのが日本のデフレの経験である。本来、日本も1990年代末以降、労働力減少でインフレが到来するはずだったが、中国発のデフレ圧力が相殺した。しかし、今後、中国発のインフレ圧力が世界に広がる。

図4－2　中国の生産年齢人口（15-64歳、国連推計）

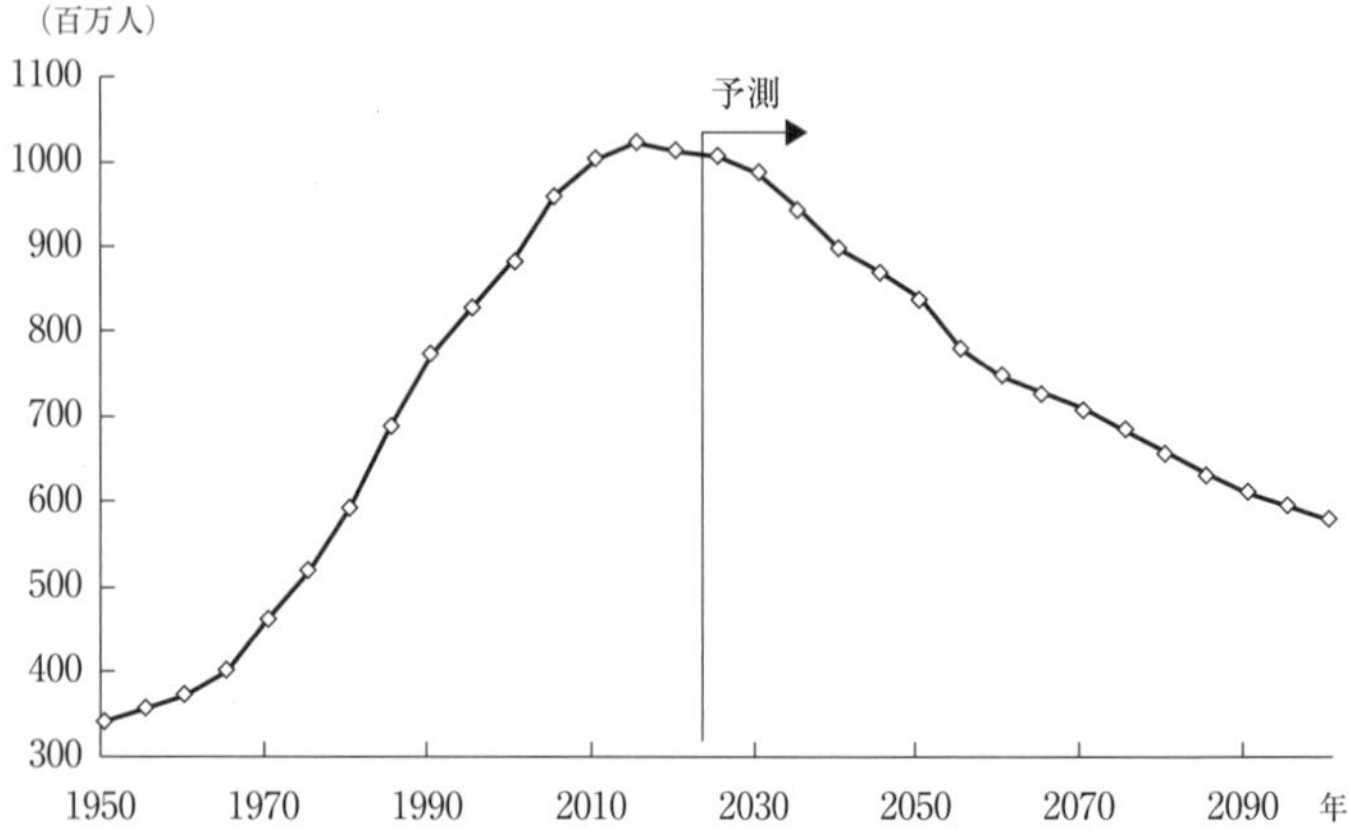

（出所）Macrobondより、BNPパリバ証券作成

筆者は、2020年に原書を手にした時から大きな違和感を持っていた。過去30年間のグレートモデレーションが金融政策だけの成功の結果ではないというのは、筆者と同じ見立てではある。しかし、そもそも少子高齢化による生産年齢人口の減少はインフレ要因なのだろうか。物価動向にはさほど影響がないという研究者もいるが、筆者の認識では、少子高齢化による生産年齢人口の減少は、少なくとも当初は、インフレ要因ではなく、むしろデフレ要因として作用する。

生産年齢人口の減少はインフレをもたらすか

もちろん、今回のコロナ禍の米国の経験のように、大規模な財政・金融政策によって総需要がサポートされるどころか、大きく刺激されていると同時に、高齢者を中心に労働市場からの多数の退出によって、労働供給が一気に減少する場合には労働需給が急激に逼迫し、それが賃金インフレの要因となることには、筆者も強く同意する。文字通り、一気に減少した（前掲図２－５参照）。ただし、少子高齢化のような漸進的な生産年齢人口の減少は、総供給を抑制するが、当初は、それ以上に総需要にも強い悪影響をもたらす。

私たちは労働力の供給者であると同時に、消費者でもあり、先を見据えて行動する。日本の経験からすれば、人口動態の影響は、少なくとも当初は、マクロ経済的に供給サイドよりも先行して需要サイドに影響が強く現れてくるのではないか。たとえば、日本企業は少子高齢化が売上減少をもたらすと懸念したから国内での投資を抑制し、海外でのビジネス展開に注力してきた。このことは潜在成長率を低下させる要因となるのだが、まずは国内投資の不振による総需要の低迷として表れ、デフレ的な要因をもたらした。

実際、経済学者の小倉義明が論じる通り、都道府県別の融資増加率と生産年齢人口の増加率は見事な比例関係にある（図４－３）。当然にして、融資増加率の増減が生産年齢人口の増減をもたらしているとは考えられないから、生産年齢人口の増減が、総需要に影響し、融資の増減に影響していると考えるべきであろう。筆者には、グッドハートらの論考は、生産年齢人口が継続的に減少しても、総需要の水準は固定されたままで、総供給だけが減ることを前提にしているように見える。むしろ生産年齢人口の減少はグラジュアルであって、当初は、総需要の減少の影響こそがより強く現れるのである。

生産年齢人口の減少はデフレ的要因、というのは、すでに日本では人口に膾炙した見方だと思わ

図４－３　都道府県ごとの生産年齢人口と貸出残高の成長率（1998-2018年度平均）

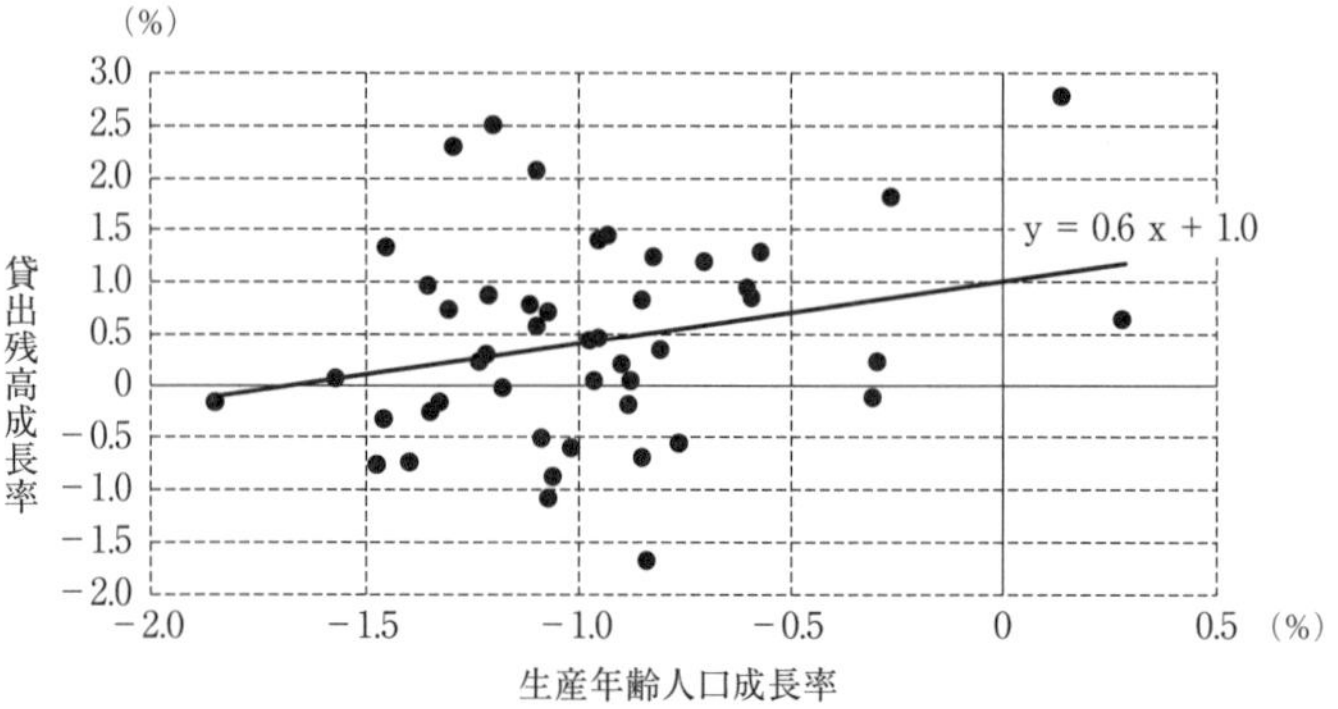

（出所）　小倉（2021）をもとに、総務省、日本銀行、厚生労働省資料より、BNPパリバ証券作成

れる。しかし、この20年近く、「生産年齢人口の減少の影響は、供給よりも需要に先行して現れる」と、欧米の政策関係者や研究者に説明すると、賛同する人はさほど多くはなかった。それゆえ、欧米では、グッドハートたちの論考が２０２０年に広く受け入れられたのであろう。

しかし、主要国がグローバルインフレに直面する中で、中国のインフレがゼロ近傍まで低下していることが、何よりの大きな反証となるのではないか。なお、以前から、中国の政策当局者や経済の専門家には、欧米と異なり、少子高齢化による労働力人口の減少が総供給よりも総需要に先行して悪影響をもたらすという見方に賛同する人が多かった。そのためか、以下述べるように、コロナ後の経済再開後の景気回復の脆弱性から、中国が日本化（ジャパニフィケーション）の罠に陥ることを疑う人が増え始めている。

(2) グローバルインフレと逆行する中国の実相

コロナに翻弄された中国経済

まず、コロナの震源地だった中国の経済の推移を振り返ろう。ワクチン接種の早期普及によって2021年前半に経済再開が始まった欧米。ワクチン接種は普及したもののコロナへの警戒感が強くコロナ終息に長い時間を要し、2023年初頭まで経済が底這いで推移した日本。それらに比べると、中国経済は極めて激しい振幅の3年間を経験した。

まず、2019年末に武漢でコロナ感染が始まった後、2020年1月末から2月半ばに経済活動が停止した。が、早くも3月には底入れし、その後、急速に中国経済は回復した。企業向けの財政支援も行われたが、当時の回復の最大の牽引役は、世界的な巣籠りによる「サービスから財への需要シフト」に乗じた輸出の大幅な拡大だった。

景気回復が軌道に乗ると、中国政府はコロナで中断していた構造改革路線を再開する。2020年夏には不動産向け融資の厳格化を打ち出し、2021年に入ってからは巨大テック企業や教育産業、環境関連の規制強化を推し進めた。共同富裕政策の下、経済格差拡大を抑え、長期的な安定成長を目的としていたが、これらの政策の景気引締め効果が強く現れ、ついに不動産バブルが崩壊する。

マクロ経済の大幅な落込みを回避するため、2021年夏頃からは不動産業への締めつけを徐々に緩め、景気浮揚を狙ったマクロ安定化政策が繰り返されたが、景気はさほど持ち上がらず、そうした中、2021年終盤にはコロナ感染が再び広がる。当初、感染者はごく少数だったが、厳格なゼロコロナ政策を続けたため、2022年の年明けには行動規制を強化する都市が増え、同年3月にはITハイテク産業が集積する深圳や日系自動車メーカーが進出する長春がロックダウンを実施、上海も3月下旬から5月末にかけてロックダウンを行うなど、全国各地で都市封鎖が広がっていく。

その後も行動規制は繰り返され、景気回復の大きな重石となったが、これに追い打ちをかけるように輸出も2022年春頃から伸び悩み、同年秋には減少傾向となっていく。輸出が減少に向かったのは、先進国ではコロナ禍の終息によって、「財からサービスへの需要シフト」が急激に進んだからである。

景気への配慮から、中国では22年12月上旬にゼロコロナ政策が撤廃されたが、これを受けて中国全土で感染が爆発的に広がったため、中国経済は混乱に陥る。個人消費はもちろん、生産、輸出、固定投資など経済活動全般に悪影響が広がった。感染が下火になって経済混乱が収まったのは23年1月半ば以降だが、その頃からサービス消費の持ち直しが始まっていく。製造業のリバウンドも春節休暇明けの2月に始まったが、輸出低迷や不動産業の不振は変わらず、春先まで持ち直しが見られていた製造業は、その後、足踏みしている。サービスの回復は続いているが、回復ペースは早い段階で鈍化し、年央には中国経済の失速が懸念され、金融緩和など景気テコ入れ策が打ち出され始めている。

中国や新興国では積極財政は発動されなかった

このように、コロナ終息による経済再開後、景気が持ち直したのは一時的で、現在は足踏みが続いているが、循環的な要因、構造的な要因を含め、理由は以下のように、主に三つある。

まず、中国では、コロナ下で家計向けの財政支援があまり行われなかったため、先進国とは異なり、家計の貯蓄は積み上がっていなかった。前述した通り、ロックダウンは２０２２年終盤まで繰り返され、世界で最も厳しく長期化したが、その間、家計への現金給付といった大規模な財政支援は一切行われていない。仕事を失った多くの非ホワイトカラーは、巣籠り下で、むしろわずかな貯蓄を取り崩さざるを得なかった。先進国の家計のように潤沢な貯蓄は存在せず、さらに雇用の回復も遅れているため、コロナが終息しても、消費拡大に慎重にならざるを得ないのである。

実は、このことは多くの新興国に共通している。それらの国では、そもそもコロナに伴うロックダウンにおいて、所得が補償された人のウエートは相当に小さい。巣籠りとはいえ、先進国のように強制貯蓄が積み上がるどころか、むしろ家計は貯蓄を食い潰した。さらに、中国と同様、家計に現金給付を行うといった財政政策も新興国ではほとんど行われていない。多くの新興国で、コロナ終息後の経済の持ち直しが限定的であるのはこのためだ。

また、これらのことは、新興国のインフレに関して、先進国と異なる動きをもたらしている。新興国では家計の消費に占めるエネルギーや食料品の割合がかなり高く、サービスのウエートが低い。それゆえ、２０２１年や２０２２年前半のように世界的にコモディティ価格やエネルギー価格が上昇すると、インフレは高進する。インフレ期待が十分アンカーされていないこともあり、政策

図4－4　新興国のインフレ率（前年比）

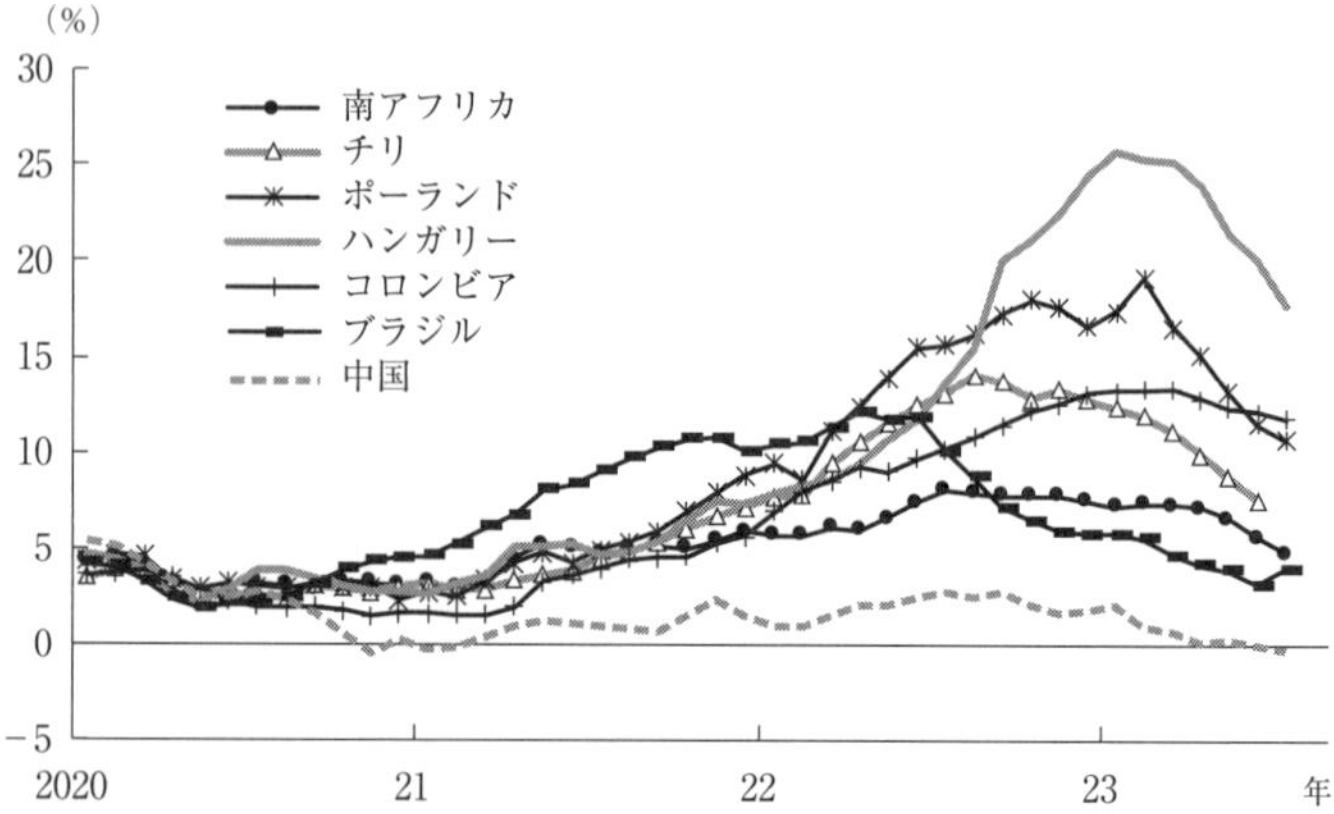

（出所）　Macrobond より、BNP パリバ証券作成

当局は、早い段階で金融引締めを行った。また、前述した議論とも関係するが、資本流出の懸念から、必要であっても、先進国のような大規模な財政政策を行うことは難しい。これらの結果、多くの新興国では、コロナ下でたしかにインフレは上昇したのだが、先進国のように長引くインフレではなかったのである（図4－4）。

現在、先進国では、利上げの打ち止めが近いといった議論になってきたものの、金融緩和に転じるまでには相当の時間がかかると考えられている。一方で、新興国では、利下げに転じる動きがすでに現れている。今回の世界的な物価上昇をグローバルインフレとは呼ぶものの、内実は先進国と新興国の間では異なり、しつこく高いインフレは、コロナ下で財政支出を膨らます余裕のあった先進国の問題だったということである。これまで何度か取り上げた、トマス・サージェントのいう「しつこく高いインフレは、いつでもどこでも財政的現象」の正しさがここでも証明されるのではないだろうか。

新興国の中で例外的に高インフレの長期化に苦しんでいるのは、ポーランドやハンガリーなどの中東欧諸国である。これらの国ではいずれも、ＥＵからの制度的な支援もあって、コロナ禍において大規模な財政政策が発動されている。

世界的な財からサービスへの需要シフトのインパクト

中国の景気回復が足踏みする第二の理由は、輸出低迷である。コロナ終息による経済再開で、世界的に需要が財からサービスへ再シフトしているため、製造業の生産と財輸出は、現在どこの国でも低調だが、防疫用品の生産が多い中国の輸出はいち早く２０２２年春から頭打ちとなった。

さらに、コロナ下で、リモートワーク需要などで売上が世界的に大きく増えたＩＴデジタル機器の輸出・生産は、22年秋から減少している。米国ではコロナをきっかけに、リモートワークが可能な、比較的ゆとりのあるホワイトカラーが郊外に引っ越したため、家電や家具の新調需要も膨らんでいたが、これらの中国からの輸出も同時期から減少し始めたのである。

このように、中国が直面している現在の輸出減少は、コロナの巣籠りの下での世界的な「サービスから財への需要シフト」の反動である。本来、コロナが始まった２０１９年末は、米中新冷戦が本格化したばかりであり、それまで輸出主導で経済拡大を続けてきた中国には大きなダメージをもたらすと考えられていた。しかし、逆にコロナが欧米向けの輸出ブームを中国にもたらしていた。

現在は、その反動が生じていることに加え、米中対立の激化によってグローバル企業が中国での生産ラインを縮小し、ASEANなどにシフトする動きも現れ始めている。第1節で論じた通り、日本を含め先進国への生産拠点の回帰も見られるが、米中対立で漁夫の利を得たのは、中立を決め込んだASEANである。もちろん、いずこの新興国も対中貿易の割合が圧倒的に大きく、米中のいずれかを選択するというのは、もとよりあり得なかった。

また、コロナ下で中国政府が厳しい行動規制を繰り返したため、グローバル企業は生産工程を中国に置くことは、効率的なグローバル・サプライチェーンを維持する上で、大きな障害になると考え始めた。そのことも生産工程をASEANや自国にシフトさせることにつながり、中国経済にとっては、輸出や生産のみならず、設備投資を抑制する無視し得ない要因となっている。

主力住宅購入年齢階層の人口減少

中国経済が足踏みする三番目の理由は、中国のGDPの4分の1を占めるとされる不動産セクターが深刻な不況に陥っていることである。直接の理由は、前述した通り、中国経済が輸出主導で持ち直していた2020年8月から21年前半にかけて、政府が過剰債務問題の温床である不動産セクターの締めつけを再開したことであった。その結果、不動産バブルが崩壊、深刻な不動産不況が訪れたため、締めつけを緩め、徐々に支援を進めているが、現在も不動産市況に底入れの兆しは見えない。

この不動産セクターの低迷には、雇用所得環境の回復の遅れという循環的な要因だけではなく、人口動態が大きく影響している。産児制限である「一人っ子政策」は1979年に導入された。

様々な弊害がもたらされることが認識されるようになってからも、監視のための巨大組織を作ったために、組織存続のため政治力が働き、政策が本来の役割を終えても、なかなか転換できなかった。ようやく「一人っ子政策」が撤廃されたのは2015年だった。しかし、一人っ子が中国の人々のライフスタイル、社会慣行、社会規範の前提となり、出生数の増加を政府が強く呼び掛けても、今なお出生率の低迷が続いている。

一人っ子政策の弊害の一つは、中国社会においては、夫婦が女児より男児を選好するため、社会全体では男性が女性よりかなり多く、結婚適齢期が訪れた際、配偶者を見つけることができない男性が増えていることである。同じタイミングで始まった改革開放の下で広がった経済格差と相俟って、所得が低いと婚姻も相当に難しくなっている。その結果、結婚前に住宅を確保することが婚姻成功の必要条件とされるようになった。実際、主力の住宅購入年齢は25－34歳と、比較的若い世代が購入している。

長く続いた産児制限で子供の数も限られ、また、都市戸籍を保有していなければ、社会保障サービスを享受できないため、人々が予備的動機で貯蓄を行い、その資金の受け皿が住宅・不動産であったことも、中国で住宅バブルが頻発する理由の一つだった。さらに、結婚のチャンスを高めるために住宅を購入することも、住宅需要を一段と押し上げ、住宅バブルが頻発しやすい環境を作っていた。しかし、図4－5にある通り、主力の住宅購入年齢である25－34歳の人口は2016年にピークを打った。また、それに先駆け、前出の図4－2で見た通り、生産年齢人口の減少も始まっていた。

図4－5　中国の住宅購入主力世代人口（25-34歳人口、国連推計）

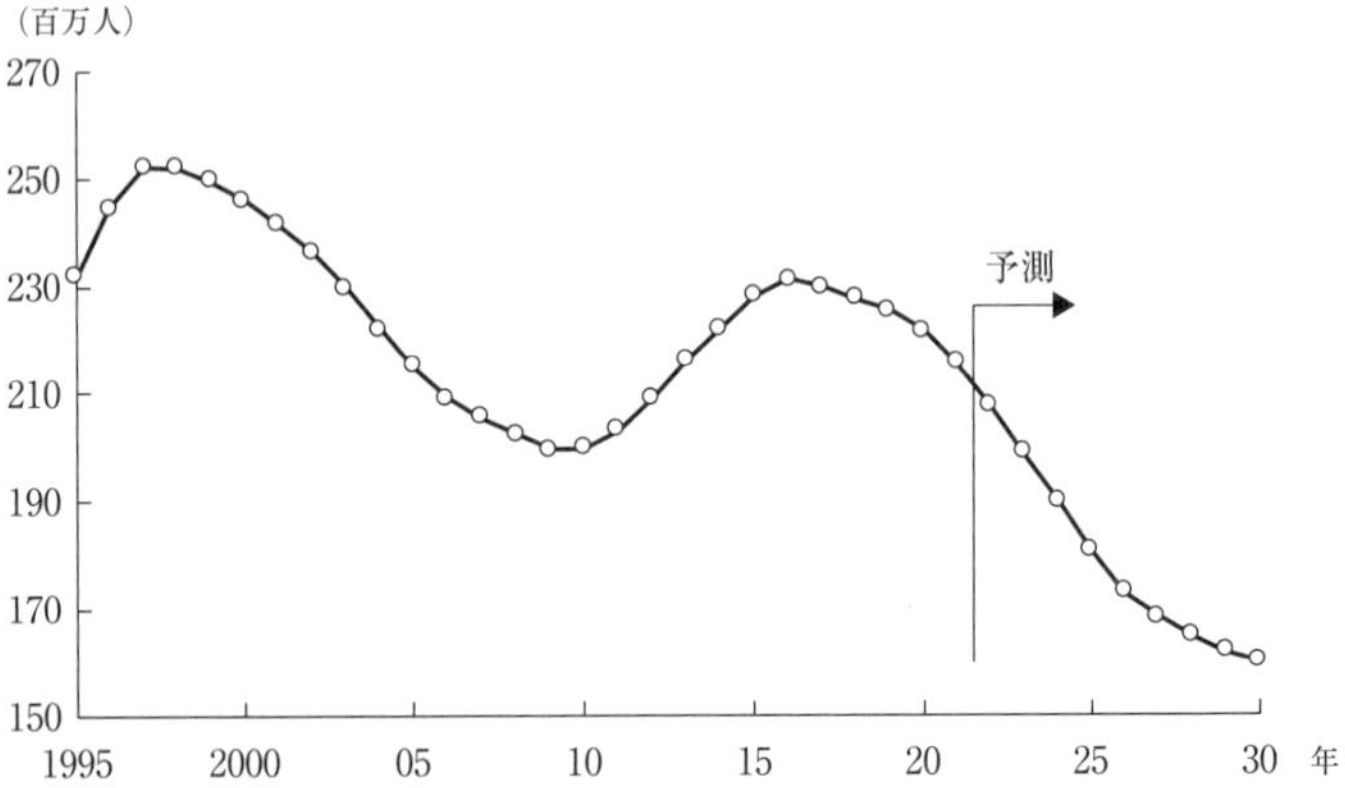

（出所）　Macrobond より、BNP パリバ証券作成

その後、住宅市場は低迷するようになり、住宅セクターは過剰債務問題に苦しむようになる。リストラを続けても、続けても、今年の住宅販売は昨年より減り、来年は今年よりさらに減少する。ただ、25－34歳の人口が減少し始めた段階においては、まだ最大の政治課題は、庶民にとって住宅価格が高すぎることであり、それを抑えることだった。2020年、21年において不動産業界に対して締めつけを強化したのは、同業界が抱える過剰債務問題への対応だけでなく、婚姻の成功に必須である住宅の購入価格が上昇を続けることへの社会の不満が極めて強かったためでもある。

もちろん、婚姻のハードルが高いのは、男女比が大きく崩れていることが原因なのであって、住宅価格が下落しても、ハードルの高さは変わらないはずである。(7)2021年末には中国最大手の不動産会社が債務不履行（デフォルト）に陥った。ただ、デフォルトしたとはいっても、倒産法制が

図４－６　中国のCPI（前年比）

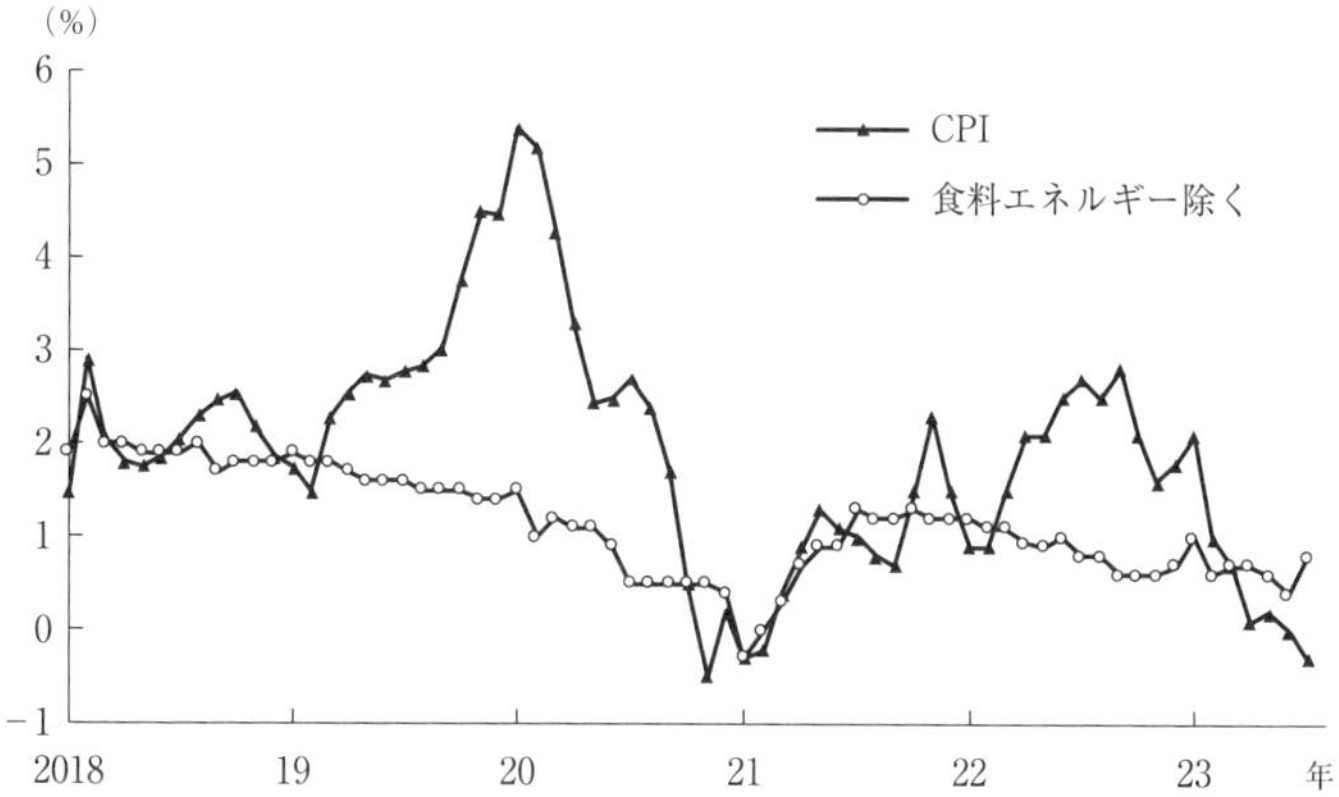

（出所）　Macrobondより、BNPパリバ証券作成

整備されていないため、文字通り、今日に至ってもなおゾンビの如く活動を続けている。

振り返ると、日本の不動産バブルは、団塊世代が日本における主力購入世代である40歳前後（35－44歳）に達した１９８０年代終盤から始まった。団塊世代がこの年齢階層から外れた90年代序盤にバブル崩壊が訪れ、その後、過剰債務、過剰設備問題で、日本経済は塗炭の苦しみを経験した。日本の不動産バブルは商業不動産が主たる震源だったとはいえ、人口動態がもたらす住宅需要も少なからず影響していたと思われる。

このようにマクロ経済全体では、人口動態の影響は、供給よりも需要に先行して影響が現れるのではなかろうか。それゆえに、生産年齢人口の減少が始まると、インフレ的ではなく、デフレ的な影響が現れるのだと思われる。これがグッドハートらの見逃した点である。

主要国の物価動向に逆行するかたちで、現在、中国では低インフレが続いている。7月の消費者物価は前年比マイナス0・3%と、マイナスの領域に入っている。ただし、エネルギーと食品を除くコアCPIは0・8%であり、ゼロ近傍だがプラスの領域にある（図4－6）。

中国経済はハードランディングに向かうのか

それでは、人口動態の重石を抱える中国経済はハードランディングを迎えるのか。人口動態の影響で潜在成長率が低下しているのなら、大規模な財政政策や金融緩和などのマクロ安定化政策を行っても、効果は持続せず、むしろ資源配分の歪みが潜在成長率に悪影響をもたらす。それが日本の経験である。

中国政府は、経済が大きく落ち込んだ際には、平準化のためにさほど規模の大きくはない経済政策を行っているが、景気が持ち直すと政策をすぐに打ち止めにする。この点は、日本の教訓を学んでいるように見える。いや、すでに、中国自身が2000年代末のグローバル金融危機の際に大規模な財政・金融緩和を行ったことで、深刻な過剰債務や過剰ストックを生み出した自らの反省に立っているのだろう。

もう一つの日本の教訓は、不良債権問題に対しては、金融機関への厳格な資産査定を行い、十分な引当を積み、自己資本が不足する際には、公的資金を導入するというものである。バブル崩壊後、そこにたどり着くまでに、日本は10年以上を要した。また、そうした施策を取ることは、過剰債務を抱える企業の倒産を受け入れることを意味するが、前述の通り、中国では倒産法制は整っておらず、とりわけ不動産セクターについては、巨大なゾンビ企業が今も徘徊している。ゾンビは新たなゾンビを生み出す。

社会の混乱を避けるために、時間をかけて問題を解決する、ということなのだろうが、その戦略は、潜在成長率が低下すれば、機能しない。日本は１９８０年代の４％の潜在成長率が継続すると考えたから、グローイングアウト戦略（経済成長による解決戦略）で対応可能だと考え、大規模な財政、金融政策を継続した。しかし、人口動態の影響で、潜在成長率は１９９０年代終盤には１％割れまで低下していた（図３－11を参照）。問題を放置すること自体も、（全要素）生産性上昇率の低迷を助長するとともに、資本蓄積を阻害し、潜在成長率を低下させていたのだと思われる。

不良債権問題の解決の手順は、前述した通り、すでに確立しているのであり、その意志さえあれば、最終的にはハードランディングは避けられる。１９９７－98年の日本の失敗の後、２００８年に米国が金融システム危機に陥ったのは、民主主義の政策形成過程においては、バブルで濡れ手に粟だった金融機関への公的資金の投入を有権者が許さなかったためである。日本が金融危機に陥ったのも、公的資金の投入を有権者が許さなかったからであった。

権威主義国家においては、指導者のリーダーシップは極めて強く、民主主義国家よりもスムーズな問題解決が可能と考える人が少なくない。筆者も基本的には、そう考えているが、権威主義国家においても、金融機関の救済に対する人々の反発が強ければ、危機的状況が実際に起こるまでは、公的資金の投入が容認されないということはあるだろう。２０１０年代に入って、中国政府が対外的に強権的対応を見せていたのは、習近平一強体制がそれをもたらしたというよりは、豊かになりナショナリズムの勃興で国民がそれを望んでいるからでもある。

２０００年代まで二桁成長を続けていた中国経済は、すでに２０１０年代前半には潜在成長率が大きく低下し始めており、現在は５％を割り込んでいると見られる。中国がグローバル経済を牽引するという姿は、この10年、観測されなくなっている。それに伴い、世界の貿易量も伸びは大きく低下している。潜在成長率の低下は止まらず、今後も中国がグローバル経済を牽引することは、まず考えられないだろう。

そのことは、中国の旺盛な需要によって、コモディティ価格が大きく上昇するということも、同じように予想されない、ということである。２０１０年代半ば以降もそうだったが、資源国が中国の高い成長によって、大きな恩恵を享受するということはもはやない、ということである。

これは、日本に対してどのようなインプリケーションを持つのか。中国の潜在成長率が鈍化を続けるということは、日本から中国への輸出もさほど期待できないことを意味するが、すでにこうした事態は２０１０年代半ばから始まっている。

朗報もある。中国の旺盛な需要によるコモディティ価格の上昇は、日本から資源国への所得移転を意味していた。もはや資源高が訪れないということであれば、それは日本が交易条件の悪化を回避することを意味し、総需要にはプラス効果をもたらすだろう。ただし、中国の爆買いはもはや訪れないとしても、米中新冷戦の下、地政学的要因が資源高をもたらすリスクは拭えない。

５％弱の滞在成長があれば、中国経済はハードランディングも、そして日本化も避けられると、筆者は考えている。ただ、一つ懸念されるのは、経済データの信頼性である。それは実態が対外的に隠蔽されているということではなく、意思決定者を含め、誰も真の経済の姿を掴んでいないというリスクである。

グッドハートらの重要な論考

チャールズ・グットハートたちは正しくグローバルインフレの到来を予想した。ただ、その理由に関しては、どうやら大きく見誤ったようだ。彼らのために若干弁明すると、経済は常に極めて複雑であって、開き直るわけではないが、多少の「見誤り」は経済予測の世界では日常茶飯である。逆に、理由は正しくとも、結果を間違うことも少なからずある。

とはいえ、グッドハートらの著作には読むべき点が多いことも付け加えておく必要があるだろう。それは、過去30年間続いた低インフレと低金利がグローバルな現象だったことを正しく指摘している点である。そのことは、先進国と新興国には多少のちがいがあるものの、また、中国という大きな例外はあるものの、現在のインフレもまたグローバルな現象であることを示唆する。

もし、グローバル金利が高止まりし、先進各国で名目長期金利が名目成長率を再び上回るようになれば、２０１０年代以降に積み上がった先進各国の公的債務の持続可能性に疑念が生じ、国際資本市場は大きな動揺を余儀なくされる。米国債の格下げが問題になっているが、党派的な対立は債務上限問題を引き起こすにとどまらず、最悪の場合、２０２４年大統領選挙の後に米国が内戦に陥るリスクがあることは、第3章で論じた通りである。

より重要な点は、その日本へのインプリケーションであろう。つまり、巨額の公的債務を抱える日本の長期金利の低位安定も、日銀の政策運営の巧みさのお陰ではなく、私たちが関知し得ないグローバルな現象であり、私たちは単に幸運なだけだったかもしれないということである。実際、グローバルインフレが訪れ、2022年から諸外国が利上げを繰り返すと、日銀が10年金利をゼロ近傍に抑え込んできた政策は、金融市場の大きな歪みや超円安をもたらすこととなった。

その結果、日銀は2022年12月に続き、23年7月もイールドカーブ・コントロールにおける10年金利のレンジ上限の引上げを余儀なくされた。それをもたらした力そのものに、日銀は働きかける能力を持ち合わせていないのは明らかである。

幸いにして、今のところは、グローバルインフレの終息が遅れても、名目成長率が名目金利を上回る状況は世界的に変わっていない。しかし、いずれにせよ、私たちがコントロールし得ない領域で、グローバルインフレやグローバル金利の水準を左右する大きな変化が起これば、その途端に日本の公的債務は制御不能な事態に陥るリスクがある。この点は改めて第5章で取り上げる。

人口動態の日本の物価への影響を整理する

さて、筆者は、これまで生産年齢人口減少の影響は、先行して支出（総需要）に強い悪影響が現れるため、インフレ的ではなく、デフレ的に作用すると論じてきた。こうした傾向は、今後もしばらく日本で続くのだろうか。

あるいは、どこかで労働供給の減少の影響が強まり、中立的に作用するようになるのか。そして、いずれかの段階で逆転し、インフレ的に作用するのか。たとえば、円安による輸入物価上昇が起点であったとはいえ、現在、インフレが長期化しているのは、日本国中で人手不足が深刻化しているからである。ついに労働供給の減少の影響が勝り始め、インフレ的に作用し始めたのかもしれない。物価には様々な要因が影響するから、人口動態の影響だけを取り出して考えるのは難しいが、どのように整理すればよいのだろうか。

まず、コロナ禍においても、高齢化によって労働市場からの退出が進み、人手不足傾向が徐々に広がっていたのは事実である。それが大きな問題として取り上げられてこなかったのは、感染症への警戒から、対面サービスを中心に、総需要が強く抑えられていたからである。

経済再開によって、２０２３年春頃からペントアップ需要やインバウンド需要が顕在化すると、一気にあらゆるところで人手不足が広がった。就業を継続していた団塊世代が２０２２年以降、ついに75歳になり始め、労働市場から完全に退出し始めたことも、人手不足を助長している。引退する人を補うために、採用を増やそうとしても、確保できるのは労働時間の短い人ばかりであり、頭数を揃えても、総労働時間を維持するのはもはや困難である。さらに２０２０年代半ば以降も労働市場からの大量の退出が続く。

筆者自身は、２０２０年より少し前に、総需要への悪影響が先行して現れる局面が終了し、物価に対しては、少なくとも中立的に作用する局面に移行していたのではないかと考えている。２０１７年から19年は、さほど高い成長ではなかったにもかかわらず、バブル期以来の超人手不足に陥り、非正規雇用の賃金も大きく上昇していた。早晩、それを超える超人手不足社会が常態化するのだろう。

低成長と高インフレの組合わせとなるリスク

筆者の仮説が正しいかどうかは、ペントアップ需要の一巡後も、かつてのゼロインフレに戻らず、一定程度のプラスのインフレが定着するかどうかで、明らかになるのだろう。いや、仮にまだそうした局面には到達していないとしても、現在のマクロ安定化政策を続けると、高めのインフレが続くリスクもあるだろう（人口動態の影響と相俟って、というべきかもしれないが）。

インフレ期待の上昇にもかかわらず、ゼロ金利政策を継続することは、実質金利のさらなる低下をもたらし、円安インフレを助長する。また、完全雇用にあると見られる中で、今後数年、防衛費や少子化対策関連で、財源を後回しにしたまま、岸田文雄政権は、大規模な歳出を先行させるが、そのこともインフレを助長する要因になるだろう。

過去四半世紀、日本では「低成長、ゼロインフレ、ゼロ金利」のデフレ均衡が続いてきた。労働市場からの退出が続き、供給能力の天井が低くなる中で、現在のマクロ安定化政策を続ければ、低成長だが高インフレの組合わせとなるのは避けられない。つまり、日本が直面するのは、スタグフレーションのリスクである。これらの問題を詳しく論じるため、第5章に移ろう。

補論　強欲インフレの意外な真実

(1)　強欲が原因ではなかった

強欲インフレとは

これまで、財政インフレや構造インフレ論を含め、グローバルインフレーションに関する米欧の有力な研究を紹介してきた。この補論で紹介するのは、欧米で社会的に大きな注目を集めた「グリードフレーション（強欲インフレ）」である。カーボンニュートラルのためのコストが上乗せされるという「グリーンフレーション」と発音が少し似ているが、こちらは「Greed（強欲）」であって、まったく異なるものである。

強欲インフレとは、企業が独占的な価格支配力を通じて、生産コストの増加よりも高く、または速く価格を引き上げる、というものである。経済学者のロバート・ライシュが2022年4月に行った以下の議会証言が端的にその性質を示す。ライシュは「企業は潤沢な資金を持っているのに、なぜ値上げするのか。部品や部材の調達コストや人件費が増加しているというだけで価格を引き上げるわけではない……健全な競争環境の中で記録的な利益を享受している企業は、これらのコストを吸収するだろう……しかし、現実には意味のある競争に直面していないので、企業は価格を引き上げることができる」と述べている。

大企業の儲けすぎが影響しているのか

拙著『成長の臨界』で詳しく論じた通り、2000年代以降の労働分配率の低下トレンドには、ITデジタル技術を駆使した大企業の価格支配力が高まったことが背景にあった。それは、ITデジタル企業だけに留まらず、非ITデジタル企業でも観察されたことであり、反トラスト法の緩和など1980年代の競争政策の緩和と1990年代後半以降のITデジタル革命が大きく影響していると考えられてきた。

ただ、それはあくまで価格水準の話であって、問題は、今回のグローバルインフレも彼らの価格支配力の上昇が大きく影響しているのか、ということである。EUが米国のプラットフォーマーなど独占企業の稼ぎすぎを問題視しているため、ECBもグリードフレーションに批判的だが、実態はどうだろう。

以下は、カンザスシティ連銀の3名のエコノミスト（アンドリュー・グローバー、ホセ・ムストレ・デル・ロー、アリス・フォン・エンデ・ベッカー）が2023年1月にまとめた論文「過去最高の企業利益は最近のインフレにどれだけ影響したか（How Much Have Record Corporate Profits Contributed to Recent Inflation?）」の妙訳に筆者のコメントを加えたものである。[8]

結論は意外で、高いインフレは企業の強欲さが原因ではなかったことが示されるが、それだけでなく、今後、もしインフレが落ち着いていくとすれば、それは同論文が示すインフレのメカニズムが影響している可能性がある。以下、専門的な議論であるため、ポイントとインプリケーションを手短に知りたい読者は、論文のまとめとなる本項を読んだ後、⑵項を読み飛ばし、⑶項の「今後の日米欧へのインプリケーション」に移っていただければ幸いである。

マークアップは上昇したあと、低下

高インフレの中で、たしかに大企業は高収益をこれまでのところは上げてきたが、利益とインフレは会計上、直接的な関係はない。とはいえ、インフレは、マークアップ（＝「企業が設定する販売価格」÷「限界費用」）の変化に直接影響される。利幅というべきかもしれないが、経済学ではマークアップという呼び名が一般的であるから、本書でもマークアップと呼ぶ。このマークアップの定義式を書き換え、伸び率で考えると、販売価格の変化率は、マークアップの変化率と限界費用変化率の合計となる。「企業が設定する価格の変化率」＝「マークアップの変化率」＋「限界費用の変化率」である。企業がマークアップを引き上げれば、たしかに販売価格は上昇する。

経済理論でも、消費者の需要の価格感応度が低下したり、競争環境が低下し独占力が増すと、マークアップは上昇すると考えられてきた。また、企業が現在の在庫を置き換える際、より高いコストを要すると予想する、あるいは、将来、限界費用が上昇すると想定する場合、将来時点で価格を急に引き上げるのではなく、前もってスムーズに引き上げ、当初はマークアップが上昇するケースも考えられる。そして実際に限界費用が上がってくれれば、マークアップは低下する。この場合は、強欲インフレとは言えない。

グローバーらは、2021年のマークアップの変化率を推定し、その要因を分析しているが、たしかにマークアップ変化率、つまり利幅の拡大が2021年の高インフレの主な要因であった。具体的には、マークアップは2021年に年間で3・4%上昇したが、PCEデフレーターで測定されるインフレは5・8%であり、マークアップの変化が2021年のインフレの半分以上を占めていた。コロナ危機に至るまでの10年間で、マークアップがインフレにほとんど影響しなかったという事実を考えると、これほど高いマークアップの上昇は顕著である。

推計は、マークアップの変化率が2021年の高インフレの主要因であったことを示すが、マークアップがこれほど急速に変化した理由を示すわけではない。その理由に関してグローバーらは、マークアップが変化したタイミングと業界横断的なパターンから、マークアップの変化は独占力上昇や需要の増加が原因ではなく、企業が将来のコスト増を見越して価格を引き上げた、というエビデンスを提示している。

第一に、マークアップが変化したのは、パンデミック初期と2021年であり、このタイミングは、2021年後半のインフレの急上昇と合致していない。マークアップが最も上昇したのは2020年から21年第1四半期までであり、21年後半には低下している。したがって、高インフレは、パンデミックが始まった後、価格支配力がさらに増して生じたとは説明できない。

第二に、需要の増加に直面して独占企業が価格を引き上げることで、マークアップの変化を主導する場合、足元の需要の増加が大きい企業ほどマークアップが大きくなるはずである。しかし現実には、マークアップの上昇は、需要動向にかかわらず幅広い業界で生じている。この結果は、マークアップの上昇が、特に短期的な将来のインフレ期待が高まる時期に発生した場合、将来のインフレ圧力上昇のシグナルとなる可能性を示唆している。物価上昇が起こる前に中央銀行がその情報を得ることができる、ということである。

(2) カンザスシティ連銀論文の詳細

以下、セクションⅠでは、限界費用と需要を一定とした上で、独占企業による価格設定のミクロ経済理論をレビューする。セクションⅡでは、産業横断的なマークアップの変化率の推定値の推移を示す。セクションⅢでは、企業が足元の価格を設定する際、将来の限界費用を考慮することをモデルに組み込み、予想される将来の限界費用の上昇が、現在のマークアップの上昇とそれに続く将来のマークアップの低下を通じて、インフレにどのように影響するかを実証する。

セクションⅠ：価格変化とマークアップの変化

企業間の独占力の上昇は、2021年のインフレの急増の一般的な説明であり、それは企業利益が同時に拡大した、という事実に支えられている。独占力がマークアップを高めるメカニズムを確認するために、補論図1ではまず、企業の限界費用を固定した価格設定の標準的な独占モデルで、マークアップがどのように決定されるかを示す。実線は、独占企業の製品価格が下がれば、消費者がより多く購入することを示している（需要曲線）。破線は、独占企業が販売を一単位増やすたびに、受け取る限界収益が低下していくことを示している（限界収入曲線）。最後に、X軸に平行な実線（横線）は、限界費用を示している（限界費用曲線）。

利益を最大化しようとする独占企業は、限界収益と限界費用を等しくする価格を選択するため、

補論図1　独占企業の価格設定行動

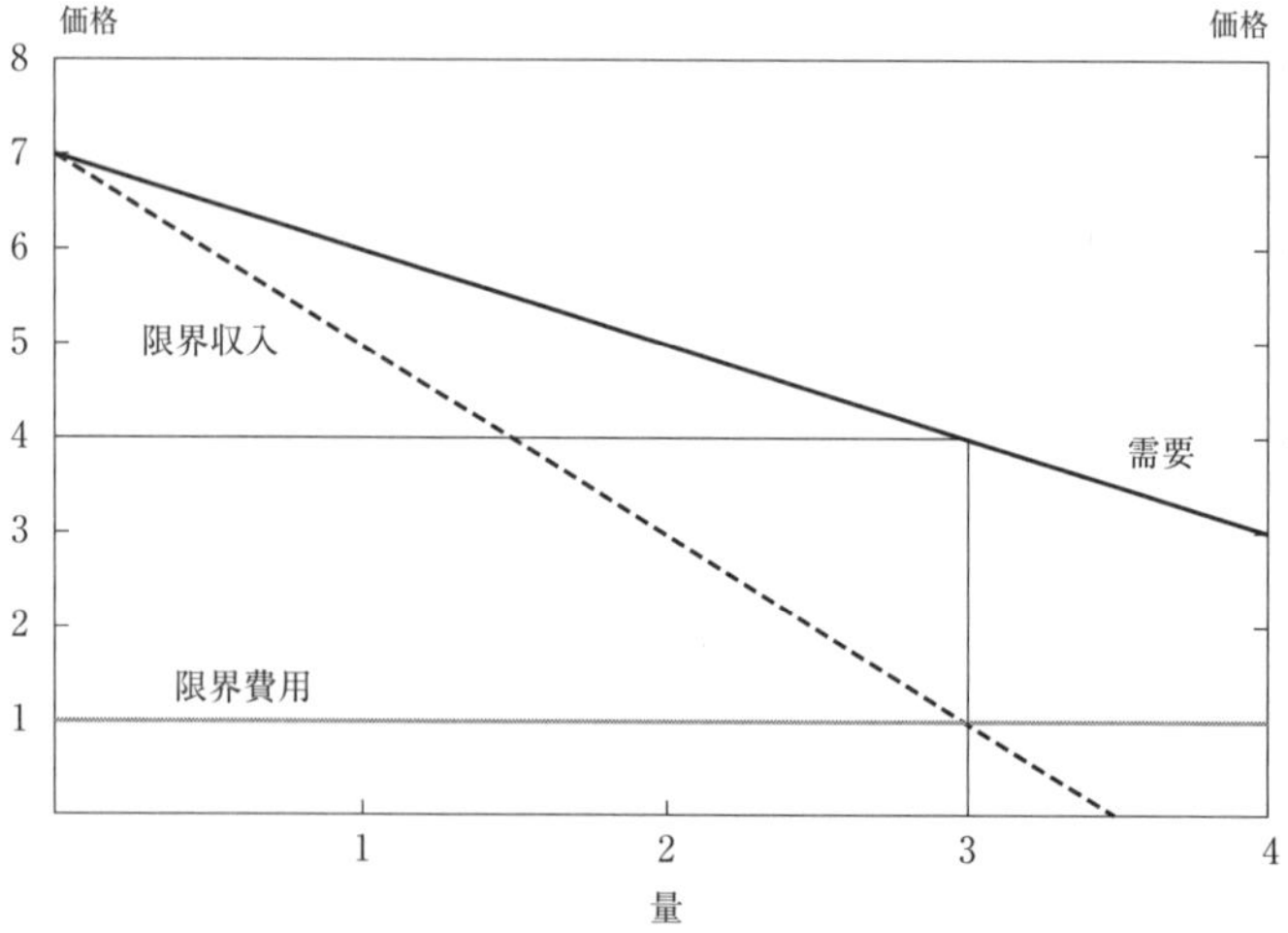

（出所）カンザスシティ連銀論文をもとに、BNPパリバ証券作成

そこからの価格変更は利益の低下につながる。たとえば、補論図1では、独占企業が単価を4ドルに設定した場合、消費者は3単位の財を購入する。独占企業の生産費用は1単位あたり1ドルであるため、1単位あたり3ドルの利益が発生し、利益は合計で9ドルとなる。また、マークアップは4となる（4ドル／1ドル＝4）。

この価格は限界収益と限界費用を一致させ、独占企業の利益を最大化する。仮に独占企業が価格を3ドルに下げる場合、販売数は3単位ではなく4単位になるが、1単位あたりの利益は2ドルに下がり、合計利益は9ドルではなく8ドル、マークアップは3になる（3ドル／1ドル＝3）。同様に、独占企業が価格を5ドルに上げる場合、1単位あたり4ドルの利益を得るが、その価格では2単位しか販売できないの

補論図２　限界費用増加の独占価格への影響

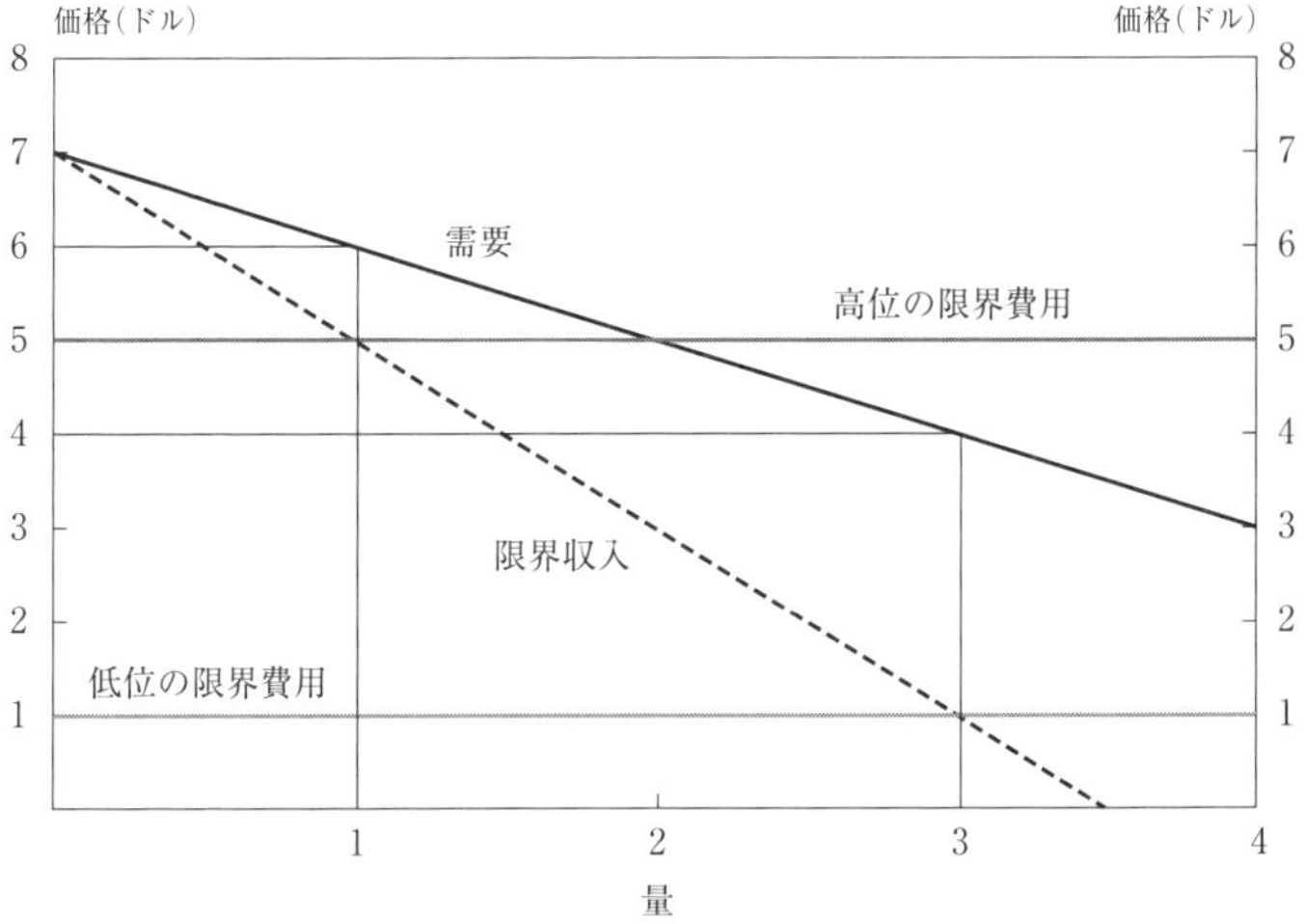

（出所）　カンザスシティ連銀論文をもとに、BNPパリバ証券作成

で、合計利益は８ドル、マークアップは５となる（５ドル／１ドル＝５）。値段を上げると、需要が低下するため、マークアップが上昇しても、必ずしも利益が増えるわけではない。

限界費用の上昇と需要増加がもたらすマークアップへの影響

補論図２と補論図３は、限界費用の増加または需要の増加のいずれかが起こった場合、独占企業がどのように価格を引き上げるかを示すことで、マークアップとコストがどのようにインフレに影響するかを示している。補論図２は、限界費用が１ドルから５ドルに増加すると、単価が４ドルから６ドルに２ドル上昇することを示している。この場合、マークアップは４から１・２に低下する（６ドル／５ドル＝

補論図3　需要変化の独占価格への影響

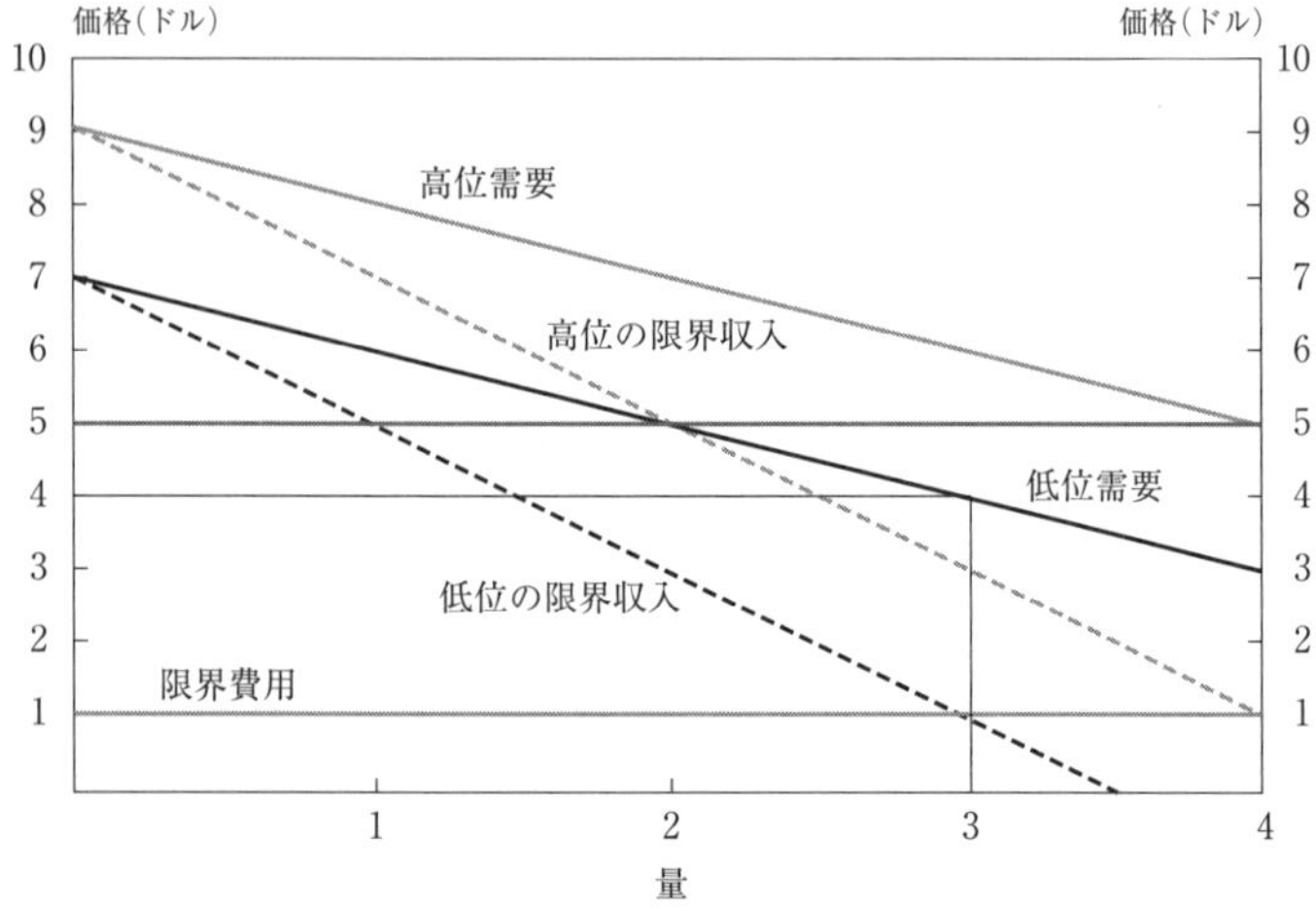

（出所）　カンザスシティ連銀論文をもとに、BNPパリバ証券作成

1・2）。価格が上昇しても、それは限界費用の上昇が原因であり、マークアップはむしろ低下する。

対照的に補論図3では需要の増加によって、価格が4ドルから5ドルに上昇する。この場合、企業のマークアップは4から5に増加するため、補論図3の価格水準の上昇は、完全に企業のマークアップの上昇によるものとなる。

要約すると、企業が利益最大化のために価格を調整する場合、企業の現在の限界費用の変化や製品需要の変化がインフレに影響する可能性がある。販売価格の変化は限界費用の変化と企業のマークアップの変化の複合効果である。シンプルなモデルでは、マークアップの変化がインフレ要因になるケースとならないケースがある場合を示している。独占企業の限界費用が増加するとマークアップは低下するが、独占企業の製品に対する需要が増加するとマークアップは上昇する。

セクションII：平均マークアップの見積り

セクションIではマークアップの変化をシンプルなモデルで示したが、現実の経済におけるマークアップの変化率の測定は困難を伴う。第一に、企業の限界生産費用に関するデータは入手できず、代わりに利用される総コストの測定値は名目値でしか観察できない。第二に、企業レベルで収集されたデータは、企業が決めた実際の価格や生産する商品の数量ではなく、総売上高である。

こうした問題に対し、企業の限界費用を生産コストの一定比率と仮定し、マークアップの変化率を推計した。具体的には、人件費や光熱費などの変動費を限界費用と見なした。

売上高と変動費の比率から、企業のマークアップを推計する。米国の上場企業の個別企業レベルの四半期データを用いて推計したが、これらのデータは、マークアップを推定するために広く使用されており、主に二つの利点がある。第一に、個別企業レベルでマークアップを推定し、部門レベルで平均を計算できる。第二に、そこには、マークアップを推定するための基礎となる総変動費の直接推定値（「販売された商品の費用」）が含まれている。

インフレは独占力の影響ではなかった

補論図４は、２０１１年から２０２１年までの、各企業の売上の割合で加重平均した平均マーク

補論図４　マークアップの変化の推移

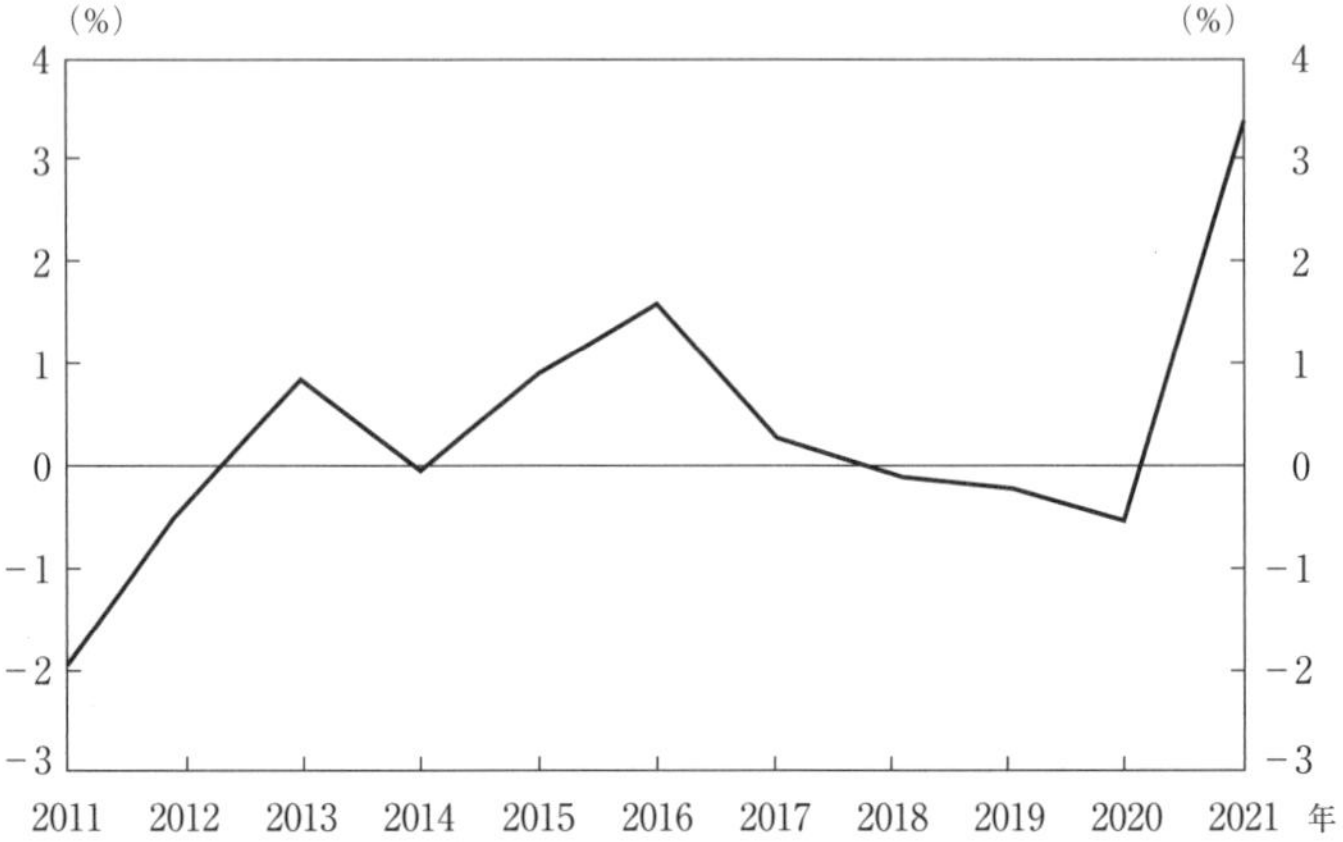

（出所）カンザスシティ連銀論文をもとに、BNP パリバ証券作成

アップの変化率をプロットしたものである。パンデミック前の10年間はほぼ横ばいで、２０２０年に０・５％減少した後、マークアップは２０２１年に３・４％増加した。これは、５・８％のＰＣＥ（個人消費支出）デフレーターの半分以上であり、マークアップの変化が２０２１年のインフレに多大な影響をもたらしたことを示唆している。過去10年間は、限界費用の上昇がインフレの主因であり、マークアップ変化率は平均０・42％（その期間の平均ＰＣＥデフレーターの３分の１未満）に留まっていたから、今回、マークアップの影響はかなり顕著である。

　マークアップの変化のタイミングを見ると、より細かな話がわかる。補論図５は、四半期ごとのＰＣＥデフレーターとマークアップの変化率の推移を示している。四半期ごとのマークアップ変化率が最も高かったのは２０２１年１－３月で、年率16％近くとなったが、インフレ率は年率で

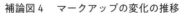

補論図５　マークアップとPCEデフレーターの四半期推移

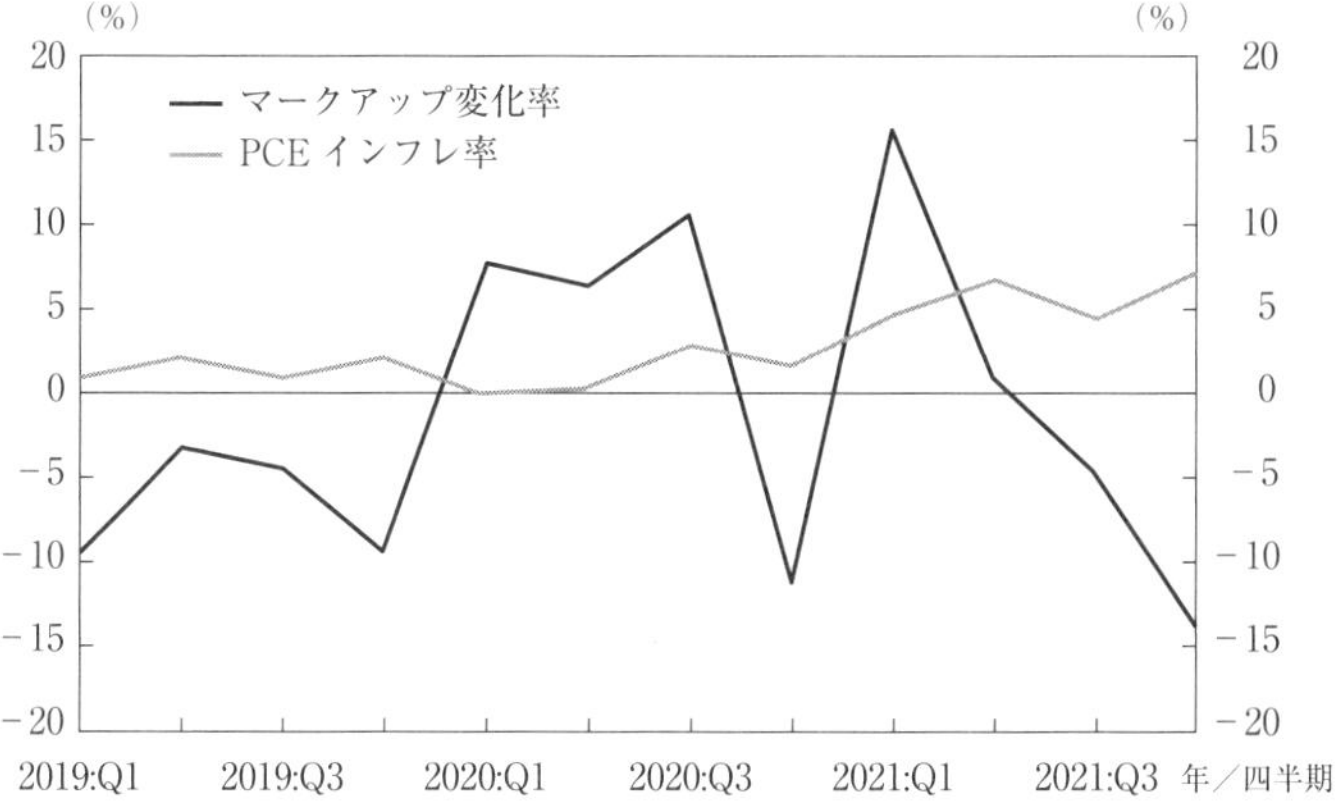

（出所）カンザスシティ連銀論文をもとに、BNPパリバ証券作成

4・6%に留まっていた。さらに、マークアップは2021年後半に低下したが、インフレは加速した。これは、近年のマークアップの高い変化率の原因が、独占力の上昇ではなかったことを示唆している。

セクションⅠで示したように、独占力が変わらなくても、需要の変化がマークアップを押し上げることもある。しかし、需要の増加がマークアップの変動を引き起こしているのなら、強い需要に直面した産業は需要の弱い産業よりも価格上昇率が高く、マークアップの上昇率も高くなっていたはずである。

需要の強さにかかわらずマークアップが変化

財とサービスは、補論図6の左の3つのデータが示すように、2020年と2021年に異なるインフレを経験した。耐久財のインフレ率は11%近くに急上昇し、非耐久財のインフレ率は

補論図6　産業別のインフレとマークアップ

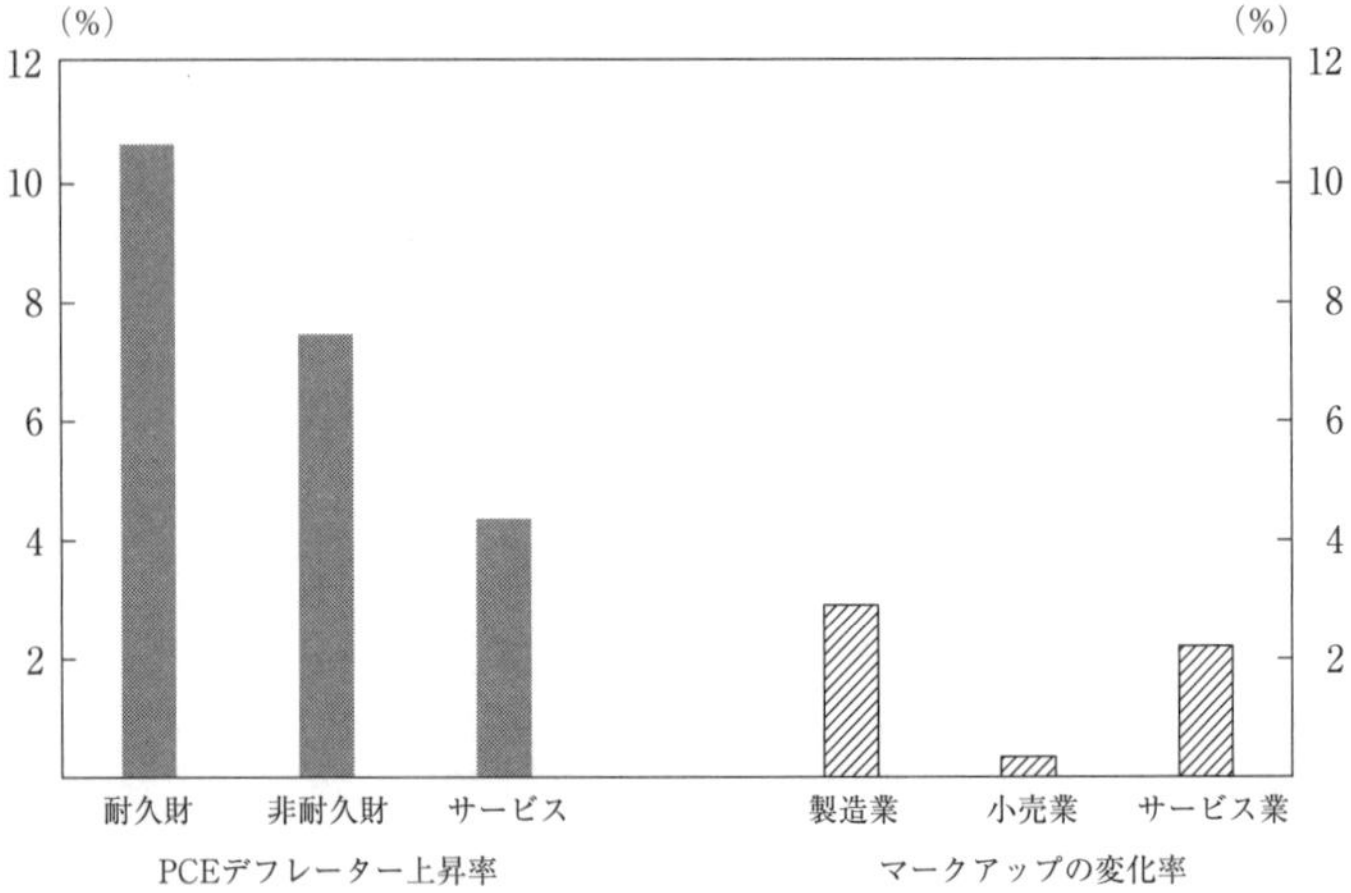

(出所)　カンザスシティ連銀論文をもとに、BNP パリバ証券作成

7・4%となったが、サービスのインフレ率は4・3%と比較的低かった。これらのちがいは、耐久財への支出はサービスへの支出と比較して感染リスクが比較的低いため、2021年に感染リスクが継続する中で、相対的な需要の変化が起こったことを反映している可能性が高い。

しかし、補論図6の右の3つのデータは、異なる産業のマークアップの変化パターンが非常に似通っていたことを示している。マークアップの上昇率は製造業が2・90%で、サービス業の2・20%をわずかに上回っただけで、マークアップの伸びが最も小さかった小売業は0・33%だった。インフレ率に大きな差があるにもかかわらず、マークアップの変化率に大きな差がないということは、パンデミックの影響で相対的に需要が最も大きく増加した産業で、利幅(マークアップ)が上昇しインフレを加速させたという単純なお話とは異なるだろう。

セクションⅢ：費用の増加見通しが価格引上げにつながった

２０２１年にマークアップの上昇率は高かったが、セクションⅡでの検証は、独占力や消費者の需要の強さを利用した企業が「グリードフレーション」を引き起こしたという単純な説明に疑問を投げかける。むしろ企業が将来予想される価格上昇を円滑にするために、現在のマークアップを引き上げた、という説明と合致する可能性がある。全体のマークアップ上昇率と同様の瘤形が業界横断的に観察されるが、そうした動きは、近い将来、高い限界費用が予想され、企業がゆっくりと販売価格を調整するという標準的なマクロ経済モデルでも生じる現象である。

将来の限界費用が増加するという企業の予想の変化に応じて、マークアップがどのように変化するかを理解するため、今度は、生産と販売を2期間とし、さらに価格に粘着性を持たせた理論モデルに拡張する。今年の限界費用は1ドルだが（補論図１）、翌年には5ドルまで上昇すると予想する企業を前提に考えてみよう（補論図２）。価格の調整に費用がかかるか、あるいは消費者が頻繁な価格変更を嫌うかのいずれかの理由で、この企業が価格を設定するのは、２年間で1回だけと仮定する。

グリードフレーションではなく予想された限界費用の上昇を反映させた

補論図7は、企業が販売価格を4ドルから6ドルの範囲で決定した際の利益の推移を示してい

補論図７　２年間価格が固定された場合の独占企業の利益

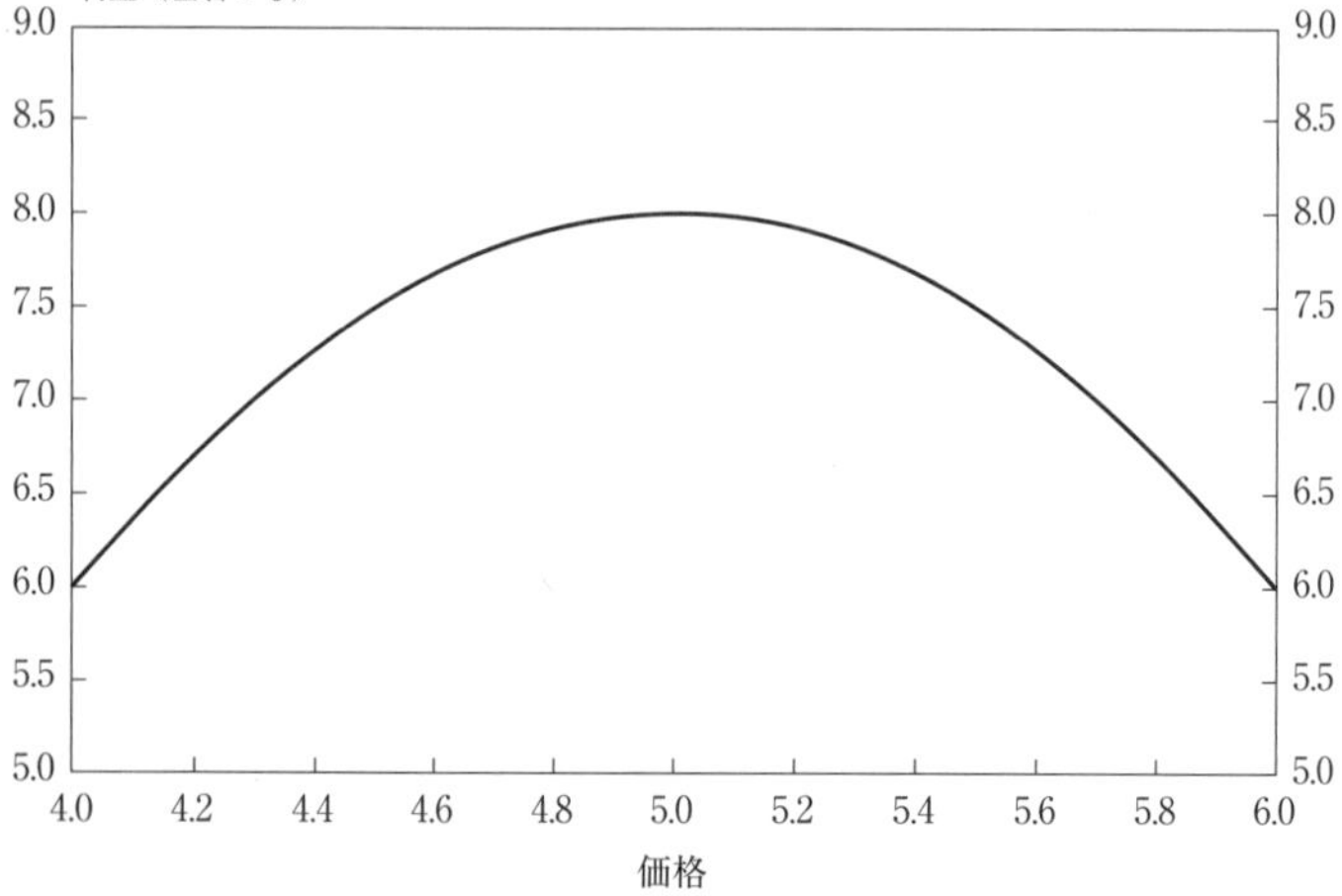

（出所）　カンザスシティ連銀論文をもとに、BNP パリバ証券作成

る。４ドルというのは、限界費用が１ドルの場合、利益を最大化することができる販売価格であり、６ドルは、限界費用が５ドルの場合、利益を最大化することができる販売価格である。１年目は４ドル、２年目は６ドルに販売価格を設定すれば、合計６ドルの利益が発生する。価格設定が一回限りの場合、５ドルに価格を設定すると、利益は２年間で８ドルに上昇する。これは実質的に、２年間の限界費用の平均を限界収益に等しくさせ、それによって総利益を最大化させるということである。したがって、当初はマークアップが高くなる。初年度の限界費用は１ドルだから、販売価格が５ドルであれば、当初、マークアップは５になる。しかし、２年目にはマークアップが低下する。限界費用が５ドルに上昇し、価格は５ドルのままだから、マークアップ

補論図8　動学的均衡モデルにおけるインフレとマークアップの変化

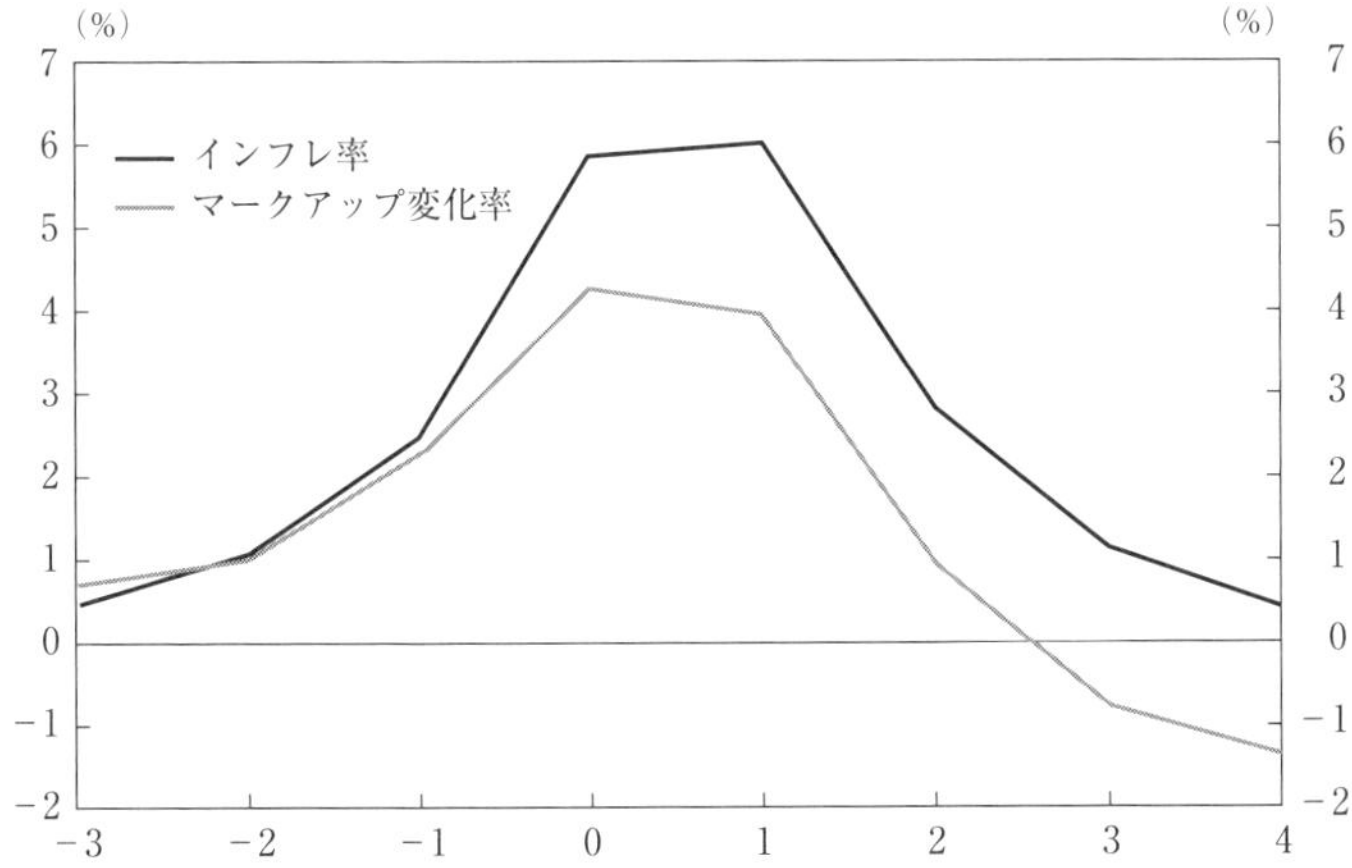

（出所）　カンザスシティ連銀論文をもとに、BNPパリバ証券作成

は1である。

この単純な計算例は、将来の限界費用が増加するという予想が、マークアップの変化を通じて、現在のインフレ率を上昇させる可能性があることを示している。政策当局者が用いる動学的均衡モデルははるかに複雑で、そこでは企業が多くの期間にわたって価格設定に関与し、家計は消費と労働供給の決定を行い（つまり企業の需要と賃金コストが決定され）、金融政策はインフレに応じて金利を変更する（そして金利の変動が家計支出に影響を与える）。

補論図8は、インフレ率とマークアップの変化率を示しているが、これは、インフレ率が上昇したときに中央銀行が金利を上昇させる金融政策ルールに従い、価格、生産、金利がすべて同時決定されるモデルから得られたものである。このシミュレーションでは、企業は限界費用が1年で10％上昇した後、ゆっくりと縮小し、2年後には正常に戻ることを認識している。将来を見越し、すぐに販売価格を引き上げ始めるが、これがマークアップの上昇とインフレにつながる。さらに、モデルでは、インフレの上昇は中央銀行の利上げを招き、それによって雇用が減少し、実質賃金の低下を通じて限界費用が削減される。

それらの結果、マークアップ上昇率は、最初はインフレの要因の100％以上を占めることになる。しかし、その後、限界費用が上昇すると、インフレはマークアップ変化率よりも高くなり、最終的にマークアップは低下し始める。こうしたマークアップの変化率のインフレへの寄与は、2021年のインフレとマークアップの四半期ごとの変動パターンと著しく類似している。さらに、当初のマークアップ主導のインフレの上昇は、後の限界費用の増加を予感させ、インフレの継続的な上昇を示唆している。全体として、このシミュレーション結果が2021年からの四半期データと一致しているのは、2021年のインフレに対するマークアップの大きな影響が、2022年に観察された継続的なインフレの前兆であった可能性を示唆している。

(3) 今後の日米欧へのインプリケーション

マークアップ上昇はグリードフレーションを意味しない

高インフレの到来とともに、マークアップが大きく上昇したため、米国では、企業の儲けすぎが注目され、グリードフレーションが疑われた。しかし、グローバーらカンザスシティ連銀のエコノミストの研究によれば、それは、労働需給の逼迫から、将来の賃金上昇など、コスト増を予想した企業が、先回りして価格を引き上げたのであって、実際にコストが増加すると、マークアップはむしろ低下したことが示されている。マークアップは継続的に上昇したのではなく、グリードフレーションではなかったということである。

仮にグリードフレーションであり、高い水準のマークアップが維持されたのなら、その後も人件費上昇などのコスト高が再び価格に転嫁され、賃金上昇とインフレのスパイラルが懸念されるところだったが、そうではなかった、ということである。いや、独占力が強いのなら、限界費用が大きく上昇しても、消費者の需要の感応度に応じ、利益最大化を図るため、コスト増のすべてを価格転嫁しないというのが独占の理論が示すところである。企業がグリーディであっても、消費者の購買力を悪化させるグリードフレーションを引き起こすというのは理論的にもともと矛盾していたのである。

現実にも、賃金とインフレのスパイラル的な上昇が生じることは、当初から懸念されておらず、焦点となったのは、ピークアウトしたインフレが高い水準で下げ渋り、それが長期化するかどうかだった。実際、２０２１年春から始まった高インフレは、２年半を超え長引いているが、ようやく、ここにきて鎮静化の兆しが見え始めている。ただし、水準は依然として高く、それが長期化しているため、長期のインフレ期待が徐々に上昇してきた可能性はあるだろう。

利上げで一気にインフレを目標水準まで低下させようとすれば、第３章で筆者が詳しく論じたように、金融システムを不安定化させる事態も懸念される。それゆえ中央銀行は、多少の高めのインフレなら甘受し、当初想定したよりも長い時間をかけて、２％への復帰を目指す戦略に切り替えたのだと思われる。それは、ある意味でインフレ期待の多少の上振れを容認することと同じである。

また、今回のグローバルインフレを通じて、結局、低い（長期）自然利子率には大きな変化は見られなかった。これは第5章のテーマの一つだが、世界的な長寿化の影響や、安全資産を供給できない新興国からの強い需要もあって、先進国の実質ベースの国債金利は相当に低い水準が続いている。そのことは、将来、不況が訪れた際、米国も実効下限制約に再び直面するリスクがなお残存することを意味する。そうした事態を考慮するなら、インフレ期待のある程度の上振れは、むしろ望ましいということにもなるが、どうだろう。

もちろん、2％インフレをゴールとすることに変わりはないと思われるが、FRBは、PCEコアインフレが3％を割ってくれれば、それが物価安定の範囲内であることを示唆するようになるのではないか。無理をせずとも、景気循環の過程で、幾度かの不況を経験することによって、インフレ期待が2％程度に落ち着くことを待つというオポチュニスティック・アプローチ（機会主義的アプローチ）が取られる可能性もあるだろう。ただ、第3章で論じたように、財政インフレということになれば、私たちは、まったく異なる別の経路をたどることになる。

欧州版グリードフレーションの真実

欧州では、第2章で論じたように、コロナ禍をきっかけに人々の働き方が大きく変わり、とりわけホワイトカラー業務で、労働時間が短くなっている。米国のように、コロナ禍を契機に多くの高齢者が引退したわけではない。それにもかかわらず労働需給の逼迫が続いているのは、リモート

補論図９　ユーロ圏の消費者物価と賃金（前年比、％）

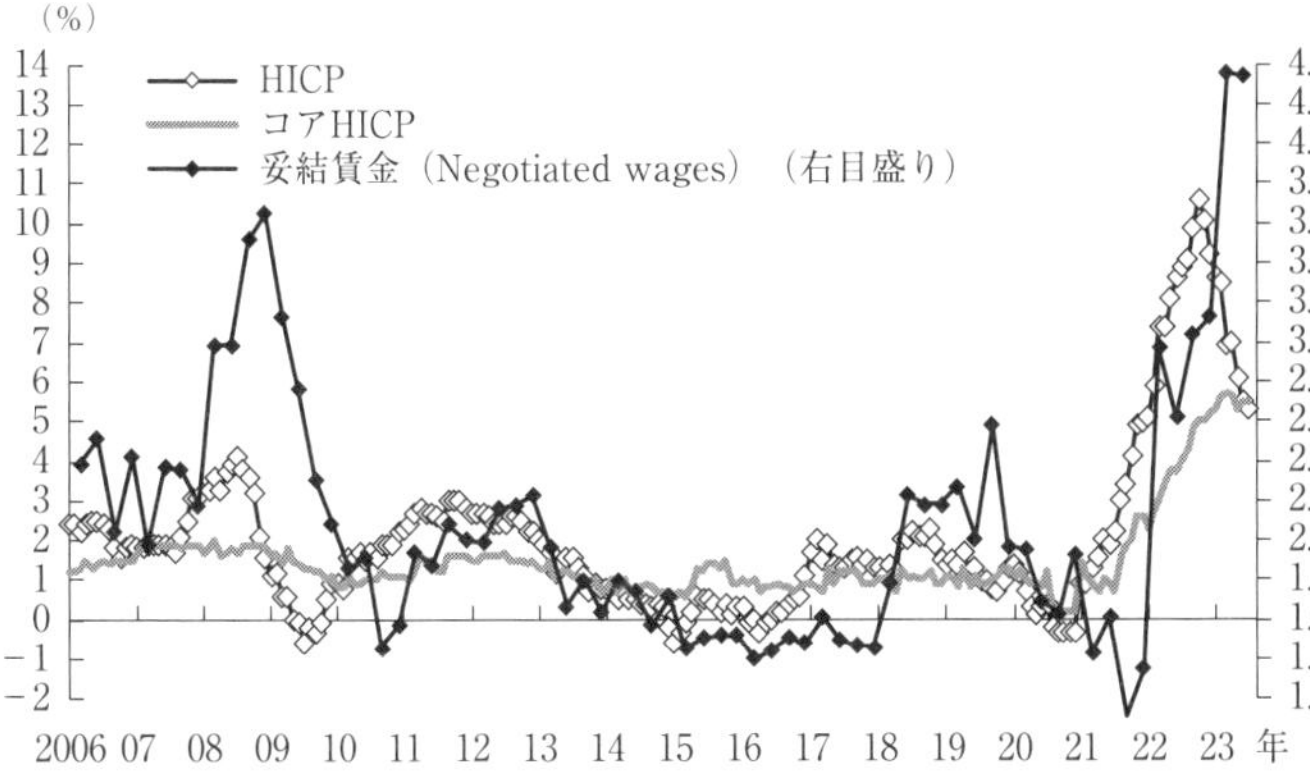

（出所）　Macrobond より、BNP パリバ証券作成

ワークなどが定着し、労働時間が短くなっているためである。

もともと欧州では、物価高による実質賃金の目減りを補うような社会民主的な労使の賃上げ慣行が存在していた。このため、ウクライナ戦争がもたらしたエネルギー価格の上昇などに対応して、大幅な賃上げが行われていた。これに加えて、コロナ後も労働時間が短くなっているということは、時間あたり実質賃金はあまり低下していない、むしろ上昇している可能性がある。つまり、企業にとり、ユニット・レイバーコスト（生産一単位あたりの労働コスト）は上昇している。現在は、コロナ終息後のペントアップ需要もあって、企業の収益率は高いが、それが一巡すれば、企業の収益率が大きく低下するおそれがある。

グローバーらの米国の分析から推論すれば、欧州では労働時間の短縮化が進んでおり、ユニット・レイバーコストの継続的な大幅上昇が予想されるため、企業がマークアップを先回りして引上げている可能性があるというのが、現段階での筆者の仮説である。欧州で起こっていることは、企業が強欲になったのではなく、労働者が怠け者になったということではないだろうか。「レイジーフレーション」である。

いずれにせよ、賃金決定において、物価高による実質賃金の目減りを補う欧州の社会慣行が、「物価高→賃上げ→物価高」の二次的波及をもたらすリスクは残り、米国よりも高インフレが長引く可能性があるだろう（補論図9）。

日本のマークアップの上昇

最後に、日本へのインプリケーションについて。ゼロインフレノルムが強固だった日本では、長らくマークアップは低下トレンドが続いていた。それでも何とか利益率が確保されてきたのは、マークアップの低下を賃金抑制で補ってきたからである。そのことは、経済学者の青木浩介らの研究によってすでに明らかにされている。とりわけ2020年までのマークアップの低下と賃金抑制は、非製造業の小企業でその傾向が強かったことが示されている。

研究は2020年までだが、現在、日本で想定されていた以上に物価上昇が長引き、賃上げが進んでいるのは、それまでの巻き戻しが起こっているからだと推察される。すなわち、グローバルインフレを梃に、マークアップが引き上げられ、それを原資に、賃上げが行われているということである。ただし、人手不足倒産を避けるための賃上げは、中小企業にとり、ギリギリのものであると見られ、実質賃金の上昇はほとんど期待できないであろう。

マクロ経済的にみても、物価高による実質賃金の目減りが、名目賃上げで何とか補われる程度であって、とても現段階では、好循環とは言えないのだと思われる。第1章でも論じた通り、当面、実質賃金は下落が続き、落ち着いても上昇率はゼロ近傍に留まるのではないか。

従来、ゼロインフレノルムの下、ゼロ近傍のインフレとゼロ近傍のベアが観測されてきた。今後、インフレ期待が2%程度で定着するのなら、2%程度のインフレと2%程度のベア（定昇を含むと3%台半ば）が続く可能性がある。その際、実質賃金が上がる人も多数現れるだろうが、同時に、下がる人も多数現れ、全体で見れば、おおむね実質賃金上昇率はゼロ近傍というところではなかろうか。インフレ期待が上がったからと言っても、生産性上昇率が改善するわけではないから、それも当然であろう(9)。

第4章　注

（1）「トゥキディデスの罠」そのものを論じたのは、政治学者のグレアム・アリソンである。

（2）第1章で論じた通り、日本の家計も２０２１年半ばまでは、ゼロインフレの下で、物価が安定していると認識していた。

（3）経済産業省は『通商白書２００６』で、「『可処分所得』拡大を図るための『持続する成長力』の源泉としては、ＧＤＰ成長のための、①生産性の向上、②十分な資本投入の確保、③労働参加の推進、に加え、④所得収支の拡大が重要となる。特に、急速な少子高齢化に直面する我が国は、①生産性の向上と、②『複線的』構造に基づいた所得収支の拡大が重要なカギとなる」としている。日本銀行は２０１６年の日銀レビューは、抑えた筆致ながら、「わが国企業において①財の輸出からサービスの輸出へのシフトの動きがみられるとともに、②これまで蓄積してきた対外資産というストックでいかに稼いでいくかが重要性を増してきている」としている。

（4）Ｗｅｂ３についての記述は、経済学者の市橋翔太の論考を参考にした。

（5）ＳＮＳでは、ゲートキーパー（門番）が不在であり、チェック機能が働かず、ホモフィリー（似たもの同士）による同質的な意見の増幅が起こり、誤った情報が拡散される。そうした汚染された情報に対するニーズは、残念ながら人間の本能として、なくなることはないが、そうなると、一方で客観的な情報へのニーズもますます高まると思われる。「インフォカリプス」に陥ったとき、そこから抜け出すために、ブロックチェーンをベースとしたＷｅｂ３の時代が訪れるのだろうか。

（6）第3章に登場したバーバラ・ウォルターは、ＳＮＳの登場によって、世界で内戦が増えていることを指摘している。また、トルコのレジェップ・タイイップ・エルドアン大統領、インドのナレンドラ・モディ首相、フィリピンのロドリゴ・ドゥテルテ元大統領、米国のドナルド・トランプ元大統領などポピュリスト政治家らは、ＳＮＳの時代が到来しなければ、政権獲得は困難であったとも論じている。

（7）仮に皆が住宅を保有するようになれば、次は、たとえば高い教育を受けているか、といった点に人々がフォーカスするようになるだけである。共同富裕政策では、不動産規制とともに、教育格差が経済格差の固定化につながることを懸念し、学習塾等への強い規制が行われている。

（8）ライシュの議会証言も本論文で紹介されたものである。

（9）ゼロインフレノルムが解消されれば、企業が価格引下げのための努力をイノベーションに振り向けられるため、生産性上昇率が上昇するという見方も有力だが、筆者は頑健なエビデンスを目にしたことはない。企業間の競争は、価格競争だけではないはずである。ゼロインフレノルムの下での価格据え置きが企業行動を本当に大きく歪めているのだろうか。

第5章　日本がアルゼンチンタンゴを踊る日

１　少子化対策と財源問題

２０２２年の日本の出生数はコロナ禍の影響もあって、ついに80万人を割り込んだ。１８９９年の統計調査開始以来、最低の数字である。国立社会保障・人口問題研究所の２０１７年時点の中位推計（日本における日本人の出生）によれば、出生数が80万人を割り込むのは２０３０年という見通しだったから、８年もの前倒しである。

多くの国でもコロナ禍で出生数は落ち込んだが、その後、リバウンドしたのに対し、日本では婚姻数の戻りさえ限られる。婚外子が少ないわが国では、婚姻数は出生数の先行指標となるため、今回の出生数の落込みは一過性とは言い難い（図５−１）。

出生数急減という国難に対し、２０２３年6月、岸田文雄政権は「次元の異なる少子化対策」を打ち出した。気になるのは、打ち出された対策の目玉が現金給付（児童手当の拡充）であったことである。現金給付は少子化対策になるのだろうか[1]。

もう一つ気になるのは、児童手当の拡充を恒久的措置として打ち出したものの、一方で、十分な

図５－１　出生率、婚姻率の推移（暦年）

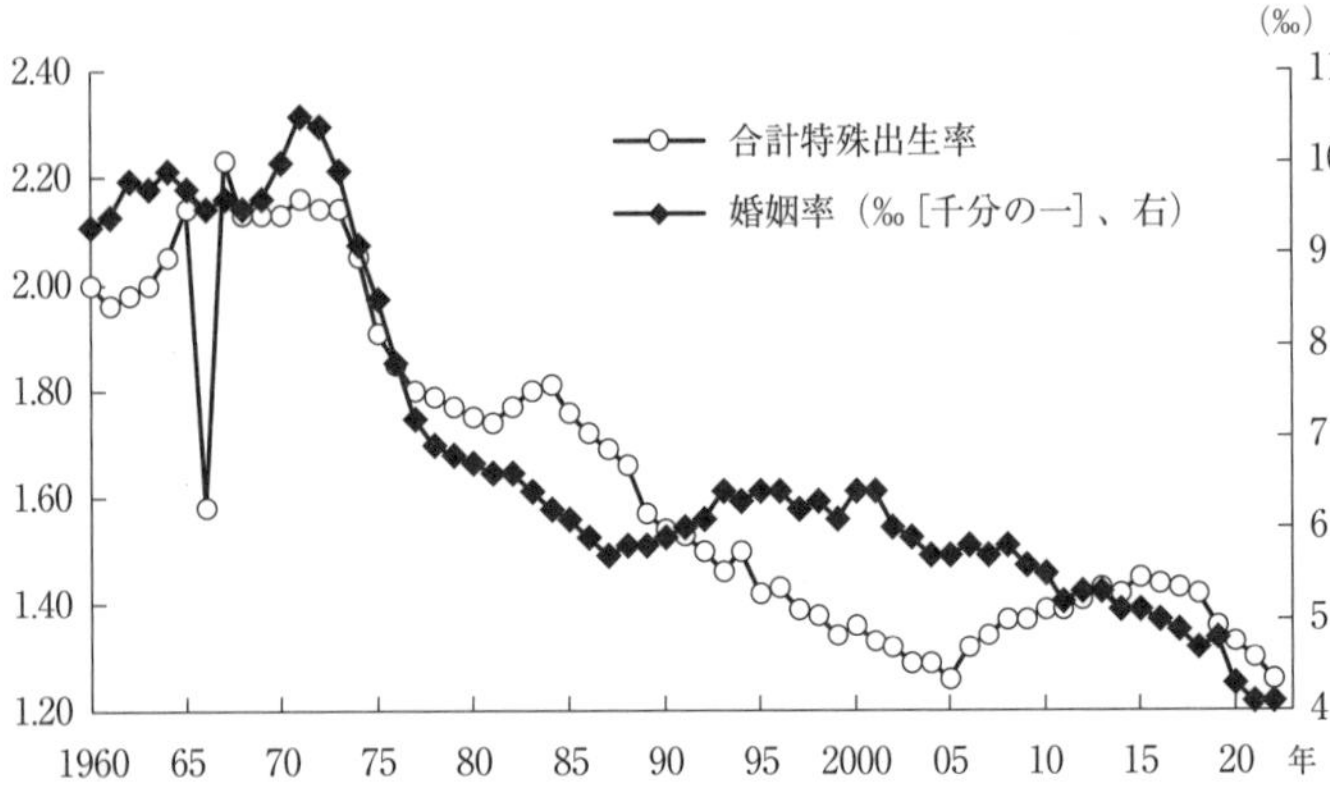

（出所）厚生労働省資料より、BNPパリバ証券作成

財源が固まっていないことである。リスク管理で大事なのは、目の前の危機を避けるために、場当たり的に対応し、より大きな危機を招く愚を犯さないことだが、私たちは適切な対応を行っていると言えるだろうか。まず、本節では、日本の少子化問題の原因を探った上で、望ましい政策や財源について論じる。

(1)　規範に縛られる日本人[2]

少子高齢化の象徴的現象として、日本で、子供用の紙おむつと大人用の紙おむつの売上が逆転したのは２０１３年だった。もう10年前の話である。筆者は、少子化によって需要が減少しても、高齢化社会に対応して需要を新たに掘り起こせば企業は売上を増やすことができる、というために、紙おむつの話を持ち出したわけではない。

ここで議論したいのは、このまま低い出生率が続けば、いずれ日本人がこの世から消滅するという話だ。前述のようにコロナ禍で出生率の低下が加速しているが、リバウンドの兆しも見えない。日本人の消滅はまだ相当先の話と反論する人もいるだろうが、おむつの売上が示す通り、子供の数が激減しているだけではなく、社会の高齢化も急速に進んでいるため、日本人が消滅するはるか前に、経済活力も相当に損なわれる。いや、コロナ禍でも大きく損なわれ、それが超人手不足をもたらしているのは、第2章でも詳しく論じた通りだ。

また、高齢化の進展は、国家財政に大きな負担をかけ、現にそのこともまた経済活力を大きく損なう要因となってきた。時代の要請に応じた新たな歳出の拡大が容易に進まないのも、国家財政が高齢者向けの社会保障によって食われているからでもある。

危急存亡の秋を迎えているのに、私たちはなぜ悠長に構えているのか。なるほど、岸田政権は、グリーン、防衛に続いて、子育て（少子化）も最優先事項に掲げ、「次元の異なる少子化対策」を打ち出した。しかし、少子化の原因を的確に把握し、適切な対応策を打ち出していると言えるだろうか。

ここで傾聴に値する論考がある。日本を長く分析してきたメアリー・ブリントンという著名な米国の社会学者が、『縛られる日本人』（中公新書）において、日本、米国、スウェーデンの若いカップルへのインタビューと、マクロデータの分析を基に、日本の少子化の対応を探っている。以下、その論考を詳しく見てみよう。

図５－２　日本、スウェーデン、米国のコーホート合計特殊出生率

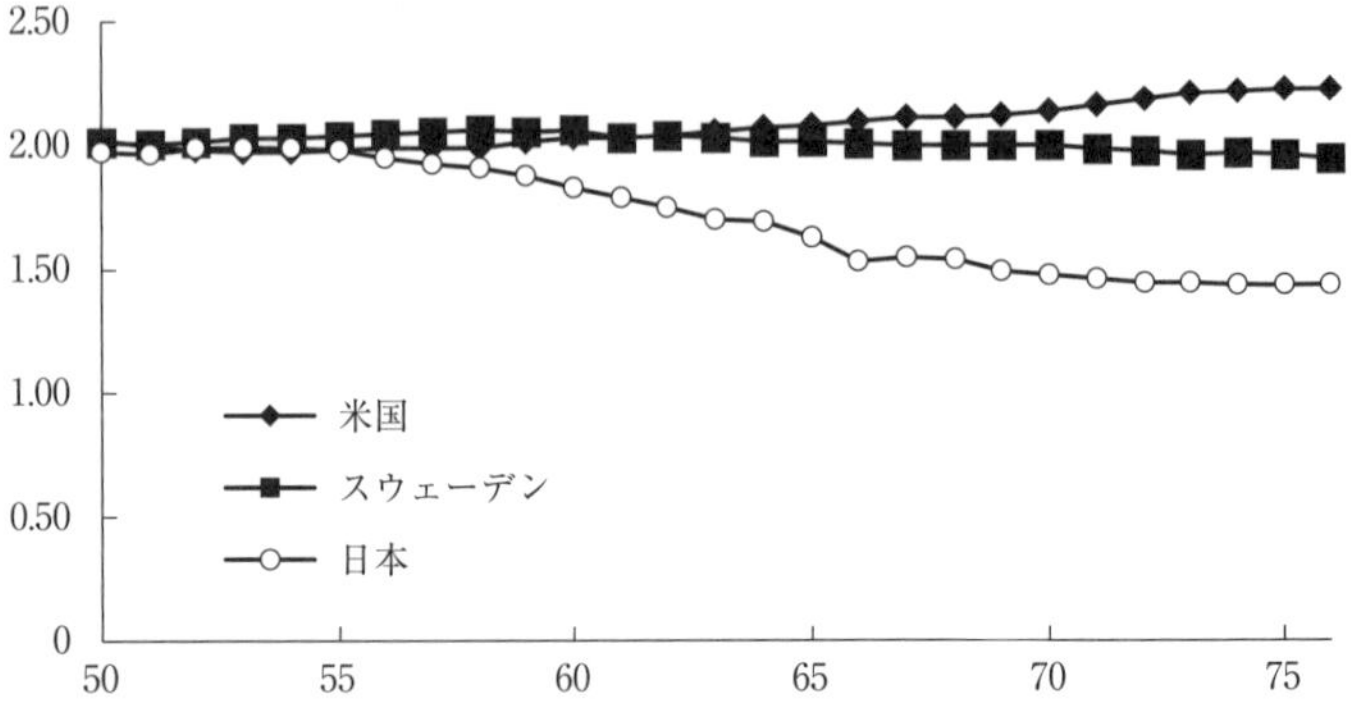

（出所）ブリントン（2022）を参考に、Human Fertility Database より、BNP パリバ証券作成

女性の就業率が高まると高まる出生率

インタビューでは、日米欧のいずれのカップルも子どもを２人もうけるのが望ましいと考えているが、「期間」合計特殊出生率は米欧では高く、日本では１・30（２０２１年）と低迷が続く。期間合計特殊出生率とは、ある年の15～49歳までの女性の年齢別出生率を合計したものである。

米国は１・71（２０２０年）である。高い数値は移民の影響が大きいと考える人がいるだろうが、白人女性だけを取り出しても１・61と高い水準が維持されている。各国とも第一子を出産する年齢が上昇しているため、期間合計特殊出生率は低下しているが、同一年生まれ（コーホート）の女性の各年齢の出生率を過去から積み上げた「コーホート」合計特殊出生率をみると、米国は２を超え、スウェーデンも２近傍を保ち、日本は低下傾向が続いている（図５－２）。

かつて、多くの先進国では、女性の就業率が高まると、出生率が低下する傾向が観測されていた。しか

図5－3　女性の労働参加率と出生率（2017年）

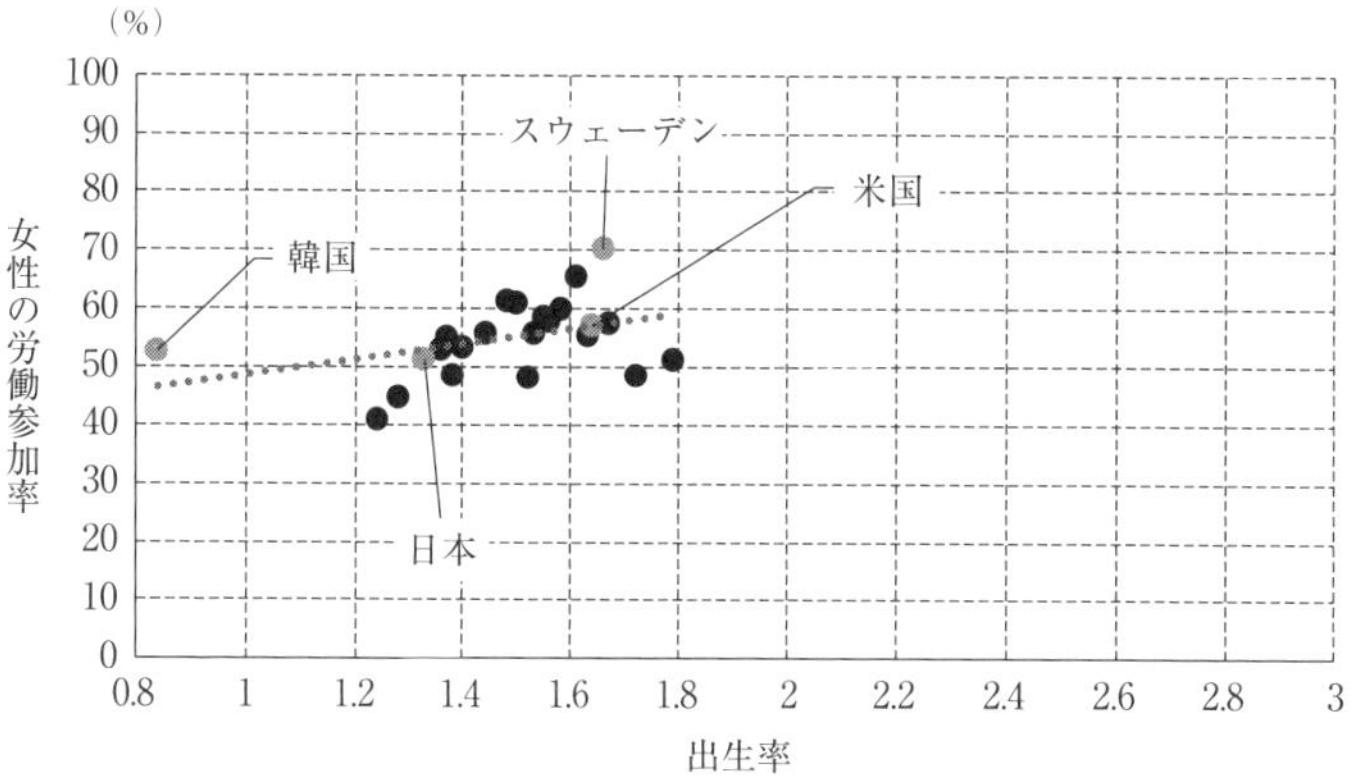

（出所）　ブリントン（2022）を参考に、OECD資料、Human Fertility Databaseより、BNPパリバ証券作成

し、近年、女性の就業率が高まると、出生率が回復するという関係が観測されるようになっている。背景には、過去40年余りで、ジェンダー平等が多くの先進国で進展したことがある。

　経済学的に考えれば、豊かになると多くの子供を持とうとする所得効果と子供を儲けるための機会費用の増大という代替効果が綱引きとなるが、リベラルな社会規範の浸透や制度改革が後者の代替効果を抑えているということなのだろう。しかし、女性の就業率が高まると、出生率がいまだに低下する日本と韓国は例外である（図5－3）。

男性の育休制度が最も充実しているのは日本

　実は、先進国の中で、男性の育休制度が最も充実しているのは、北欧の国々ではなく、日本である。しかし、キャリア形成に響くことへの恐れなのか、現実には利用しない（できない）男性が多数派を占める。数日はともあれ、1カ月を超えるような長期の育児休暇を男性社員が取ることができる社風の企業は稀であろう。社風と書いたのは、法律上は取得可能であるからだが、私たちは皆、男性が長期の育児休暇を取得しないことが今も「普通」であると考えている。男性は稼ぎ手、女性は育児という強固な社会通念に日本は縛られたまま、ということである。

本当は、若者を中心に社会の意識は大きく変わっているはずであり、上司が育休を取得してくれさえすれば、自らも育休を取得しやすくなるはずである。ただ、年功序列の日本型雇用システムにおいては、ほとんどの場合、上司は年上であり、管理職のほとんどは、男性が稼ぎ手、女性は育児という社会通念の中で、子育てを行ってきた。時代は徐々に変化しつつあるといっても、変化のスピードは極めて鈍い。

親の世代も当然にして従来の社会通念に染まっているから、夫や妻の母親が子育てを手助けし、妻が出産しても、夫は仕事に専念するという慣行は簡単には揺るぎそうにはない。日本型雇用システムの下では、一般に男性の所得のほうが高いため、多くの場合は妻が育休を取るのが経済的にも有利であり、自然な姿となる。年金などの社会保障制度も、フルタイムで働かない妻を持つ世帯に今もなお有利であり、強固な社会通念は、様々な制度的補完性によって維持されている。

日本が学ぶべきヒント

ちなみに、米国には、女性に対してすら公的な育休制度は存在せず、公共の保育制度も存在しないという。多くが上司との交渉で、強い立場にあれば有給での育児休暇が可能となるが、すべての

図５－４　男性の一日あたりの有償労働時間（分）

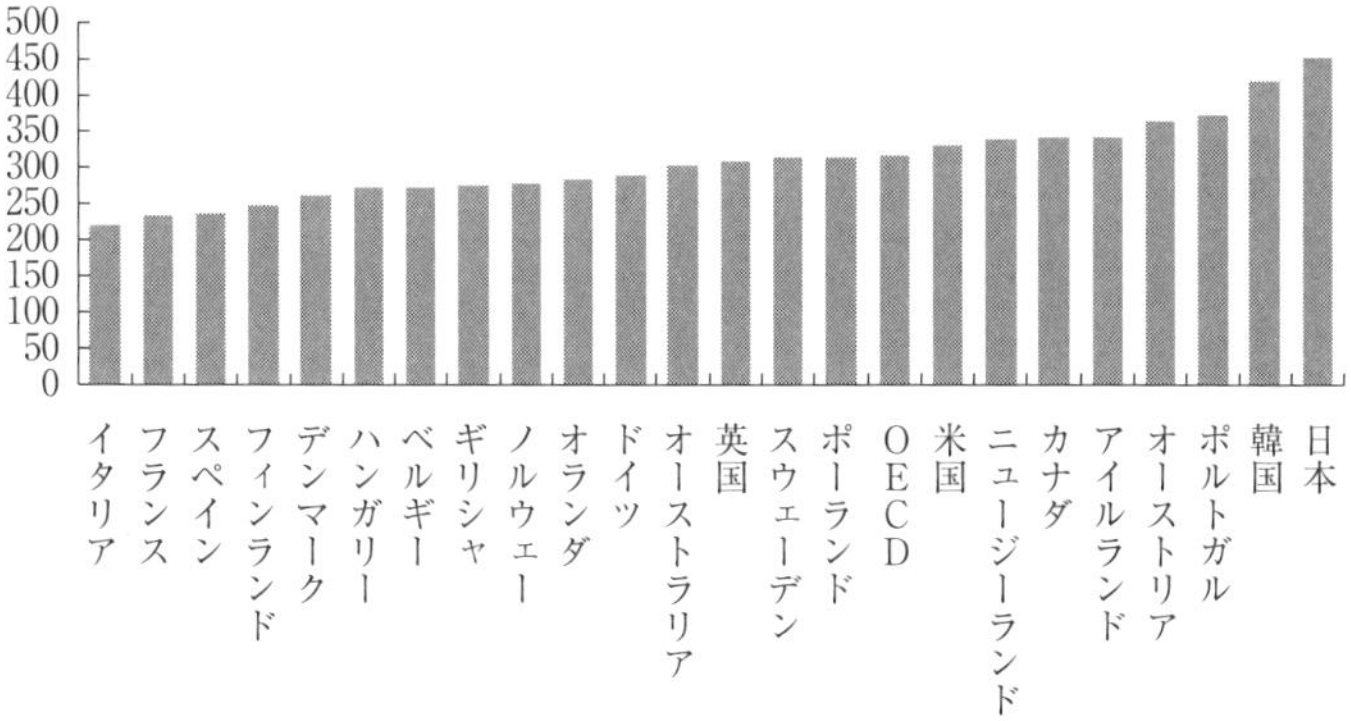

（出所）　ブリントン（2022）を参考に、OECD資料より、BNPパリバ証券作成

人が恵まれた環境で働いているわけではない。それでも、夫婦が協力し、親だけでなく兄弟・姉妹や友人の助けを借りて対応している。どうやら、日本人に比べて、頼れる家族の範囲はかなり広い。スウェーデンについては、夫婦がともに育休や時短を利用するが、そもそも優れた制度が存在する以前に、働く役割についても、子育てについても、男女が同等である。ここに日本が学ぶべき大きなヒントがあると思われる。

　日本では、男性は猛烈に働いて家庭を犠牲にし、女性は、親の助けがあればまだよいが、多くは一人で子育てに奮闘し、夫婦はともに疲弊する（図５－４）。これが幸福度の低い日本の実態であろう。幸福度の高い国は子供の数が多いが、日本は男女ともに幸福度が低く、さらに他国と異なり、女性より男性の幸福度が低い珍しい国だという。

　すべてを一人で対応せざるを得ない女性の幸福度のほうが低いと思いきや、そうではないらしい。ブリントンは、ジェンダーの不平等研究の第一人者でもあるが、日本の男性は仕事という側面でしか評価されず、仕事ができなければダメな人という烙印を社会が押すため、女性以上に生きづらさを抱えているという。少子化には未婚化・非婚化も大きく影響するが、独身のままの男性が増えているのは、経済的な問題だけでなく、そうした社会の画一の価値観も影響しているのだろう。

女性が男性の働き方に近づいた

1986年の男女雇用機会均等法の施行以降、働き方に関して言えば、日本でもジェンダー平等が大きく進んだが、それは、常に女性が男性の働き方に近づくかたちでの進展であった。非正規雇用に関して言えば、かつては主婦のパートや学生のアルバイトと見なされていた時代もあり、男性が女性の働き方に近づいたとも言える。

しかし、正規雇用に関して言えば、男性の働き方は週休二日制の導入で昭和のモーレツ・サラリーマンの時代からは多少変わったとはいえ、大枠は変わらず、基本的には、総合職となった女性が男性の働き方に近づいている。そうした場合、多くの妻は、苛烈な有償労働の後に家事、育児などの無償労働を一人でこなさなければならない。これでは、一部のスーパーウーマンを除くと、なかなか二人目の出産とはならないのだろう（図5－5）。

男性の働き方が変わらなければ少子化は止まらない

女性の時短や育休の制度充実は極めて有用であり、その恩恵を受ける人も少なくない。ただ、そ

図5－5　合計特殊出生率と女性の無償労働割合（男性＝1）

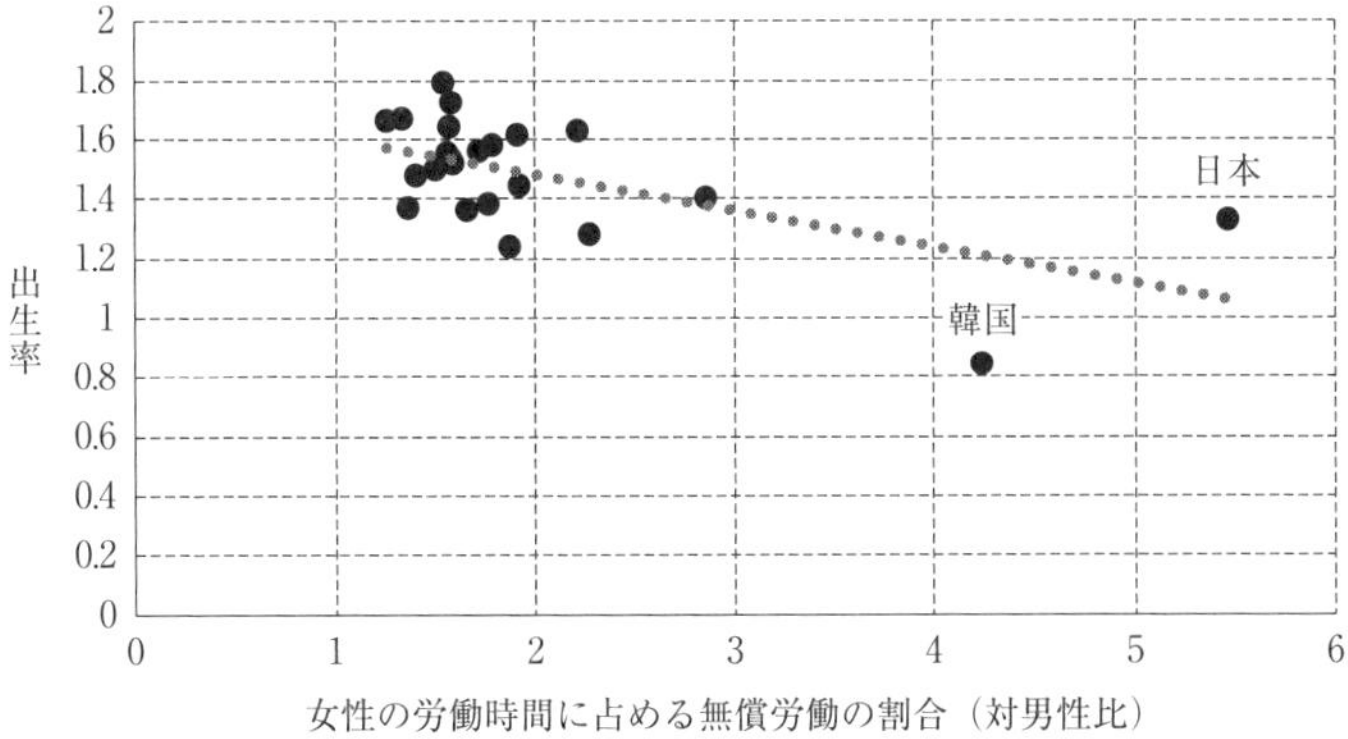

（出所）　ブリントン（2022）を参考に、OECD資料より、BNPパリバ証券作成

れは「稼ぎ手は男性、育児をするのは女性」という男女の役割を固定化する両刃の剣でもある。

必要なのは男性を女性の働き方に近づけるジェンダー平等である。ブリントンは、社会規範を打ち壊すために、「過激な案」と断った上で、少なくとも4週間の男性の育休取得の義務化を提案している。手を挙げれば出世に響くが、義務ならばスティグマ問題は回避できる。家族を犠牲にする男性の働き方が修正され、男性が家事や育児に積極参加すれば、少子化に歯止めがかかるだけでなく、男女ともに幸福度が上がる。

長期的には、有能な女性はさらに登用され、男女の賃金格差もなくなり、日本政府が掲げてきた真の男女共同参画社会が訪れる。男女の賃金格差がなくなれば、そもそも育休を男性がとっても女性がとっても経済的な有利・不利の問題もなくなる。少子化のためだけでなく、ジェンダー平等のためにも、本来進めるべき改革である。

問題の所在は明らかであろう。男性の働き方が変わらなければ少子化は止まらない。ブリントンの掲げる男性の育休取得の法的な義務化のハードルは相当に高いと思われるが、まずは企業内の義務的なルール・制度として採用する大企業が増えてくるかどうかが、わが国の行く末を大きく左右するだろう。

正規雇用に関して言えば、世界で最も充実した男性の育休制度が法的にすでに整っているのだから、岸田文雄首相は、財界人に、個々の企業が男性社員の育休義務化を社内ルールとして採用するよう強く働きかけるべきだ。世界一の育休制度はすでに存在しているのであり、追加的な財源措置は不要である。

当初は産業界も躊躇するだろうが、後々には岸田首相の英断を褒め称えるはずだ。超人手不足社会が続く中、ジェンダー平等な企業に、若く優秀な人材が集まるのは想像に難くない。もちろん、非正規雇用にも対象を広げ、子育てのための皆保険制度としなければならない。

(2) 異次元の少子化対策の落とし穴

メアリー・ブリントンの論考は、私たち日本人が空気のように当たり前だと思って、気がつかない社会通念・慣行に関わる大きな問題点を浮き彫りにしてくれた。それでは、岸田文雄政権はどのような対策を打ち出したのか。２０２３年6月にまとめられた「こども未来戦略方針」の内容は多岐にわたるが、男性の働き方が変わらなければ、少子化問題を解決できないという問題意識は共有されている。男性の育児休業の義務化案までは踏み込んでいないが、育休の取得率の公表義務の強化が検討されている。具体的には、現在、従業員１０００人超の大企業は公表を義務づけられているが、それを「３００人超の企業」まで公表義務を適用する案が検討されている。

ただし、前述した通り、今回の政策の目玉とされたのは、子育て世帯への現金給付（児童手当）の拡充である。子育て世帯にはサポートになるとしても、現金給付が増えたからといって、果たして出生率が高まるのか、疑問に思うのは筆者だけではないはずだ。ブリントンの論考が明らかにしたのは、そもそも問題の本質がお金の過不足ではない、という話だったはずである。

また、お金を配るということになれば、当然にして財源問題が出てくる。次の本節⑶項で論じる通り、とりわけ物価高が進んでいる中ではマクロ安定化政策の視点から財源問題は重要なのだが、もう一つ、大きな問題が燻っている。政府の念頭にある財源論の一つは、増税を避け、その代わり社会保険からの拠出を検討するというものである。少子化対策を将来世代の負担となり得る赤字国債で対応するという議論に比べれば、筋のよい話ではある。しかし、あまり気がつかれていないのだが、社会保険からの拠出が選択されると、むしろ少子化を助長しかねない。以下、詳しく述べよう。

社会保険で対応すると少子化を助長するリスク

たとえば、２０２３年４月４日に茂木敏充自民党幹事長は、少子化対策の財源として、「増税と国債は、いま考えていない。さまざまな保険料については、値上げというより、拠出金は検討していかなければならない」と述べている。その後、政府が６月に打ち出した「こども未来戦略方針」

では、2023年末までに結論を出すとしているが、方向性としては、医療保険などの公的保険の財源から一定額ずつ拠出して、少子化対策の財源とすることが念頭に置かれている(3)。

少子化対策の財源として、社会保険の運営者に拠出金の納付を求めるのであれば、経常的な費用が増える以上、社会保険料にも影響が及ぶと思われるが、問題はそのマクロ経済的な影響を通じた少子化へのインパクトである。結論を先に述べておくと、社会保険からの拠出金増大は、少なくとも現行の制度のままでは、企業にとって正規雇用の人件費を重くし、非正規雇用を増やすことになりかねず、マクロ経済に悪影響を及ぼす。それだけでなく、めぐりめぐって、婚姻数や出生数の落込みという逆効果をもたらす可能性がある。今後、歳入改革が検討される際、政治的な反発が強い増税を回避し、社会保険料の引上げが選択される可能性があるため、念のため、その副作用について、ここで釘を刺しておきたい。

日本経済への大きな爪痕

少子化を一国全体の危機と認識するのなら、財源の手当ては、本来は増税が筋だが、政治的に反発が強い。後述する通り、防衛費の増額の財源のように、少なくとも半分以上を事実上の赤字国債で賄い、将来世代に返済を強いるのは、少子化対策としては本末転倒である。だからこそ、社会保険からの拠出金で対応することが模索されているのだろう。最終的に社会保険からの拠出金増大が、社会保険料の引上げで賄われるならば、それは被用者にとっては事実上の労働課税に等しいものの、増税のような大きな政治的反発は回避できる。負担の主たる対象となる被用者は、政治的には最も無口なサラリーマン層であり、政治的反発は小さい、という判断なのだろう。

最も取りやすいところから取るというのが、政治的には有効な選択肢だが、実は、２０００年代の経験を踏まえると、そのことが日本の長期停滞の大きな原因の一つであったと同時に、少子化を助長した、というのが筆者の強い認識である。

２０００年代に高齢化が加速した際、膨らむ社会保障給付を私たちはいかにして賄ったのか。当時、小泉純一郎政権は、早い段階での消費増税を封印した。それにもかかわらず、膨張する社会保障給付を何とか賄うことができたのは、歳出改革等が進んだからではない。

当時は、主に現役世代の被用者の社会保険料の引上げで対応したのである。２００４年の年金制度改革では、被用者の社会保険料を14年間で、労使あわせて約5ポイント引き上げた。急速な高齢化で膨らむ医療給付についても、現役世代の健康保険組合からの拠出増で対応した。この結果、健康保険組合は保険料の引上げを余儀なくされたが、保険料負担の増大で独自に健康保険組合を維持することの組合員のメリットが失われ、組合の解散が増えたことは記憶に新しい。

非正規雇用増大の要因に

社会保険は民間保険に比べれば応能負担の性質を持つとはいえ、保険料の上限に対応する所得水準が比較的低く、また保険本来が持つ応益負担の性質が加わるため、逆進性を排除できない。日本では、２０００年代の社会保険料の引上げが、低所得層の被用者の生活を圧迫し、経済的に不利な立場に立たされた人々の婚姻のチャンスや出生率を低下させたと思われる。

図５－６　非正規雇用比率（暦年）

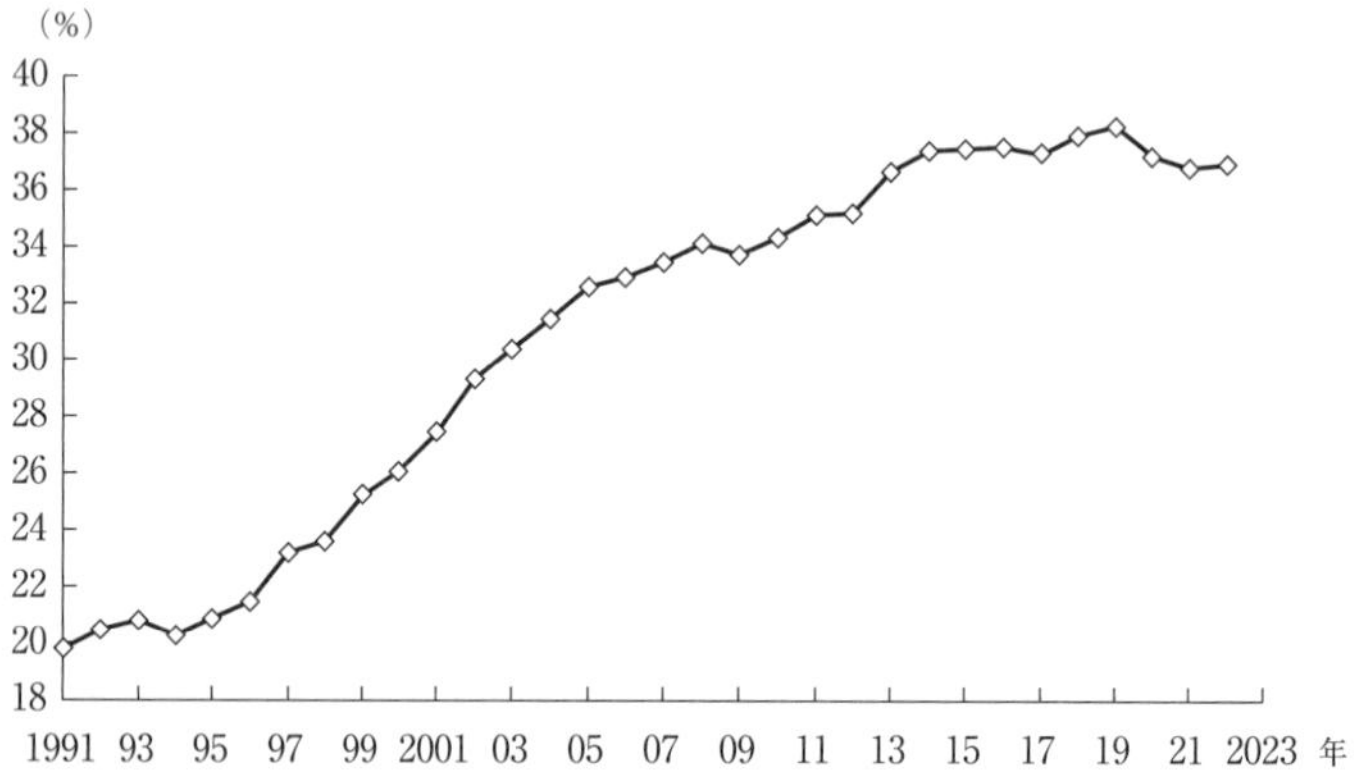

（出所）　総務省資料より、BNP パリバ証券作成

この点は、多くの識者も指摘している通りだが、もう一つマクロ経済的な別のメカニズムが働いていたことは、意外に多くの人が見過ごしてきた。拙著『成長の臨界』で詳しく論じた点だが、再び日本の経済社会に悪影響が及びかねないリスクがあるため、改めて強調したい。

高齢化に伴う社会保障給付の増大を主に被用者の社会保険料で賄った結果、正規雇用の人件費が増大し、経営者にとっては、非正規雇用を増やす大きな誘因になったのである（図５－６）。非正規雇用の人件費が安いのは、単に賃金が低いというだけではなく、事業主が社会保険料を負担しなくてよい、ということがある。

非正規雇用の増大が単に柔軟性のある働き方を望む人が増えた結果ではないことは、今さら言うまでもないだろう。非正規雇用は教育訓練の機会が乏しいため、人的資源の蓄積が遅れ、生産性も低く、それゆえ、賃金水準も低いが、問題はそれだけに留まらない。筆者がより重視しているのは、非正規雇用は、十分なセーフティネットを持っていないため、所得が増えても予備的動機で貯蓄をせざるを得ないという問題を抱える点である。

少子化対策にはむしろ逆効果

コロナ禍直前の２０１７－19年の日本経済は、バブル期以来の超人手不足に陥っていた。非正規雇用の賃金も上昇したが、非正規労働者は不況が訪れると、自分たちが調整弁になることを恐れ、増えた所得の多くを貯蓄に回した。一方で、正規雇用は、職が守られるのと引換えに、賃上げは以前と同様に限定的だった。それらの結果、当時、日本経済は完全雇用だったにもかかわらず、消費が低迷していたのである。

セーフティネットの乏しい非正規雇用が増え、一国全体でのリスクシェアリング・メカニズムが機能しないため、ショックが訪れた際に、最も弱いところにダメージが集中する。それがマクロ経済の回復の足を引っ張っているのである。

このように２０００年代の社会保障制度改革においては、財源の手当てを社会保険料の引上げや被用者の社会保険からの拠出で対応したが、そのことは日本の経済社会に大きな爪痕を残した。単にマクロ経済の低迷につながっただけでなく、経済的に不利な立場に置かれ、婚姻や出産に踏み出しにくい人を多数生み出した。少子高齢化で人手不足が進み、雇用情勢が大きく改善したことで正規雇用比率が多少高まっているのは事実だが、非正規雇用が抱える問題が解消されたわけではなく、それを放置してよいという理由にはならない。

2000年代の経験に学ばないまま、よかれと思って少子化対策を進めたはよいが、その財源を社会保険からの拠出とすると、結局、社会保険料の引上げにつながり、正規雇用の人件費を引き上げ、非正規雇用を増やすインセンティブを経営者に与えかねない。逆効果になるのは明らかだろう。

社会保障制度のアップグレードを怠った

第4章で論じた通り、1990年代半ば以降のITデジタル革命によって、先進国では、製造業のオフショアリングが進み、中間的な賃金の仕事が国内から失われた。非製造業でもIT化、省力化が広範囲に進み、オフィスからも中間的な賃金の仕事が消失した。先進各国では、高い賃金の仕事と低い賃金の仕事への二極化が観測されたが、中間的な賃金の仕事を失った人々が低い賃金の仕事に一気に流れ込んだため、低い賃金にさらに低下圧力がかかった。低スキル労働に従事する人が増えたが、賃金が下がり、機械で対応するよりも、人手に頼ったほうが経営者にとって安上がりとなるため、自動化も遅れ、生産性の低い企業が温存されるという悪循環に陥った。

本来、グローバル経済の構造変化によって中間的な賃金の仕事を失う人が増え始めた段階において、労働者のスキルアップに政府が関与し、高い賃金の仕事への移行を後押しする積極的労働市場政策の導入が必要だったが、私たちはそれを怠った。また、当時、低賃金の低スキル労働を非正規雇用として活用する新たなビジネスが成長したが、私たちは働き方にかかわらず、事業者が被用者の社会保険料を折半で負担する被用者皆保険を導入することも怠った。本来、社会保障のアップグレートを行うべき時に、それを怠ったのである。こともあろうに、私たちが行ったのは、被用者の社会保険料を引き上げ、企業に非正規雇用を増やすインセンティブを与えたことだった。

ただ、ここで一つ注意が必要である。社会保険料の企業負担の増大が非正規雇用の増大につながるのは、一部の非正規雇用の社会保険料を事業主が支払わなくて済むことが、いまだにまかり通っているためである。社会保険の加入のハードルは、年々引き下げられてはいるものの、非正規雇用を多数雇う小売業などからの反発はなお強い。欧州のように、働き方に関係なく、事業者が社会保険料の負担を担うのなら、社会保険料引上げの悪影響を軽減できる。同一労働・同一賃金の原則を確立し、被用者皆保険が導入されるのなら、少子化対策の財源として、社会保険からの拠出を「次善の策」として考えることができるだろう。

「社会連帯税」の構想

筆者自身は、少子化対策の財源は、最善策としては、消費税のような付加価値税であると考えているが、それには、いくつか理由がある。まず、国家的な危機と考えるのなら、広く国民が負担する税で対応すべきである。また、消費税などの付加価値税は逆進的と言われるが、前述した通り、社会保険は現行の制度のままであれば、それ以上に逆進的であるように思われる。さらに、付加価値税であれば、仕向け地課税であるため、競争力に影響しない。この点は極めて重要である。

もし、2000年代に膨張する高齢者の社会保障給付の増大を、社会保険料ではなく消費税で賄っていれば、それは仕向け地課税であるため、輸出の際に還付されるから、企業の競争力には影響しなかったはずだ。他の条件が同じであるとするなら、付加価値税で対応すれば、非正規雇用を増やす追加的な要因にはならなかった。

前述した通り、仮に少子化対策とともに、被用者皆保険制が導入されるのなら、企業が非正規雇用を増やすメリットは減じられるようにも思われるが、社会保険料が増大すると、社会保険負担そのものを逃れようとして、被用者の形態を取らない偽装請負が増えるのではないか懸念される。

とはいえ、日本社会は消費税に対するアレルギーがあまりに強く、消費税に財源を求めるのは、もはや現実的ではないと考える人も少なくないだろう。多くの人の消費増税に対する認識は、今や「政治的に不適切（politically incorrect）」というものである。一方で、今後、少子化対策の費用だけでなく、コロナに要した巨額の費用や前述した被用者皆保険の財源の一部も手当てしなければならない。時代の変化に応じ社会保障制度をアップグレードしていくためには、拙著『成長の臨界』で提案した通り、新たに「社会連帯税」を創設するのが一案だと思われる。前述した理由を含め、様々な理由から、付加価値税の形式が適切だと考えられるが、その際、低所得者層には負担相当額を、給付付きの税額控除で相殺することが望ましいと考えている。

既存の付加価値税として日本には1989年から消費税が存在するが、一律一斉の引上げで駆け込みが生じ、景気の振幅を大きくするなど多様な技術的問題を抱えている。このため、新たに増税する場合には、欧州流の付加価値税のよさを取り込んだ上で、潜在成長率が大きく低下したことを踏まえ、「小刻みかつ間隔を開けて（2〜3年に一度0・5ポイントずつ）」引き上げるべきだと筆者は考えている。(4)

日本の消費税の特殊性

日本ではあまり知られていないが、ＶＡＴ（付加価値税）を導入する欧州では、税率の引上げにあたって、どのようなタイミングでどのように価格を設定するかは、事業者がそれぞれ自由に判断している。個々の商品、サービスの小売価格に一律一斉に税が転嫁されるわけではない。

たとえば事業者の価格戦略として、転嫁しても売上があまり落ちないものについては、税率引上げ分以上に価格を引き上げ、売上の減少が見込まれるものについては、税率引上げに対応する価格転嫁をしないことがある。さらに、価格引上げのタイミングはバラバラであり、駆け込み需要も限定的でその反動も小さく、増税後に消費水準が低迷するという現象も起こっていない。

日本では、１９８９年に消費税が導入された際、それに反対する中小の事業者からの理解を得るため、消費者に満遍なく転嫁すべき税として導入された。事業者に負担のしわ寄せがこないよう、個々の製品、サービスに転嫁されているか、政府もモニターしてきた。今となっては、これが大きな痛税感をもたらす大きな要因となった。

一方で、欧州の事業者は、付加価値税の引上げを、たとえば原油価格の上昇と同じようなコストの一つと捉え、事業者が必要な利益をトータルで確保できるように、付加価値税も含めた価格を自由に設定している。２０１９年10月の消費増税では、日本政府もそうした問題の重要性に気づき、柔軟な価格設定を促したが、実態を見ると、事業者がこれまでと同様、商品、サービスごとに一律一斉に価格に転嫁するスタンスは変わらなかった。欧州のような柔軟な価格設定手法の導入を促すべきであろう。

いずれにせよ、防衛、コロナ、少子化というように、特定の歳出ごとに特定の歳入を事細かに紐づけるという発想も、そろそろ考え直す必要がある。「社会連帯税」という新税なら、喫緊の課題である少子化対策、防衛費、コロナに要した費用やウクライナ支援、被用者皆保険の財源などに幅広く適用できるはずである。歳出ごとに財源問題で紛糾する現在の事態を避けられる。また、新税導入であれば、交付税の対象外として導入することも可能となるだろう。

(3) 岸田政権下で変質する財政スタンス

本書も最後の論点に徐々に近づいてきたが、第2節で「日本円」の通貨価値の長期的な行方を論じる前に、防衛費や少子化対策の財源問題で垣間見え始めた、岸田文雄政権の財政政策に対する問題含みのスタンスについて論じておきたい。

「問題含み」というのは、コロナ終息後の経済再開が進み、景気が持ち直し傾向にある中で、同政権が新たに恒久的な歳出を決定する一方、その具体的な財源を固めていないことである。歳出削減や歳入改革も方向としては一定程度打ち出してはいるのだが、財源確保は極めて部分的なものに留まる可能性が高く、また、いずれにしても相当期間にわたって、歳出増が先行する見込みである。

歴代の政権は、恒久的な財源を見出すことができなかったため、一時的に歳出を拡大しても、恒久的な歳出拡大には二の足を踏んできた。バラマキ財政の印象が強かった安倍晋三政権ですら、それが大きな制約となっていた。しかし、岸田政権の財政スタンスは、歴代の政権とは大きく異なる。そのマクロ経済的なインプリケーション、特に現在の物価高へのインパクトは小さいとはいえないはずだ。以下、詳しく論じる。

あれもこれも歳出改革

岸田政権が少子化対策として２０２３年６月に打ち出した「こども未来戦略方針」における中心的な政策は、前述した通り、子育て世帯への現金給付（児童手当）の拡充だった。従来、設けられていた所得制限を撤廃するほか、これまで中学生までであった支給期間を高校生まで延長し、第三子以降の支給額を３万円に増額する。政府はこれらの「こども・子育て支援加速化プラン」に年間３兆円台半ばの費用を要すると想定している。「加速化プラン」の歳出項目の大部分は２０２６年度までの３年間で実施することとされており、28年度までにはすべてが実施される計画だ。

一方、財源については、徹底した歳出改革等による確保が原則だとして、増税は行わない方針が示されている。もっとも、高校生の児童手当拡充に対応して「扶養控除との関係を整理する」としており、実質的に高校生の子どもを持つ高所得世帯は増税となる可能性があるほか、社会保険料への上乗せによって徴収する「支援金制度」を構築するとしている。歳出改革によって社会保険料の上昇を抑制し、「支援金制度」が全体として追加負担にならないよう目指すとはしているが、若干の歳入改革として、⑵項で論じた社会保険料の引上げが想定されている。こうした施策により、加速化プランが完了する２０２８年度までに安定財源を確保するとしている。

このように、一応は歳出削減と歳入改革によって安定財源を確保する方針が示されているが、歳出削減の具体策は現時点で不明である。政府は近年、高齢化や医療の高度化に伴い増加する社会保障関係費の伸びを抑制すべく、毎年１５００億円程度の歳出削減を行っているが、これは財政健全化を目的としたものである。

したがって、毎年１５００億円程度の社会保障関係費の削減を継続しつつ、さらなる歳出削減で子ども対策に充当しない限り、歳出の増加ペースは、子ども対策関係費の分だけ、ほぼそのまま高まる。そのことは、近年、掛け声だけになっているＰＢ（プライマリーバランス、基礎的財政収支）黒字化がさらに遠のくことを意味する。

子ども関連以外の社会保障関係費を、毎年１５００億円を大幅に上回る規模で追加的に削減するには、医療機関など社会保障サービスの供給主体の既得権に切り込む必要があるだろう。しかし、むしろ物価高によるコスト増加を理由に、医療機関は１５００億円の既定路線の削減にも反発を強める可能性がある。結局、年１５００億円程度の削減目的が「財政健全化」から「子ども対策の財源」に変わる可能性が高いように思われる。

一方、前述した通り、歳入改革の一つとして保険料の上乗せなどが念頭に置かれているが、与党内の反発は強く、「こども未来戦略方針」では、財源について「さらに検討する」としている。支援金制度については、詳細について23年末までに結論を出すとしているが、実際に実現するのか、実現するとしてもどの程度の規模になり、いつ実施されるのかは不透明である。

いずれにしても今回の子ども対策は、歳出については、内容・規模ともにおおむね固まっているものの、具体的な財源は現時点ではほとんど決まっていない。最終的に、政府の歳出総額は大きく増加する一方で、歳入はそれを補うほどは拡大しない可能性が高いように思われる。

また、「こども未来戦略方針」では、財源不足が生じないよう、必要に応じ、つなぎとして「こども特例国債」を発行するとしており、少なくとも当面は歳出拡大が大きく先行する可能性が極めて高い。

防衛費拡大も借金頼み

こうした構図は子ども対策に限ったことではない。２０２２年末に岸田内閣は、防衛費の大幅拡大を閣議決定したが、ここでは借金頼みの様相がより明確であった。防衛費増額のポイントを簡単に説明すると、歳出は今後段階的に増額され、２０２７年度以降は従来の計画よりも４兆円程度増えることになる。一方、財源については、増税で賄うのは4分の1程度にすぎず、その増税のタイミングも「２０２４年以降の適切な時期」とされていた。しかし、後述する通り、足元のインフレ上昇などによる「自然増収」もあって、自民党税制調査会は早々に「２０２４年４月からの法人税増税は困難」とし、２０２５年以降の先送りを固めている。

また、4分の1程度は歳出削減で確保する予定となっているが、その具体策は不明である。そのほか、独立行政法人の持つ剰余金や国有資産の売却益なども充当されるが、これらは国の純資産の減少、つまり公的純債務の膨張をもたらすものであり、財政赤字の拡大と実質的に何ら変わらない。また、毎年一定額生じる決算剰余金も活用される予定だが、決算剰余金は、もちろん財政黒字ではなく、赤字国債を大規模に発行して編成した予算において、最終的に資金が余って生じているにすぎない。したがって、防衛費拡大の少なくとも半分程度は、実質的に赤字国債で賄うということにほかならない(5)。

8兆円近い恒久的歳出拡大は異例

温暖化対策もしかりである。岸田政権は２０２３年2月に「ＧＸ実現に向けた基本方針」を閣議決定し、脱炭素を図るための呼び水として、年度から32年度にかけて、合計20兆円規模の歳出を行う方針である。ＧＸとは Green Transformation の略称である。

財源については、まずＧＸ経済移行債の発行により確保されるが、最終的には、カーボンプライシングで得られる将来の財源によって償還されることが見込まれている。ただ、カーボンプライシングが具体的にどのような形態をとるのか、また、いつ実施されるのか、明確には決まっていない。２０５０年度までの償還が想定されてはいるが、やはり当面は歳出増が先行する。

ＧＸ対策は、一応は歳入改革ですべて財源が確保される予定なので議論から除くとしても、防衛費と子ども対策だけで、恒久的な歳出拡大が実に年8兆円近くにのぼる。これほど大規模な恒久的歳出拡大の決定は、近年に例を見ない。しかも、財源の相当部分が未確定のまま実行に移されようとしている点でも極めて異例である。歴代の政権は、恒久的な財源を見出すことができなかったため、一時的な歳出を繰り返しはしたものの、恒久的な歳出拡大の決定には二の足を踏んできた。

振り返れば、安倍晋三元首相は、アベ政策（通称アベノミクス）の第二の矢として「機動的な財政政策」を掲げ、脱デフレに向けて財政政策を積極的に活用する姿勢を示し、毎年、補正予算による景気刺激を繰り返した。しかし、恒久的な歳出増は、消費増税の一部を転用し、幼児教育の無償化などが実施されたものの、今回の防衛費増額や子ども対策に匹敵する規模の政策は実施されていない。当初予算ベースで見れば、高齢化や医療の高度化で増加を続けた社会保障関係費を除けば抑制されていた。上述の通り、社会保障関係費に関しても、毎年、伸びを１５００億円程度削る歳出抑制努力は継続されていた。

一方で歳入面では、消費税率が２０１４年４月に３％、19年10月に２％、計５％引き上げられたほか、２００４年の年金制度改革で決定された厚生年金保険料の計５ポイント程度の引上げが、小幅ながら毎年、２０１７年度まで続いていた（労使折半で年０・３５４％）。これらは、いずれもそれ以前の政権が決めたものであり、安倍政権は当初２０１５年10月に予定されていた２度目の消費税を２回も先送りはしたものの、結局、国民負担率（租税負担と社会保障負担が国民所得に占める割合）は、２０１２年度の39・８％から19年度には44・３％まで上昇している（図５－７）。この２０１９年度の数値には、19年10月の消費増税の影響は半期しか含まれていないため、それも含めれば、安倍政権の下で国民負担率は５％程度上昇した計算になる。

つまり、安倍政権の下では、安倍晋三その人のリフレ的な政策志向とは裏腹に、実際の財政政策の運営は、歳出面では、一時的な景気刺激策が頻繁に繰り返されたものの、恒久的な歳出拡大の決定は極めて限定的であり、一方、歳入面では引締め的であった。加えて、この間、東日本大震災に伴う復興費の支出が徐々に減少していたこともあり、ＯＥＣＤ（経済協力開発機構）の推計では、景気循環調整後の一般政府のプライマリー収支のＧＤＰ比は、２０１２年の７％程度から２０１９

図5－7　国民負担率（対国民所得比）の推移

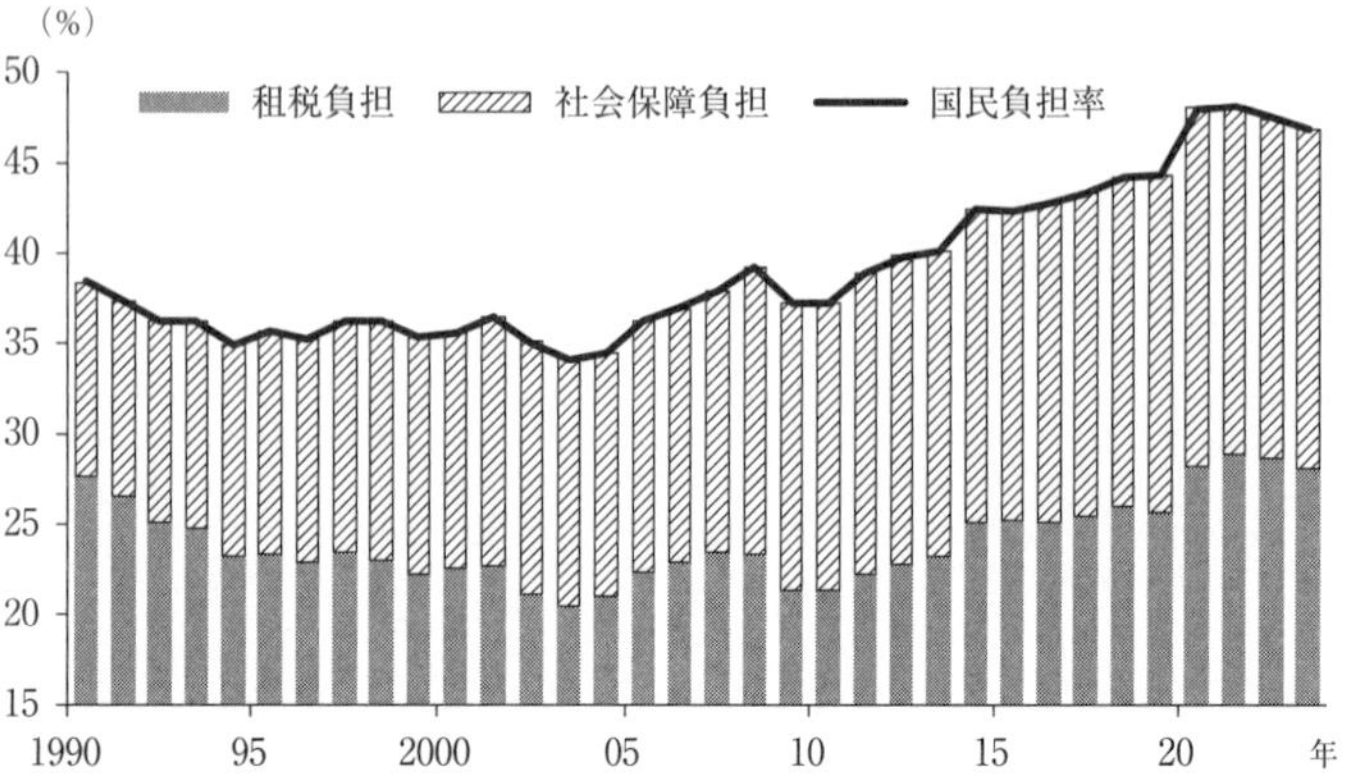

（出所）財務省資料より、BNPパリバ証券作成

年には3％程度まで縮小している。

しかし現在は、消費増税や社会保険料の継続的な引上げといった大きな歳入改革は一切予定されておらず、岸田首相自身も当面の消費増税の引上げを否定している。一方で、恒久的な歳出拡大が、財源が未確定なまま、そして少なくともその一部は明白な国債ファイナンスによって実行に移されようとしている。

税収の大幅増の真因

このところ、税収が政府の想定を大きく上振れているのは事実である（図5－8）。ただ、コロナ前と比較して実質GDPが大きく拡大しているわけではなく、第1章で論じた通り、現在の税収増はいわばインフレタックスというべきであろう。たしかに税収増は好調な企業業績を反映しているが、それは円安による嵩上げと実質賃金の下落によるものであって、家計から企業への所得移転によるところが

図５－８　税収と名目 GDP

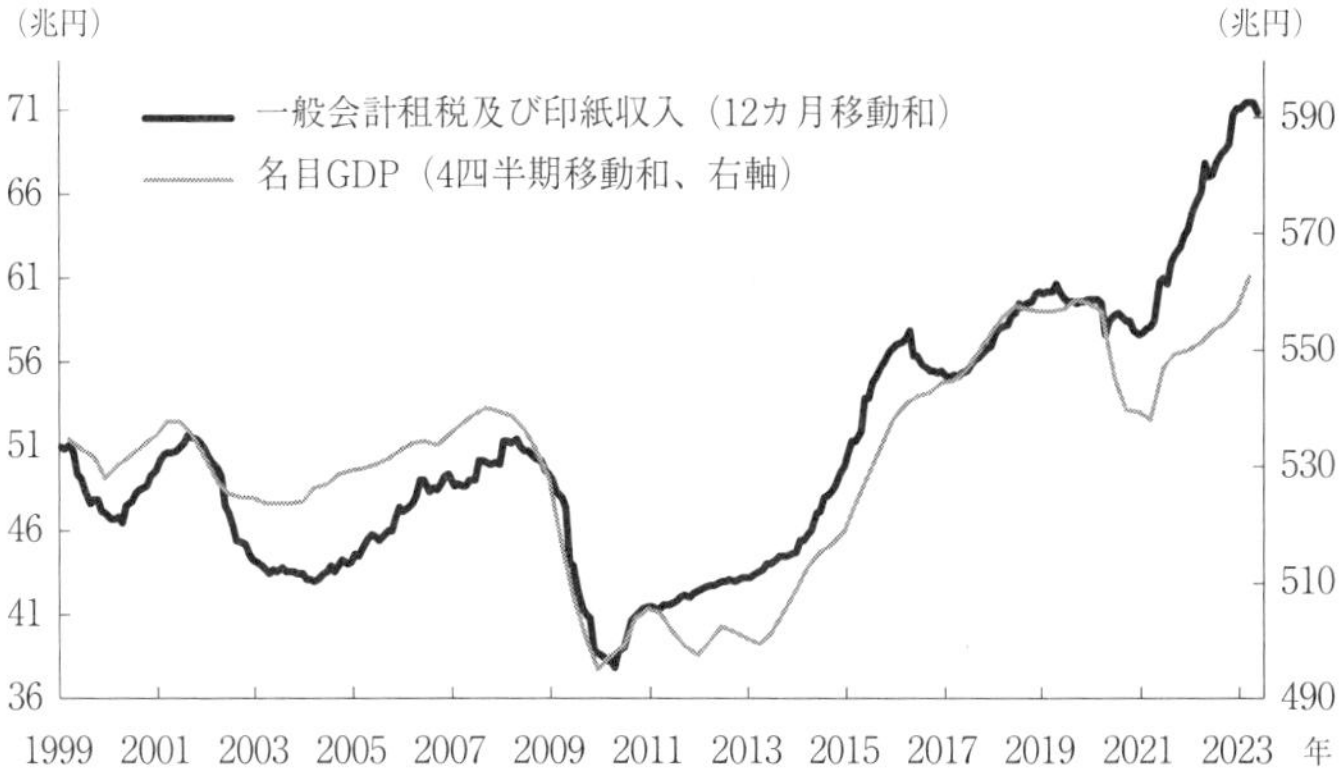

（出所）　財務省、内閣府資料より、BNP パリバ証券作成

大きい。企業が賃上げに積極的になったといっても、大幅な実質賃金の下落の一部を穴埋めするにすぎない。

今回のグローバルインフレの日本への波及によって、公的債務の対名目ＧＤＰ比の悪化が和らぐとしても、マクロ経済全体で見ると、インフレ高進にもかかわらず、ゼロ金利が継続され、政府の利払い費が抑えられる一方で、家計が保有するゼロ金利の預貯金の実質価値が低下していることを通じて、家計から政府に所得移転が進んでいるだけである。これらがインフレタックスの意味するところである。

歳出削減や歳入改革などの財政調整を行っていないため、インフレタックスもやむなしとも言えるが、インフレによって増えるのは税収だけではない。つまり、今後は必然的に歳出についても膨張圧力が生じる。すでに政府は物価高対策としてガソリンや電気ガス代への大規模な補助金を行ってきたが、今後も政府が供給する公共サービスの実質価値を維持しようとすれば、公務員給与なども含め、様々な分野で支出を増やさざるを得なくなるだろう。

また、あまり気づかれていない点だが、このところの税収増には、コロナの下で実施された極めて大規模な政府歳出の拡大が企業の営業外利益を嵩上げし、その一部が税収として政府部門に還流していると考えられる。それゆえ、すべてを恒常的な税収増と捉えることは慎重さに欠けるように思われる。

税収増が歳出に回る恐れ

しかし、当面、高いインフレによって、税収が増加基調を続けると見られる中、政治的には税収の「自然増」を積極活用すべしとの論調が強まっていく可能性が高い。実際に、鈴木俊一財務大臣は、2022年度の決算剰余金が想定を上回る2・6兆円となったことを受け、この半分の1・3兆円を防衛費の整備に充てることを明言している。従来の想定は0・7兆円だった。増税を先送りする原資に充当することも選択肢として、23年末までの予算編成で検討するという。

前述の通り、自民党税制調査会も増税を先送りし、2025年以降とする方針を固めた。もちろん筆者は、これまでも論じてきた通り、子ども対策、安全保障の強化、温暖化対策などの岸田政権の取組みそれ自体を批判するつもりはない。いずれもわが国喫緊の課題であろう。

バブル崩壊以降、政府は補正予算による景気刺激を繰り返す一方、当初予算では、社会保障関係費の膨張による財政への圧迫が懸念される中で、社会保障関係費以外の歳出項目については抑制的で硬直的な運営が続けられてきた。同時に、予算審査の甘い補正予算では必要性が必ずしも高くはなく一時的な効果しか持ち得ない施策が乱発される一方、長期的に必要な歳出までもが抑制され、望ましい財政資源の再配分が行われてこなかったように思われる。恒久的歳出拡大によって、こうした悪弊が打破されるのであれば、そのこと自体は望ましい。

財源についても、新たな歳出を決定するたびに、必ずしも特定の財源を割り当てる必要もないはずである。もしインフレ懸念がなく、むしろ大きな負の需給ギャップ（需要が供給能力を大きく下回る状況）が続き、デフレ懸念が強い局面ならば、マクロ安定化政策の視点から、歳出拡大が財源確保に先行することも容認し得るだろう。

「高めのインフレ定着」を招く恐れ

しかし、日本のインフレ率はすでに高い水準にある。ＣＰＩコア（生鮮食品を除く総合）は、２０２３年１月に前年比４・２％のピークを付けた後も３％台での推移が続き、２％超えは９月時点で、すでに18カ月目となる。エネルギーを除くＣＰＩコア（新型コア）に至っては現在も４％台が続いている。コモディティ高が一服した後も超円安が継続し、人件費も上がってきたため、エネルギー及び生鮮食品を除く財のインフレはまだ鎮静化せず、７％程度で推移する。

また、春以降の人件費の増加を受けて、サービスの値上げが広がっており、７月には家賃を除くサービス物価が前年比で３％台へと加速している。今後、財のインフレは緩やかに低下すると見込まれるが、サービスのインフレが継続することで、新型コアは、23年内は４％程度で推移すると予

図５－９　CPI コア（前年比）

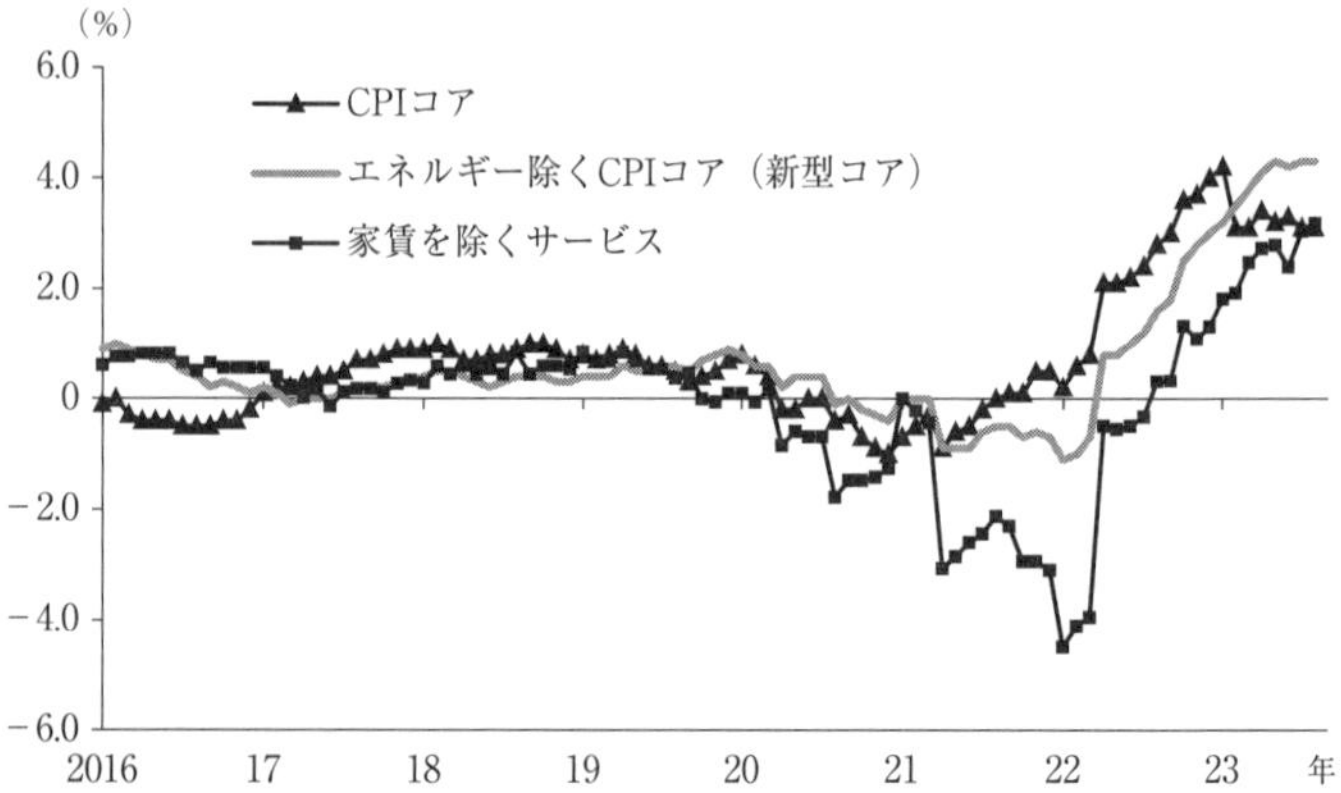

（出所）総務省資料より、BNP パリバ証券作成

想される（図５－９）。

この背景には、円安による輸入物価上昇だけでなく、コロナ後の経済再開が進む中で、人手不足が深刻化していることがある。本来、円安による輸入物価上昇がもたらすインフレなら、一時的なものに留まるはずである。それが長引いているのは、需給ギャップがタイト化しているため、ホームメイドインフレに変質し始めているからではないのか。こうした状況の下で、岸田政権が、安倍政権時代以上に拡張的な財政運営を続けるとすれば、２％を超える高めのインフレが日本経済に定着するリスクが高まる。

今後、岸田政権が補正予算による景気刺激は極力控える姿勢に転換するのであれば、財政政策全体としてはこれまでの政権に比べて拡張的とはならないのかもしれない。しかし２０２２年秋に、コロナ禍が減衰しつつある中でも、再び29兆円にも及ぶ大規模補正予算を決定したことや、何より政権の支持率が低迷していることなども踏まえると、2023年度も物価高対策を中心に大規模な補正予算の編成が繰り返され、政策転換は期待できないのではないか。

あるいは、2024年9月の自民党総裁選で勝利した後、岸田首相は君子豹変し、前述したような「社会連帯税」の導入など、歳入改革を一気に進める腹づもりなのだろうか。

2022年度ほどではないとしても、巨額の補正予算が23年度に再び編成される可能性があり、少なくとも向こう数年間は、財源確保が十分でない恒常的な歳出拡大が実施されることで、財政政策は、コロナ前よりも拡張的となる可能性が高そうである。

筆者は、現在の日本のインフレ上昇は、一時的な現象ではないと考えている。それは、グローバルインフレのインパクトが思った以上に大きかっただけではない。ここまで述べたように、岸田政権下において、日本の財政政策のスタンスが大きく変質しつつあることも、高めのインフレ定着を恐れる理由の一つである。

日本銀行は2023年7月28日に、イールドカーブ・コントロールの柔軟化に踏み切ったが、安定的かつ持続的な2%目標の達成にはまだ距離があるとして、マイナス金利政策を含め、当面、大規模金融緩和を維持する姿勢を示した。日銀からすれば、目標の達成に向け、インフレの持続性が高まることは望ましいことかもしれない。

しかし同時に、財政の持続性への疑念が高まるとすれば、物価安定目標が実現しても、十分な金融引締めを行うことが困難になる。実質金利の一段の低下によって、インフレ昂進や超円安の進行を抑えられなくなる恐れもあるだろう。早晩、日本でも第3章で論じた財政インフレが意識され始めるのではないか。

そこまで懸念するのは、気が早すぎると考える人も多いだろう。しかし、今後の経済・物価、そして金融政策の見通しを考える上でも、日本政府の財政政策のスタンスが大きく変わりつつあることを念頭に置く必要がある。債務水準がすでに相当に高く、インフレ傾向も続く中で、平時から拡張的な財政運営を続ければ、天変地異や地政学的リスクの顕在化などの緊急時に財政需要が生じた際、財政の持続性に対する疑念が一気に強まるリスクがあることは言うまでもない。

2 国際通貨「円」を保有する日本の公的債務の持続可能性

(1) 先進国と新興国の大きなちがい

「世界には4種類の国々がある。先進国と新興国と日本とアルゼンチンだ」。経済学者のサイモン・クズネッツのこの有名な分類は、今や再考が必要かもしれない。

18世紀後半の産業革命の到来で、経済史家のケネス・ポメランツのいう「大いなる分岐」が訪れ、西洋の国々は工業化し、先進国と呼ばれるようになった。「大いなる分岐」と呼ばれるのは、産業革命が訪れるまでアジアと西洋の経済的豊かさが、さほど変わらなかったためである。いや、むしろアジアの国々のほうが豊かだった。

西洋の国々がテイクオフした後、それ以外の国々は、発展途上国と呼ばれるようになった。今でいう新興国やグローバル・サウスといったところであろうか。しかし、そこには例外が存在した。

一つ目は、19世紀後半の明治維新後、急速な近代化に成功し、やや遅れて先進国の仲間入りをした日本である。第二次世界大戦の敗戦による挫折はあったが、戦後の高度成長で、一時は世界第2位の経済規模に躍り出た。

かつての富裕国アルゼンチン

二つ目の例外はアルゼンチンである。世界有数の沃野であるパンパを有し、19世紀末から第一次世界大戦にかけて、農牧産品輸出を背景に、世界トップレベルの一人あたり経済成長率を実現し、当時は富裕国の一つに数えられるほどだった。

筆者の少年時代、「母を訪ねて三千里」というアニメドラマが一世を風靡した。主人公のマルコ少年が、19世紀末にイタリアのジェノバからアルゼンチンのブエノスアイレスに出稼ぎに行ったまま音信不通になった母を尋ねて、長い旅をしたという話である。ぼんやりとではあるが、当時の筆者には、イタリアは先進国の仲間で、アルゼンチンは途上国の仲間という意識があったから、出稼ぎ先がアルゼンチンというのは長く引っかかるものもあったが、19世紀末のアルゼンチンはイタリアよりも豊かだった、ということである。

しかし、その後、アルゼンチンは工業国への転換もままならず、衰退が続いた。今やアルゼンチンは世界有数のインフレ体質の国、そして不安定な政治情勢が続く国というイメージから抜け出せないのは周知の通りである。２０２３年も大統領選挙をめぐって、金融市場は大混乱に陥った。このクズネッツの分類については、本章の最後に再び論じるが、本節のテーマは、先進国と新興国の国際金融面でのちがいと日本円の未来についてである。

「国債バブル付きのＦＴＰＬモデル」の国際金融への適用

先進国と新興国の間には大きな差異がある。拙著『成長の臨界』では、基軸通貨国や国際通貨を保有する先進国が危機の際、中銀ファイナンスで拡張財政を行うのが容易であり、新興国ではそれが困難であることを、経済学者のオリヴィエ・ブランシャールやマーカス・ブルネルマイヤーらの「国債バブル付きのＦＴＰＬモデル」を国際金融に適用するかたちで説明した。国際金融への適用そのものは、筆者独自のアイデアである。

もちろん、その意味するところは常識的な話であって、これまでも直感的な説明はなされてきた。ただし、「国債バブル付きのＦＴＰＬモデル」そのものがかなり新しいモデルであり、それを国際金融に拡張したモデルは今のところ、ほかでは目にしていない。

「国債バブル付きのＦＴＰＬモデル」については、以下でおいおい説明するが、まずＦＴＰＬとは、「物価水準の財政理論（Fiscal Theory of the Price Level)」であり、物価水準の決定に関係するのは、貨幣数量残高ではなく公的債務残高（統合政府の負債残高）である、というものである。つまり、第3章でフォーカスした財政インフレを説明する理論である。

国債バブルの発生

理論の世界とは異なり、現実の世界においては、様々な不確実性が存在し、その不確実性を完全にカバーしてくれる保険商品は存在しない。そのことを経済学では、金融市場の不完備性と呼ぶが、それを前提にすると、多様な不確実性に対して、人々は安全資産である国債、あるいは国債に裏づけられた銀行預金などを保有しようとする。この結果、安全資産である国債に対して、過大な需要、つまり一種のバブルが生じて、長期金利が低下し、名目成長率を下回るのである。「名目成長率＞長期金利」の世界が訪れる。

本来、「名目成長率＜長期金利」のはずだが、時折、逆転が起きると、歴史的に金融バブルなど異常現象が発生してきた。さらに２０１０年代以降は、「名目成長率＞長期金利」が恒常化するようになった。そのことは、以下述べるように、公的債務の持続可能性に大きく影響する。公的債務が膨らんでも、長期金利に規定される利払い費より、経済成長率に規定される税収の拡大ペースが速ければ、公的債務のＧＤＰ比は、条件次第では、発散が避けられるからである（図５－10）。

２０１０年代以降、名目成長率と長期金利の逆転が恒常化したのは、様々な原因が考えられるが、ブランシャールらが述べる通り、世界中の人々が長生きするようになり、長寿化リスクに備えて貯蓄を増やしたことが大きく影響していると考えられる。つまり、安全資産である長期国債に対する需要が大きく高まり、その利回りが低下したのである。

安全資産である長期国債の利回りが大きく低下したことは、マクロ安定化政策の文脈で言えば、総需要を潜在ＧＤＰと一致させる自然利子率が低下し、インフレ次第では、実効下限制約に陥って金融政策の有効性が失われることとも関係している。それゆえ、マクロ安定化政策として財政政策を再検討するということなのだが、今回、この問題を改めて取り上げるのは、２０２１年に始まっ

図５－10　長期金利－名目成長率

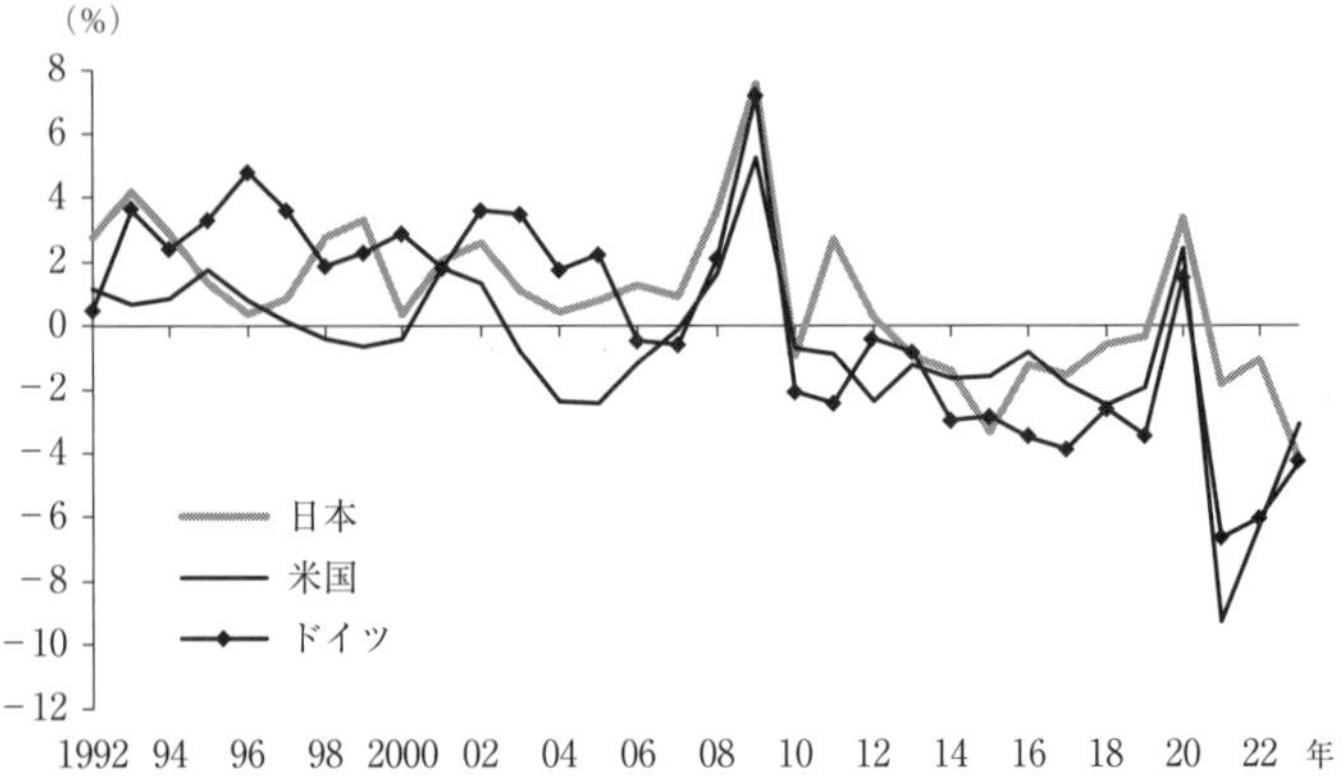

（注）　2023年は１－６月。
（出所）　Macrobond より、BNP パリバ証券作成

たグローバルインフレーションを経た現在においても、どうやら当初から睨んでいた通り、「名目成長率＞長期金利」の再逆転は簡単には起こりそうにない、と筆者が考えるからである。むしろインフレが上昇したほどには長期金利は上昇していないから、一時的ではあるが、名目成長率と長期金利の差は２０１０年代に比べて、一段と大きくなっていることが図５－10からもうかがわれる。

将来、不況が訪れた際、再び実効下限制約に陥るリスクがあるのなら、マクロ安定化政策として財政政策を活用するという考えが定着する可能性がある。もう一つは、実効下限制約を避けるために、より大きな糊しろを作るべく、欧米の中央銀行が、口にはしないまでも、一定程度のインフレ期待の上振れに寛容になるかもしれない[6]。

さて、「名目成長率＞長期金利」が維持される場合、ある一定以上のプライマリー収支（ＰＢ収支）を維持していれば、それが赤字の領域であっ

図５-11　日本の10年金利と10年 BEI の差

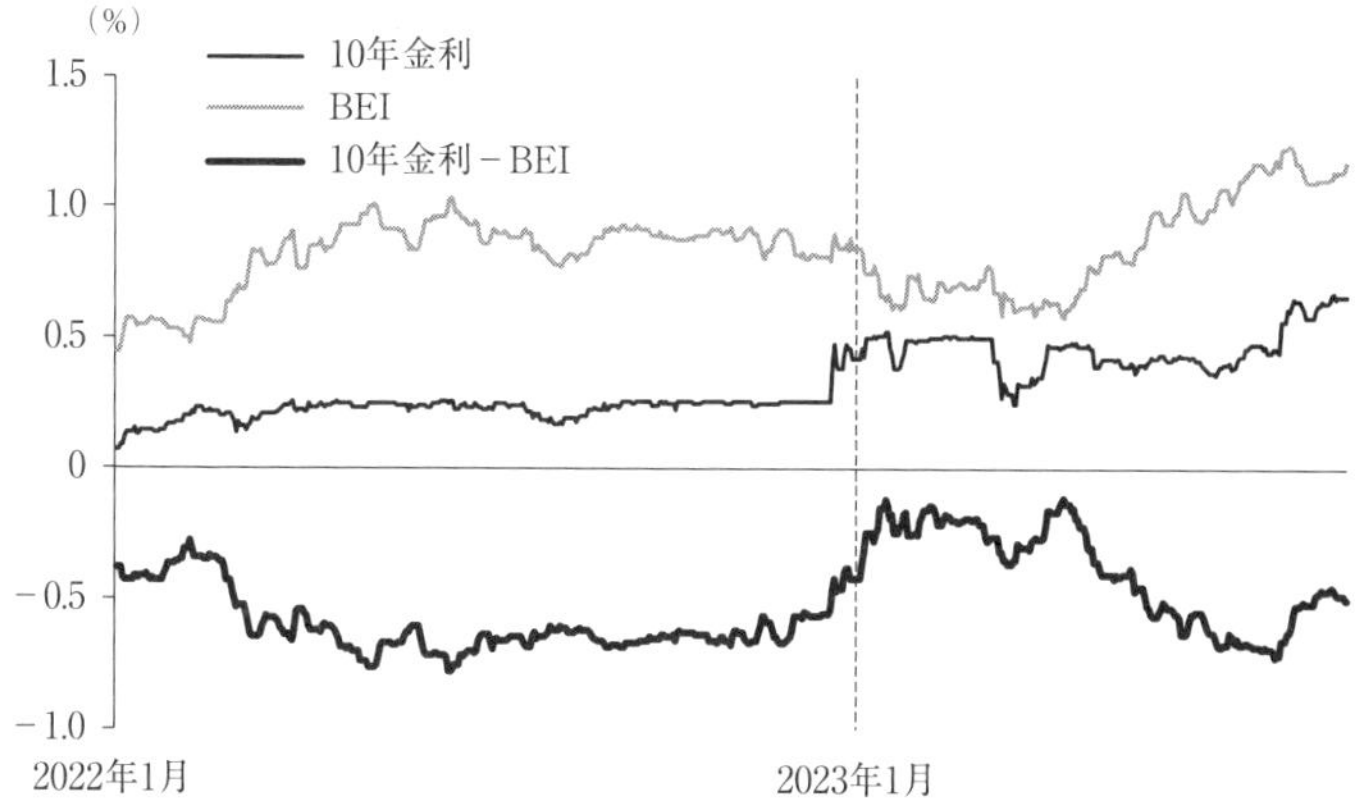

（出所）　Bloomberg より、BNP パリバ証券作成

ても、公的債務の発散は避けられる。こうしたロジックを基に、ここ数年、ブランシャールらは不況期における先進各国の積極財政を理論的に正当化しようとしてきた。

ただし、念のために言っておくと、日本のように潜在成長率が極めて低く、実質金利との差がさほど大きくない場合、公的債務の対ＧＤＰ比は発散が避けられるといっても、計算上の収束値は３００％を大きく超える。それではあまり意味を持たない議論のようにも思われる。

後述する通り、もし、金融市場が財政の持続可能性に疑念を持ち始め、長期金利が急騰すると、公的債務残高の対ＧＤＰ比が高い場合、利払い費が急増し、自己実現的に公的債務の持続可能性が失われるからである。ただ、足元に関して言えば、２０２３年前半は、二桁前後の前期比年率・名目成長率が続く一方で、10年金利は上昇したといっても低い水準にあるため、乖離は相当に大き

図5-12　FTPLモデルとその拡張①

(1)式　オリジナルのFTPLモデル
物価水準＝統合政府の負債（市中保有国債の市場価値＋中央銀行のマネタリーベース残高）÷（将来のPB収支の現在価値の総和）

(2)式　国債バブル付きFTPLモデル
物価水準＝統合政府の負債（市中保有国債の市場価値＋中央銀行のマネタリーベース残高）÷（将来のPB収支の現在価値の総和＋**国債バブル**）

くなっている。同時に、インフレが上昇しても、名目金利が低く抑えられているため、第1章で見た通り、大幅な円安が進んでいる。

なお、日本の潜在成長率はゼロ近傍まで低下しているが、図5－11が示す通り、金融市場が想定する今後10年間の実質金利は引き続き小幅なマイナスに留まる[7]。「名目成長率∨長期金利」であったとしても、潜在成長率と実質金利に大きな差がないということは、公的債務の対GDP比が収束するとしても、PB赤字の対GDP比次第ではあるが、相当に高い水準となり、発散と変わらない。

国債バブルが生じれば中銀ファイナンスは可能に

オリジナルのFTPLでは、図5－12の(1)式が示す通り、「統合政府の負債（市中保有国債の市場価値＋中央銀行のマネタリーベース残高）」と「将来のPB収支の現在価値の総和」の大小関係によって物価水準が規定されると考えてきた。ブランシャールやブルネルマイヤーらは、仮に将来のPB収支の改善が予想されないとしても、中銀の支援があれば、国債バブル（需要）が膨らむことによって、拡大する統合政府の負債が吸収できると考えた。

国債バブル付きのFTPLモデルでは同図の(2)式が示す通り、新たな分母は、「将来のＰＢ収支の現在価値の総和＋国債バブル」となる。追加財政が行われ、分子の統合政府の負債が膨らむ場合、将来のＰＢ収支の現在の総和が改善しなくても、中銀の金融緩和が促す国債バブルによって統合政府の負債が市場で吸収される。このため、先進国では、急激な資本流出や物価の急上昇などを懸念することなく、経済ショックが訪れた場合、中銀ファイナンスによる大規模な財政政策を行うことができる。

もっとも、後で触れる通り、とりわけコロナ危機の際の米国で行われたように、ＧＤＰ比で合計25％に達するような、あまりに大規模な財政政策を短期間の間に発動すると、グローバルインフレやグローバル資本市場の大きな振幅を惹起するなど、深刻な問題が生じ得る(8)。

新興国は基軸通貨や国際通貨を選好

一方、新興国は、豊かになっても、安全資産を供給することができないため、グローバルな経済取引においても、また資産保有においても、ドルやユーロ、円などの基軸通貨、国際通貨を取得しようとする。具体的には米国債やドイツ国債、フランス国債、日本国債などを保有しようとする。こうした国際金融で見られる動きをブルネルマイヤーらのモデルに組み込むことはできないか。これが筆者の問題意識であり、新興国からの強い需要があるから、危機が到来した際、基軸通貨や国際通貨を供給する先進国では、統合政府の負債が大きく膨らんでもスムーズに市場に吸収され、資本流出を招くことはない。そういうことなのではないのか。

ブルネルマイヤーらの理論モデルでは、不確実性の存在によって、安全資産に対する強い需要

図５−13　FTPL モデルとその拡張②

(3)式　国債バブル付きFTPLモデルの国際金融への拡張
物価水準＝統合政府の負債（市中保有国債の市場価値＋中央銀行のマネタリーベース残高）÷（将来のPB収支の現在価値の総和＋国債バブル＋基軸通貨・国際通貨であることの信認）

（国債バブル）が先進国の国債（統合政府の負債）を吸収するが、筆者の理論では、そこに安全資産（信認）の不足する新興国からの強い需要も加わって、基軸通貨や国際通貨に対する信認が増し、先進国の統合政府の負債が吸収される。

先ほどの「国債バブル付きのＦＴＰＬモデル」の分母に、さらに「基軸通貨・国際通貨であることの信認」が加わるのである。つまり、国際金融に拡張した国債バブル付きのＦＴＰＬモデルでは、物価水準は、図５－13の(3)式が示す通り、将来のＰＢ収支の現在価値の総和に国債バブルだけでなく基軸通貨・国際通貨であることの信認を加えたものと、統合政府の負債の大小関係によって決定される。

筆者自身は、近年、先進国の自然利子率が低下傾向にあるのは、前述した長寿化リスクへの対応として安全資産需要が膨らんだことも重要だが、グローバリゼーションの進展で、先進国の国債に対する新興国からの需要が拡大したことも大きく影響していると考える。新興国の人々も長寿化で安全資産を欲するようになったが、その対象として、基軸通貨国や国際通貨供給国の安全資産が選好されているのである。

米中新冷戦の開始で、ドル覇権が大きく揺らいだと考える人も多いが、人民元システムは、少なくとも今の段階では使い勝手が悪く、ドルシステムにとって代われるような代物ではない。むしろ、筆者の実感としては、米中新冷戦の勃発後、中国から人的資本の流出（頭脳流出）が広がっており、それとともに緩やかなキャピタルフライトが生じている。それが、経済刺激のために必要であっても中国が金融緩和を緩やかなペースに止めている理由の一つなのだろう。また、それは日本の都市部のマンション価格を押し上げている要因の一つではないのか。

拡張財政が難しい新興国

「国際金融に拡張した国債バブル付きのＦＴＰＬモデル」において、ここでもし、グローバル不況が訪れ、不確実性が高まると、先進国のみならず、新興国でも予備的動機が強まり、国際金融市場では、米国債など先進国の国債をさらに保有しようとする動きが強まる。それゆえ、先進国は、公的債務の持続可能性をさほど意識することなく、中銀ファイナンスで大規模財政を行うことができる。一方、自国の貯蓄が先進国の国債などに逃げ出す潜在的なリスクを常に抱える新興国は、大規模な財政、金融政策を行うことは難しい。それどころか、資本流出を避けるために、景気が冴えないときでさえ、緊縮的なマクロ政策運営を余儀なくされてきた。

今回のコロナ禍でも、先進国はむしろ政策が小さすぎることの失敗を恐れ、大規模な財政・金融政策を発動し、経済再開が始まっても、総需要への悪影響を懸念して、金融政策を引締めに転換するのが相当に遅れた。それが、景気過熱によるホームメイドインフレの原因でもあった。一方、新興国ではコロナ禍でも財政政策の発動は限られ、将来の先進国の中央銀行の量的緩和（ＱＥ）の停止がもたらす自国からの資本流出や通貨安を恐れたため、2021年の早い段階から、金融引締めに転じたことは、第4章で詳しく見た通りである。

国際金融の現場にいる人からすれば、ごく当たり前の話なのだが、「国債バブル付きのFTPLモデル」を国際金融に拡張することで、これらの現象がうまく説明できるということである。

途方もない特権

筆者の「国際金融に拡張した国債バブル付きのFTPLモデル」で明確になったのは、先進国が、資本流出を気にすることなく、不況期に大規模な財政政策を行うことができるのは、新興国の犠牲のお陰ということである。これが一つ目の命題である。この第一の命題の系として、それを新興国側からみると、基軸通貨や国際通貨への強い選好が存在するため、自国の国債は選好されず、危機が訪れても、積極的な財政政策の発動は難しい、ということである（第二の命題）。

改めて感じるのは、国際金融市場は先進国、特に基軸通貨国に極めて有利なシステムということであろう。フランスのドゴール政権の財務大臣を務め、後にドゴール大統領の後を襲ったポンピドゥーが米ドルに向けて発した通り、それは「途方もない特権」であるが、その「途方のなさ」はますます大きくなっている(9)。

仮に米国が基軸通貨国ではなくなり、この「途方もない特権」を失う日が訪れるとすると、それは、海外の人々が保有するドルを新たな基軸通貨に変えようとする時である。皆が保有を避けようとするから、ドルの購買力は大きく低下し、その過程では、為替市場においてドルの大幅な減価が生じ、国内では大幅な物価高が生じる。ＦＴＰＬモデル⑶式の分母のうち、「基軸通貨・国際通貨であることの信認」が急速に縮小することで、物価水準の大幅な上昇が起きるのである。その時には、同時に国内でも国債バブルが崩壊するはずである。

私たちは、こうした状況をかつて、米国に基軸通貨国の立場を奪われた英国の経験として観測した。英国は対外的に保有する金融資産のみならず、多数の実物資産も手放す羽目に陥り、基軸通貨国だった頃に比べると、貧しくなった。もし、ドルシステムにチャレンジする新興大国が現れようとすれば、その国のパワーが巨大化する前に米国政府が叩こうとするのは当然であろう。

臨界点を規定するのはグローバル経済

閉鎖経済であれば、統合政府の債務を国債バブルが吸収しても、バブルを無制限に膨らませることはできないから、中銀ファイナンスもいずれ限界が訪れる。経済学者のジャン・ティロールらのバブル代替のモデルが示す通り、経済規模と同じ拡大ペースならバブルを維持できるが、国債発行の継続的な逸脱は維持不可能である。しかし、国際金融に拡張した筆者のモデルにおいて、基軸通貨国や国際通貨供給国の公的債務（統合政府の負債）への需要を規定するのは、それぞれの国の経済規模ではなく、グローバル経済の規模である。

そして、これが第三の命題につながる。つまり、新興国からの強い選好が存在するため、基軸通貨国や国際通貨供給国の公的債務の臨界を規定するのは、グローバル経済の拡大ペースとなる。先進国よりも新興国の成長ペースが速いとすると、先進国では、自国経済より公的債務の膨張ペースが多少速くても、それは持続可能であろう。先進国、特に米国債に対する信認の天井は思った以上に高いのである。

ドルの基軸通貨性は増している

近年、筆者が強調しているのは、新興国のドル経済化がますます進み、ドルの基軸通貨性がむしろ増していることである。前述した通り、ユーロや人民元の台頭によって、ドルの優位性が侵食されているという見方があるものの、国際金融の現場からすれば、それは事実とは大きく異なる。

貿易決済において、以前に比べると決済通貨の多様性が増しているのは事実ではある。しかし、貿易決済においてすら、米国の世界GDPにおける割合、あるいは米国の世界貿易の比率に比べると、今もドル決済のウエートは相当に高い。

さらに、不確実性が高まると、万が一に備えて安全資産に対する需要が急激に高まる。グローバル金融市場においては、皆が手当てしようとするのは、ドルの流動性(短期のドル資金)であり、それを供給できるのは米国の中央銀行であるFRBだけである。グローバルに展開する金融機関は、ドル資金の貸し借りを行っているが、危機が生じると、皆が一斉にドルの流動性を蓄えようとして、争奪戦が起こる。ドルの流動性を確保しようと、手持ちのリスク資産を売却しようとするため、世界的にリスク資産価格が急落するのも、このためである。

(2) 国際通貨「円」の賞味期限

グローバルな最後の貸し手

2000年代末にグローバル金融危機が訪れた際も、ドルの流動性に対する急激な需要が高まった。リスク資産が世界的に売り浴びせられる中、FRBは主要5カ国の中央銀行と通貨スワップ協定を結び、彼らを通じてドル資金の大量供給を行った。自国通貨との交換で、FRBから潤沢なドルの流動性を手にした欧州、日本、英国、カナダ、スイスの5大中央銀行は、グローバル展開する自国の金融機関に対してドルの短期資金を供給できた。各国の大手金融機関は安全資産であるドルの流動性を十分に確保し、国際金融市場の動揺に歯止めがかかったのである。

今回のコロナ危機でも、一時は、極度に不確実性が高まった。ドルの流動性の争奪戦によって生じた国際金融市場の混乱に対し、FRBは、上記の5大中央銀行だけでなく、有力新興国を含む9つの中央銀行とも通貨スワップ協定を結び、ドルの流動性を大量に供給した。対象となったのは、スウェーデン、オーストラリア、ノルウェー、デンマーク、ニュージーランド、ブラジル、メキシコ、韓国、シンガポールの中央銀行である[10]。この結果、ドルの流動性が各国の中央銀行を通じて国際金融市場に大量に供給され、ドルの流動性不足が解消された。ちなみに9中央銀行との通貨スワップは上限が決められた時限措置だが、日銀を含む5大中央銀行との通貨スワップは無制限かつ恒久的な措置である。

新興国の中央銀行が保有する外貨準備のうち、ドルのウエートが低下していることなどから、ドルの凋落ばかりが注目されている。米中対立の激化で、そうした見方はさらに強まっている。一方で、FRBが通貨スワップ協定を結んで、先進国のみならず、一部の新興国の中央銀行にもドルの流動性を提供し始めたことの重要性は、意外なほどに理解されていない。グローバル資本市場における「最後の貸し手」として、基軸通貨であるドルの強力な供給ツールが整備され、ドルシステムはこれまで以上に強固になったのである。

元日銀副総裁の中曽宏は、これを「グローバルな最後の貸し手（Global Lender of Last Resort：GLLR）」と呼んでいる。ウクライナ戦争でのロシアへの金融制裁を垣間見て、中国はドルシステムに安住するのはもはや危険と感じ、人民元の決済システムであるCIPS（Cross-Border Interbank Payment System）の強化に動いているが、ネットワーク外部性や制度的補完性によってますます使い勝手を増したドルシステムから利用者が抜け出すのは難しい。中国にとっても、CIPSは「万が一の保険」であって、ただちにドルシステムから全面的に移行する意向はないだろう(11)。

円の国際通貨性の延命

以下のこともあまり注目されていないが、実は、米国のグローバルな最後の貸し手機能の拡充は、日本にとっても、相当に大きな意味を持つ。ユーロやポンド、スイスフラン、円、カナダドルなどの主要通貨とドルの間の通貨スワップ協定は、無制限かつ恒久的なものであった。それらの主要国通貨はドルシステムをより強固にするためのツールに変貌するとともに、無制限のドル供与の恩恵を恒久的に享受した。つまり、基軸通貨ドルに紐づけられ、かなり高い安定性を手にしたと言える。

もともと、国際通貨は、基軸通貨のドルに次いで、新興国などからの強い選好が存在するため、中銀ファイナンスによる大規模な追加財政を行っても、資本流出を懸念する必要がないと、論じた。さらに無制限かつ恒久的な米国との通貨スワップ協定という制度的に強固なバックストップが加わったことで、資本流出の懸念は、より小さくなったともいえる。

ならば、日本は半永久的に、基軸通貨ドルに紐づけられた国際通貨の地位を享受したと言えるのだろうか。もし、そうだとすると、公的債務が膨張を続けても、その持続可能性を懸念する必要はないのだろうか。答えは複雑である。短中期的にはイエスであるが、長期的には私たちの努力次第であろう。

たしかにドルシステムに深く組み込まれたことで、円の国際通貨としての寿命は延伸したとは言える。たとえば日本国債の格下げが繰り返された場合、国債金利の急騰は日本銀行の購入によって抑え込まれるだろうが、グローバル展開する日本の大手金融機関の格付も同時に引き下げられるため、彼らが国際金融市場でのドル資金の調達に困難を来し、それが超円安など危機の引き金を引くと考えられてきた。しかし、無制限のドル資金を恒久的に日銀が手にできるのなら、大手邦銀も外貨資金の手当てに窮することは、もはやないはずである。

それに安住するがゆえに、第1節(3)項でみたように、岸田文雄政権は、十分に財源も固めぬまま、次から次へと恒久的な歳出を決定しているのだろうか。

図５-14　潜在成長率（前期比年率）

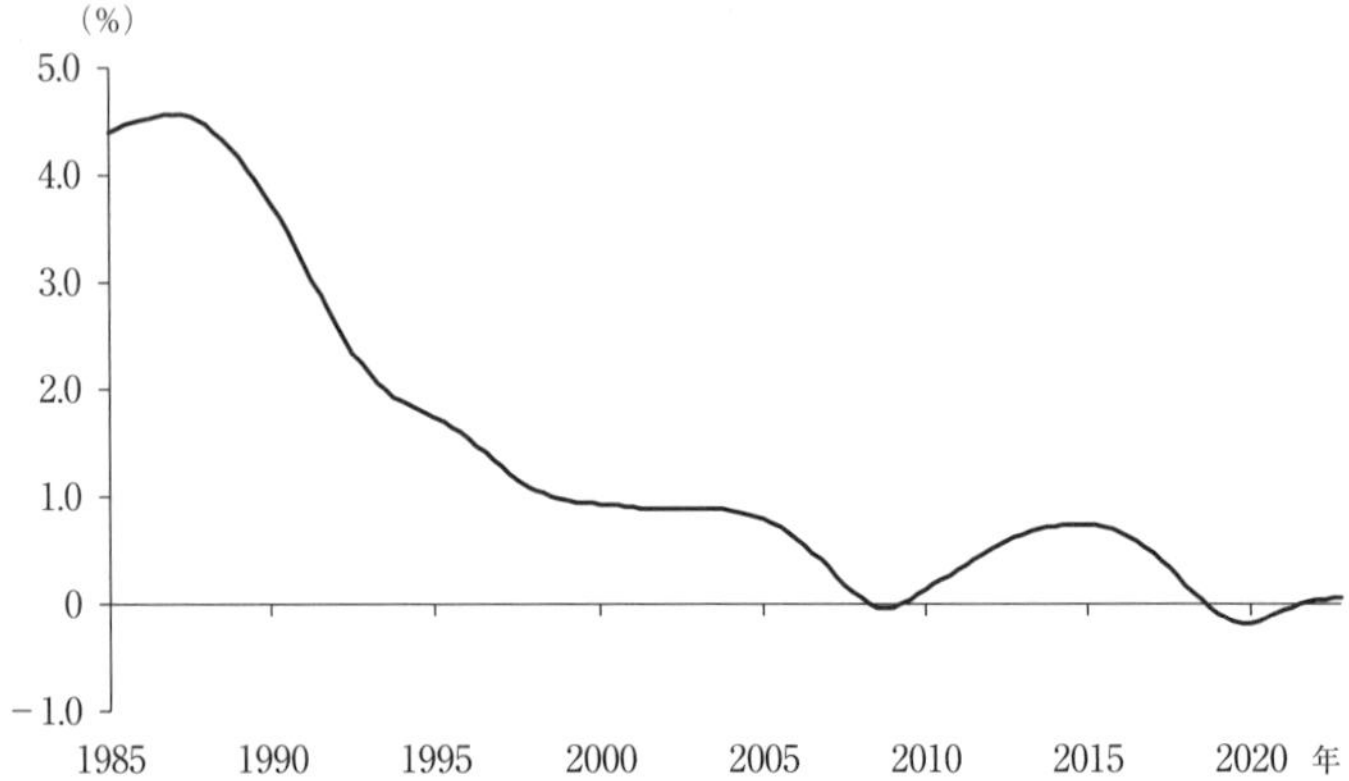

（出所）内閣府、経済産業省、厚生労働省、総務省より、BNPパリバ証券作成

たしかに強固な日米同盟が存在すれば、通貨スワップ協定も盤石である。ただ、通貨スワップ協定が存在するからといって、半永久的に国際通貨の一角を円が維持できるとは限らない。

そもそも国際通貨であるかどうかは、やはり相対的な国力が大きく影響する。一人あたり所得もほとんど増えず、おまけに人口も減少が続くというのでは、国際通貨の一角を永く占めるのは難しくなっていくはずである。各国経済は、たとえば2％程度の実質成長の継続によって、36年（一世代）で倍増していくが、ゼロ近傍の潜在成長を続けたままの日本では、経済規模の倍増に150年近く要し、その間、埋没は避けられない（図５-14）。

仮に「名目成長率＞長期金利」が維持されていても、国際通貨でなくなれば誰も見向きもしなくなることは、これまでも述べてきた通りである。また、そもそも日本の場合、潜在成長率がゼロ近傍まで低下しているため、実効下限制約が解消されても、名目成長率と長期金利の差分を十分に確保できない可能性もある。先にも触れたが、理論的に公的債務の対ＧＤＰ比が収束するとはいっても、収束値が相当に高い水準となれば、現実問題としては、それは発散とまったく変わらない、ということになりかねないのである。

国際金融市場が財政破綻のリスクを織り込み始めると、長期金利が急騰し、利払い費が急増することで、自己実現的に公的債務の持続可能性は一気に崩れる。ファンダメンタルズに大きな変化がなくても、ある日突然、国際金融市場が財政破綻を懸念し始め、長期金利が急騰すると、利払い費が急増して、公的債務が膨らみ、懸念が現実化し危機が到来することも考えられる。これをサンスポット均衡と呼ぶが、財政危機にファンダメンタルズの裏づけがないため、中央銀行の国債購入によって抑え込むことは不可能ではないだろう。米国との通貨スワップ協定も、サンスポット均衡の回避に大いに役立つはずである。

しかし、現在もＰＢ黒字化はまったくのところ見通せず、公的債務の対ＧＤＰ比も上昇が続いている日本においては、国際金融市場でアタックが生じた際、サンスポット均衡がもたらす市場の混乱（サドンストップ）と言い切れなくなる恐れがある。

通貨スワップ協定の頑健性

コロナ禍が訪れた際、感染が早い段階で急速に広がり、多数の死者も出たイタリアでは、財政の持続可能性が大きく疑われ、同国の長期金利が急騰した。それが続けば利払い費が膨らみ、財政の持続可能性が損なわれる恐れがあった。

このとき、ＥＣＢによる国債の大量購入によって、長期金利は低下し、財政危機は杞憂に終わった。中央銀行の国債購入で抑え込むことができたという点で、投機筋のアタックは、もしそれが成功していたとしても、サンスポット均衡によるサドンストップだったと言えるのかもしれない。

ただ、未然に防ぐことができたのはファンダメンタルズに問題がなかったからではなく、ＥＣＢが単なる一国の中央銀行ではないからかもしれない。つまり、ＥＣＢが購入したイタリア国債がデフォルトした場合、その損失はユーロ加盟国が出資額に応じて被る。つまり、ＥＣＢのイタリア国債の購入によって、ユーロ全加盟国からイタリアに対して潜在的な所得移転が行われたから（あるいは、同じことだが、ＥＣＢを通じ、イタリアからユーロ全加盟国に損失リスクが分散されたから）、イタリア国債のデフォルトが回避された可能性もある。

日本が国際金融危機に直面した際、もともと円資金については、日本銀行が無制限に供給することが可能であったが、懸念されていた外貨資金についても、無制限かつ恒久的にＦＲＢ経由で手当てできる。それはたしかに国際通貨としての円の地位を保全するための強固なスキームであると言える。

しかし、将来、日本経済の世界経済に占めるシェアがますます低下し、小国となった日本は、国際金融投機筋の餌食となり、アタックが繰り返される可能性がある。それでも、しばらくは、ＦＲＢからのドル資金供給もあって、何とか危機は回避されるだろう。ただ、それはもはや、サンスポット均衡によるサドンストップではなく、ファンダメンタルズの悪化による危機が懸念されているのである。多大な損失をＦＲＢが被る事態を恐れ、米国の有権者は日本との通貨スワップ協定の存続を容認しなくなるのではないか。そうした疑念自体が、通貨スワップ協定の有効性を徐々に蝕んでいく。

やはり、米国との通貨スワップ協定の存在で、円の国際通貨としての地位が半永久的に保たれるというのは疑問が残る。長期的には私たちの努力次第である。

日本人が円預金を見捨てる日

超円安が繰り返されることもあって、ＹＣＣの再調整が、２０２２年12月に続いて、23年７月末にも行われた。ようやく日銀の異次元の金融緩和の出口も意識され始めてきた。しかし、巨額の公的債務と大幅なＰＢ赤字を抱えたままでは、公的債務管理の観点から、金利正常化を意味する継続的な利上げは容易ではない。

早晩、マイナス金利政策は撤廃されると考えられるが、その後、利上げが行われても、小幅修正に留まり、正常化には程遠い、というのが政策当局者のコンセンサスだろう。ただ、公的債務管理の要請から低い金利水準を維持しなければならないといっても、第１章で論じた通り、日本の預金者が果たして、このままゼロ近傍の預金金利を甘受するのか、という決定的な問題がある。

公的債務が膨張を続けても、ゼロ金利政策を続けさえすれば、利払い費を抑え込み、公的債務も管理可能と考える政治家も少なくない。しかし、インフレによって実質価値が目減りすれば、そしてさらに国際通貨の地位が揺らいでくれば、日本の預金者は半永久的にゼロ金利の続く円預金を手放し、保険として、ドルや他の国際通貨の預金を保有しようとするはずである。邦銀も円預金が流出し始めれば、自国通貨建てであっても、日本国債を積極的に保有しようとはしなくなる。そうなると、金融取引の担保需要等はともかくとして、日銀以外、円建ての日本国債を積極購入する人は少なくなるかもしれない。

日銀が国債をすべて購入することで、円金利の急騰を封じ込められるとしても、国債の無制限購入が円の暴落を招くことは、2022年、23年に予行演習を行った通りである。これまで論じたように、ドルシステムに深く組み込まれた国際通貨・円を保有するから、半永久的に日本が財政危機を避けられるという慢心は禁物である。

現在のシステムがうまく機能している間に、超長期の財政健全化プランを整えなければならない。それを整えておけば、国際通貨として延命できる可能性は高まる。放置しても、この先、10年、20年はまだ大丈夫のようにも見えるが、首都直下型大地震や南海トラフ地震、富士山噴火、台湾有事など、公的債務を急激に膨らませるイベントが二つ三つと重なれば、持続可能性は一気に臨界に達する可能性がある。

もう一つのリスクは、日本が国際金融システム上、頼りとする米国の内政不安で、ドルシステムそのものが大きく揺らぐことである。第3章で論じた通り、2024年の大統領選挙の結果次第では、米国がアノクラシー(部分民主主義)に陥り、内戦に向かうリスクも無視し得ない。そのとき、ドルシステムに紐づけられていることで確保されている円の信認が一気に吹き飛ぶリスクもゼロとは言えない。2023年秋以降、政治分断による統治能力の低下など、米国債の債務返済能力が疑われ、リスクプレミアムの上昇によって長期金利が上昇している。これまで以上に警戒が必要であろう。

＊　　＊　　＊

筆を擱く時間が近づいてきた。これまでの議論をまとめよう。日本に適用すべきは、基軸通貨国やそれに準ずる国際通貨供給国が、危機時に中銀ファイナンスによる大規模な財政政策を行うことができるという第一の命題だけでない。国際通貨の地位を失うリスクがあるわが国は、新興国向けである第二の命題も意識する必要がある。不況が訪れた際、財政、金融政策を発動することは有用だが、「名目成長率＞長期金利」の継続を前提に、一切の制約はないと考え、好況期にも拡張財政を繰り返すことは、事態を悪化させるだけである。

また、短期的には景気刺激効果を持つとしても、それが資源配分や所得分配を大きく歪め、潜在成長率を低迷させると同時に、一人あたりの実質賃金を低迷させる、というのは、これまでも繰り返し論じてきたことである。２０２２年以降、超円安の弊害が広く認識され始めたが、それは「痛み止め」であるはずのマクロ安定化政策の処方が行きすぎたせいで、副作用が無視し得なくなったことの証左にほかならない。第一の命題が日本に適用可能である間に、マクロ安定化政策のあり方を再検討する必要もあるだろう。

日本がアルゼンチンタンゴを踊る日

再びクズネッツの分類。クズネッツが意図したのは「先進国は先進国のまま、新興国も新興国のまま、新興国から先進国に転身できたのは珍しく日本のみ、先進国から新興国に転落する国も珍しくアルゼンチンのみ」ということだった。

新たな分類は、言うまでもないだろう。経済的にも政治的にも大混乱が続いているアルゼンチンが近い将来、再び先進国の仲間入りをする可能性は高くはない。一方、新興国から先進国入りし、再び新興国に日本が転落すれば、日本はアルゼンチンと同じ経路をたどることになり、国の種類は4種類ではなく、3種類になる。これが本章のタイトル「日本がアルゼンチンタンゴを踊る日」の含意だが、それは何としても避けたいところである(12)。

私たちは、グローバル経済を40年ぶりに襲った高インフレの行方と、それがもたらす日本経済、そして「日本円」への長期的な影響を探るべく、新たな航海に出かけた。インフレは未だ終息せず、船は錨（アンカー）を降ろすには至ってはいない。グローバルインフレをめぐる海図なき航海は今後も続くが、本書が読者にとって、この先も良き水先案内役を果たすことができれば、望外の喜びである。

第5章　注

（1）経済学者の宇南山卓によれば、日本の家計は、現在の消費を決める際、現在の所得だけでなく、生涯の所得まで見据えて決めるというライフサイクル理論におおむね合致しているという。つまり、現金給付による家計の行動変容は大きくないということである。たとえば、生涯賃金が2億円の人に10年にわたって年12万円、累計で120万円を給付しても、影響は0・6％にすぎず、行動を大きく変えることはないだろう。

（2）本項は社会学者のメアリー・ブリントンの論考を基にしている。

（3）2023年6月に政府・こども未来戦略会議が発表した「こども未来戦略方針」では、財源に関し、「企業を含め社会・経済の参加者全員が連帯し、公平な立場で、広く負担していく新たな枠組み（「労使支援金制度（仮称）」）を構築することとし、その詳細について年末に結論を出す」としている。さらに、その方向性については、「労使を含めた国民各層及び公費で負担することとし、その賦課・徴収方法については、賦課上限の在り方や賦課対象、低所得者に対する配慮措置を含め、負担能力に応じた公平な負担とすることを検討し、全世代型で子育て世帯を支える観点から、賦課対象者の広さを考慮しつつ社会保険の賦課・徴収ルートを活用すること」としている。

（4）潜在成長率が0・5％弱の下で、2％、3％の消費増税は、景気への影響が大きすぎる。毎年0・5％でも、増税期間中、所得増がすべて相殺される。もし、2～3年に一度、0・5％の増税なら、不況を避けられ、同時に家計の所得増加も可能になると見られる。景気へのダメージが小さいため、景気対策として追加財政も不要になるだろう。ただし、10ポイントの引上げには40～60年、15ポイントの引上げには60～90年を要する。果たして市場は待ってくれるのか、そう疑問に思う人も多いだろうが、長期間を要しても、不況を回避できるのなら、信頼に足る財政健全化のパッケージと市場は受け止めるのではないだろうか。日本の財政健全化は、50年、100年を要する国家事業である。

（5）日本の仮想敵国は、日本の防衛費増額の頼りない財源論議を耳にして、ほくそ笑んでいるのではないか。大いに懸念される。

（6）日本でゼロインフレが解消されても、実質賃金上昇率が改善するわけではないことは第1章でも詳しく論じたが、それでも日銀が2％インフレ目標の達成に強くこだわってきたのは、論理的に考えれば、糊しろを作り、将来、実効下限制約に直面するのを避けたいと考えてきたからであろう。第4章の脚注でも触れたが、専門家の中には、ゼロインフレが解消されると、イノベーションが増え、生産性上昇率や潜在成長率が高まると主張する人もいるが、多分に印象論の域を出ず、実証的な根拠のある話ではない。

（7）図5－11の10年BEIは、金融市場が想定する今後10年間の平均インフレ率である。それゆえ、10年金利と10年BEIの差は、10年間の実質金利を意味している。

(8) 財政政策擁護派のブランシャールも、コロナ禍では、トランプに続くバイデンの財政政策を見て、さすがに規模が大きすぎ、高インフレを招くと警鐘を鳴らしていた。

(9) ちなみにブレトンウッズ体制構築の際、ジョン・メイナード・ケインズが国際清算同盟（バンコール）の導入を提唱した。結局叶わなかったが、戦後に米国が基軸通貨国のメリットを英国から奪い去ることを極力抑えようとしたケインズの愛国的な動機からだった。もし、バンコールが導入されていたのなら、新たに国際金融に参入する新興国は、基軸通貨ドルを入手するために、支出を抑え、資本輸出を行う必要はない。現在よりもはるかに民主主義的な国際金融システムを構築することが可能だったはずである。本来、貯蓄が不足し、先進国からの資本輸入（借入）が必要な新興国が、グローバル経済に参加するために、ドル国債を入手すべく米国に資本輸出しなければならない、というのは、現実に行われていることではあるが、それは極めて歪な姿でもある。

(10) さらにFIMAレポファシリティとして、海外中銀や国際機関が米国債を担保にドルを調達できる暫定レポファシリティが設立されている。

(11) 最近、新興国の中央銀行が金の保有を増やしているのも、米国からの制裁に直面した際の万が一の保険ということなのだろう。金は海外から外貨を借りる際の担保にはなり得る。

(12) もっとも、1990年代後半以降のITデジタル革命と第二次グローバリゼーションの到来によって、新興国が躍進を続け、中国やインドが著しい復活を遂げるなど、「大いなる収斂」が続いている。早晩、中国が文字通り先進国の仲間入りを果たすのなら、クズネッツの分類そのものが、もはや意味を持たなくなるのかもしれない。いや、それとも中国は、「中所得国の罠」に陥るのだろうか。

　蛇足だが、筆者の念頭にある第四の命題は、基軸通貨国であっても、あまりに規模の大きな中銀ファイナンスで大規模な追加財政を出動すると、グローバルインフレをもたらすだけでなく、大幅な金融引締めが必要となり、新興国経済を含めグローバル経済を不安定化させるから自制が必要、というものである。まだ、グローバルインフレの最終的な帰着は見えていないから命題というより、現在進行形の大実験によって検証中の仮説というべきものである。

おわりに

本書の執筆をほぼ終えた後、2023年9月9日の読売新聞に、植田和男日銀総裁のインタビュー記事が掲載された(1)。植田総裁は、賃金上昇を伴う持続的な物価上昇に確信が持てる段階になれば、マイナス金利政策の解除を含め、いろいろなオプションがあると語った上で、2023年内にも、そうした判断ができる材料が出そろう可能性もゼロではないと述べた。2024年度も高い賃金上昇が続くことが見通せるようになれば、マイナス金利政策の解除を含めて、政策修正が可能になるが、春闘で高い賃上げを実際に確認する前でも、そうした判断が可能になるかもしれない、ということである。

こうした報道を受け、日本の国債市場は蜂の巣をつついたような大騒ぎとなった。というのも、インタビュー記事が掲載されるまで、マーケットでは、2024年春の政策修正すら十分に織り込んでいなかったからである。それまでは、2023年春闘の高い賃上げは一時的、という観測が市場の多数派の意見だった。ましてや2023年末、あるいは24年初頭の政策修正の可能性はまったく織り込まれていなかった。

これまで慎重だった植田総裁が、敢えてそうした可能性を示唆したのは、なぜだろう。

今後も相当期間にわたって、現状の超金融緩和が継続されると金融市場が確信していることに対して、必ずしもそうしたシナリオばかりではないと、警鐘を鳴らしたかったのだろうか。仮に、家計や企業のインフレ期待が高まっているのにもかかわらず、金融市場が一切、それらを織り込んでいないとすると、マーケットに大きな歪みをもたらす可能性がある。

筆者自身は、植田総裁が踏み込んだ発言をしたのは、超円安が進む為替市場への牽制だったのではないかと考えている。もちろん、日銀は為替レートをターゲットに金融政策を行っているわけではないが、輸入インフレが進めば家計の実質購買力が損なわれ、個人消費にも悪影響が及ぶ。2023年7月末に日本銀行がYCCの上限を1%まで引き上げた後も、マーケットでは、日銀が相当期間にわたって現状の超金融緩和を継続することを想定し、円安圧力が高まっていた。

遠くない将来、日銀の短期金利の引上げの可能性があり得ることが市場に織り込まれて、円金利が上昇すれば、円安圧力の歯止めになる。ただ、日銀が大量の長期国債を買い込んでいるため、YCCの上限を1%に引き上げても、それだけでは長期金利はなかなか上昇しない。それゆえ、植田総裁はマイナス金利撤廃の可能性を敢えてほのめかしたのではなかろうか。時間軸効果を使って、市場をやんわり揺さぶったのだ。

日銀としては、為替レートそのものを誘導するということではなく、マクロ経済の需給逼迫によってホームメイドインフレの圧力も徐々に高まっており、一段の円安が進めば賃上げを含めインフレ圧力がさらに増すから、早期の政策修正もあり得る、というロジックなのだろう。

筆者はもともと、2024年春闘で2年連続の高い賃上げを確認した後、そのタイミングでマイナス金利政策の撤廃を含め、政策修正に踏み切ることをメインシナリオとしてきた。２０２３年７月末にＹＣＣの上限を１％に引き上げたのも、こうした将来におけるマイナス金利政策の撤廃などの蓋然性が高まってきたことへの「地ならし」と考えてきた。

また、筆者は、今後の円安の進展次第では、年内にＹＣＣを再調整することや、２０２４年初頭にも政策修正を前倒しするリスクがあると元より考えていたが、植田総裁のインタビュー記事は、そうした筆者の観測とも整合的であるように思われる。

ありていに言えば、急激な円安の進展がなければ、２０２４年春闘の賃金動向を確認した上で政策を修正するゆとりがあるが、今後の円安の進展次第では、よりインフレが高まるため、ある程度の見切り発車もあり得るということではなかろうか。もちろん、マイナス金利政策を撤廃したからと言っても、ゼロ金利政策に移行するだけであるから、円安圧力が吸収される保証はない。また、米国経済の急減速など、突発的な事態が起これば、政策修正の可能性は一気に吹き飛ぶかもしれない。

いずれにせよ、植田総裁が２０２３年内に政策修正の判断材料が揃う可能性を排除しなかったことを踏まえるなら、想定していたよりも前倒しの蓋然性は高いのかもしれない。高いインフレは一時的と繰り返し、急激な利上げを余儀なくされたＦＲＢやＥＣＢの教訓を日本銀行が意識し始めたのであれば、それは望ましいことであろう。

言うまでもないことだが、とりわけ金融引締めの際には、グラジュアリズム（漸進主義）でのアプローチが望ましい。それを可能とするのは、早めに政策修正を開始することであって、後ずれさせることではない。四半世紀にわたってゼロ金利政策が続けられてきた日本の金融経済にとっては、小刻みな政策修正を早めに開始し、徐々に慣らしていく作業が不可欠である。利上げを遅らせた結果、急激な継続利上げを余儀なくされ、金融システムの混乱を招いて、マクロ経済と物価の安定を損なうことは何としても回避しなければならない。

日本銀行法が理念として謳うのは、インフレ率の2%への固定化（ピンダウン）ではなく、「持続的な物価の安定」であるはずだ。(2) 特定の数値にこだわりすぎることで、金融システムや経済の安定を損なうことがあれば、それは、持続的な物価安定とは到底いえないだろう。

＊　＊　＊

本書の完成までには、多くの方々から貴重な教えを頂いた。すべての方のお名前を記すことはできないが、本書の論考をまとめる過程でお世話になった方々のお名前をご紹介し、御礼を申し上げたい。雨宮正佳、上田淳二、植松利夫、宇南山卓、大谷聡、翁邦雄、奥達雄、小黒一正、開発壮平、加藤毅、神山一成、柯隆、川本卓司、河本光博、齊藤誠、櫻川昌哉、齋藤通雄、関根敏隆、佐藤裕亮、清水季子、白川方明、白塚重典、新川浩嗣、田代毅、玉木伸介、茶谷栄治、仲田泰佑、中曽宏、西村清彦、早川英男、福本智之、福永一郎、藤城眞、前田栄治、八代尚宏、山崎史郎、渡辺努の各氏には、心より感謝を申し上げる。

また、チームメンバーの加藤あずささん、白石洋さん、井川雄亮さんの三名には、草稿に厳しくチェックを頂いた。物価や中国に関する本書の論考の多くは、加藤あずささんとの共同論考が基になっている。また、加藤さんは、本書の草稿に何度も目を通してくださっただけでなく、第2章、第3章、第4章で紹介した欧米の論文の下訳のチェックなどでもお手伝い頂いた。第5章の岸田政権の財政スタンスに関する論考は、白石洋さんとの共同論考が基になっていることも記しておきたい。本書に登場する金融市場データについては、エキスパートである井川雄亮さんに作成頂いた。リサーチアシスタントの沢田香さんには、図表作成と参考文献の整理でお手伝い頂いた。秘書の岡本佳代さんには、本書の執筆の段取りを整えていただき、また、海外文献の翻訳作業でも多大なサポートをいただいた。

このように、チームメンバーの親身なサポートがなければ、本書が日の目を見ることはなかった。改めて心より御礼を申し上げたい。

日々の激務を支えてくれた妻には、言葉では言い尽くせないほどの感謝の気持ちでいっぱいである。本書の執筆でも大きな支えとなった。執筆に追われて、2023年は夏休みのない暑い夏となったが、来夏こそは待望のバイロイト音楽祭に一緒に行ければと思いを募らせている。

今回も慶應義塾大学出版会の増山修氏には並々ならぬお世話になった。2022年秋に世界的なインフレに関する論考の執筆を勧めてくださったのも増山氏であった。当初は、2023年4月の日銀の新体制がスタートするタイミングでの出版を狙っていたが、2023年の年が明け、グローバルインベスターの日銀の金融政策に対する関心が急激に高まり、筆者の海外出張が頻発するようになったため、出版が大きく後ずれした。この場を借りて、お詫びを申し上げる。

＊　＊　＊

さて、筆者は大学2年生の後期から、倉澤資成先生の下で経済学を学んだ。当時、ミクロ経済学には優れた教科書が多かったが、移行期で、マクロ経済学の充実した教科書が不在だった。そんな中、倉澤先生は、マクロ経済に強く興味を持つ筆者に対し、物価に関するノルム、トービンのqのミクロ的基礎づけ、マネタリズムや合理的期待、リアルビジネスサイクル等の理論を懇切丁寧にご指導くださった。大学4年時には、倉澤先生が担当を受け持つ大学院の講義にも参加を許してくださり、新古典派成長理論などをご指導頂いた。

倉澤先生には、卒業論文も丁寧にご指導いただいた。合理的バブルを組み込んだモデルで「資産バブル下の設備投資行動」を説明しようともがいたが、今考えれば、極めて稚拙でお恥ずかしい限りの論考に、実に親身に相談に乗ってくださった。ちなみに、当時、バブルは人口に膾炙した言葉ではなかった。1987年3月に大学を卒業した後、自らが金融機関の末端の現場において、まさかバブルを膨らませることに加担していたとは、それが弾けた後も、しばらく気がつかなかった次第である。

先生には、卒業後も様々な機会で経済学をお教えいただき、自著や翻訳の出版の際にもご指導を頂いたが、それだけでなく、結婚や転職など人生の大きな転機において、何度もお世話になった。映画オタク、ＹＭＯオタク、村上春樹オタクだった筆者は、倉澤先生との出会いで、経済学オタクとなれた。学問の道には進まなかったが、経済学徒、そしてエコノミストとして、先生の教えを直接役立てる職に就くことができたのは、筆者の人生において、何よりの幸せであった。先生とお会いすることがなければ、エコノミストを生業とすることはなかっただろう。

本書を喜寿となられる倉澤資成先生に捧げる。

地球が沸騰する2023年の長月の東京にて

河野龍太郎

おわりに　注

（1）「日銀総裁　マイナス金利解除『選択肢』賃金・物価上昇なら」東京読売新聞2023年9月9日付。

（2）「通貨及び金融の調節の理念」を謳う日銀法第二条は「日本銀行は、通貨及び金融の調節を行うに当たっては、物価の安定を図ることを通じて国民経済の健全な発展に資することをもって、その理念とする」としている。

参考文献

【邦文文献等】

青木浩介、高富康介、法眼吉彦『わが国企業の価格マークアップと賃金設定行動』日本銀行ワーキングペーパーシリーズ、２０２３年３月。

アリソン、グレアム『米中戦争前夜　新旧大国を衝突させる歴史の法則と回避のシナリオ』藤原朝子訳、ダイヤモンド社、２０１７年。

市橋翔太『ウェブ３の展望（上）　巨大企業に対抗できる手段』「経済教室」日本経済新聞２０２２年８月30日付。

猪俣哲史『グローバル・バリューチェーンの地政学』日経ＢＰ日本経済新聞出版、２０２３年。

植田和男『金融政策の基本的な考え方と経済・物価情勢の今後の展望』内外情勢調査会における講演、日本銀行、２０２３年５月19日。

ウォルター、バーバラ・Ｆ『アメリカは内戦に向かうのか』井坂康志訳、東洋経済新報社、２０２３年。

宇南山卓『現代日本の消費分析――ライフサイクル理論の現在地』慶應義塾大学出版会、２０２３年。

翁邦雄『人の心に働きかける経済政策』岩波新書、２０２２年。

小倉義明『地域金融の経済学――人口減少下の地方活性化と銀行業の役割』慶應義塾大学出版会、２０２１年。

ガーデン、ジェフリー・Ｅ『ブレトンウッズ体制の終焉　キャンプ・デービッドの３日間』浅沼信爾・小浜裕久訳、勁草書房、２０２２年。

グッドハート、チャールズ、マノジ・プラダン『人口大逆転　高齢化、インフレの再来、不平等の縮小』澁谷浩訳、日経BP日本経済新聞出版、2022年。

クルーグマン、ポール、モーリス・オブストフェルド『国際経済学』吉田和男監訳、エコノミスト社、2001年。

黒田東彦『金融政策の考え方―「物価安定の目標」の持続的・安定的な実現に向けて―（きさらぎ会における講演）』2022年6月6日。

権丈善一、権丈英子『もっと気になる社会保障：歴史を踏まえ未来を創る政策論』勁草書房、2022年。

河野龍太郎『円安再生　成長回復への道筋』東洋経済新報社、2003年。

――『成長の臨界――「飽和資本主義」はどこへ向かうのか』慶應義塾大学出版会、2022年。

――「社会保障制度のアップグレードは潜在成長率を改善させるか?」（未定稿）『年金と経済』42巻3号、2023年。

コリアー、ポール、ジョン・ケイ『強欲資本主義は死んだ　個人主義からコミュニティの時代へ』池本幸生・栗林寛幸訳、勁草書房、2023年。

コルナイ、ヤーノシュ『コルナイ・ヤーノシュ自伝――思索する力を得て』盛田常夫訳、日本評論社、2006年。

――『資本主義の本質について――イノベーションと余剰経済』溝端佐登史・堀林巧・林裕明・里上三保子訳、講談社学術文庫、2023年。

齊藤誠『実質で見る破格の円安　日本経済「体力」低下著しく』「経済教室」日本経済新聞　2022年9月20日付。

財務省財務総合政策研究所『「生産性・所得・付加価値に関する研究会」報告書』2023年6月。

サイモン、ハーバート・A『意思決定と合理性』佐々木恒夫・吉原正彦訳、ちくま文芸文庫、2016年。

サージェント、トーマス・J『合理的期待とインフレーション』国府田桂一・榊原健一・鹿野嘉昭訳、東洋経済新報社、1988年。

島澤諭『「異次元の少子化対策」を失敗させない大切なこと』Wedge ONLINE　2023年3月11日 https://wedge.ismedia.

jp/articles/-/29683
白石重明、経済産業省通商政策局『通商白書2006　持続する成長略に向けて〜グローバル化をいかした生産性向上と「投資立国」』経済産業省、2006年。

鈴木一人、小泉悠、鶴岡路人、森聡、川島真、宇山智彦、池内恵『ウクライナ戦争と世界のゆくえ』東京大学出版会、2022年。

ダンバー、ロビン『なぜ私たちは友だちをつくるのか　進化心理学から考える人類にとって一番重要な関係』吉嶺英美訳、青土社、2021年。

中曽宏、橋本政彦『国際通貨としての円』財務省財務総合政策研究所「フィナンシャル・レビュー」2023年3月（令和5年第3号、通巻第153号）。

西野智彦『ドキュメント通貨失政　戦後最悪のインフレはなぜ起きたか』岩波書店、2022年。

浜田宏一・黒田昌裕・堀内昭義編『日本経済のマクロ分析』東京大学出版会、1987年。

福間則貴、森下謙太郎、中村武史「わが国における最近の国際収支動向とその特徴点　国際収支統計の改訂・拡充を踏まえて」『日銀レビュー』5月、2016年。

福本智之『中国減速の深層　「共同富裕」時代のリスクとチャンス』日経BP日本経済新聞出版、2022年。

ブラインダー、アラン『金融政策の理論と実践』河野龍太郎・前田栄治訳、東洋経済新報社、1999年。

――『ハードヘッド　ソフトハート』佐和隆光訳、TBSブリタニカ、1988年。

ブランシャール、オリヴィエ『21世紀の財政政策　低金利・高債務下の正しい経済戦略』田代毅訳、日経BP日本経済新聞出版、2023年。

ブリントン、メアリー・C『縛られる日本人　人口減少をもたらす「規範」を打ち破れるか』池村千秋訳、中公新書、2022年。

ブルネルマイヤー、マーカス・K『レジリエントな社会　危機から立ち直る力』立木勝・山岡由美訳、日経ＢＰ日本経済新聞出版、２０２２年。

ブロネール、ジェラルド『認知アポカリプス　文明崩壊の社会学』高橋啓訳、みすず書房、２０２３年。

ボズナー、エリック・Ａ、Ｅ・グレン・ワイル『ラディカル・マーケット　脱・私有財産の正規』遠藤真美訳、東洋経済新報社、２０１９年。

ボルカー、ポール・Ａ、クリスティン・ハーパー『ボルカー回顧録　健全な金融、良き政府を求めて』村井浩紀訳、日本経済新聞出版社、２０１９年。

―――、行天豊雄『富の興亡　円とドルの歴史』江沢雄一訳、東洋経済新報社、１９９２年。

柳瀬和央『負担の連立方程式を解けるか』「中外時評」日本経済新聞　２０２３年4月18日付。

ラジャン、ラグラム『フォールト・ラインズ　「大断層」が金融危機を再び招く』伏見威蕃・月沢李歌子訳、新潮社、２０１１年。

渡辺努『物価とは何か』講談社選書メチエ、２０２２年。

―――『世界インフレの謎』講談社現代新書、２０２２年。


「日銀総裁　マイナス金利解除『選択肢』　賃金・物価上昇なら」東京読売新聞２０２３年９月９日付記事。

【欧文文献】

Bianchi, Francesco and Leonardo Melosi (2022) "Inflation as a Fiscal Limit," Jackson Hole Economic Policy Symposium, August 19.
Brunnermeier, Markus K., Sebastian A. Merkel and Yuliy Sannikov (2020) "The Fiscal Theory of Price Level with a Bub-

ble," *NBER Working Paper* 27116.

Coibion, Olivier, Yuriy Gorodnichenko and Rupal Kamdar (2017) "The Formation of Expectations, Inflation, and the Phillips Curve," *Journal of Economic Literature* 56, pp.1447–1491.

European Central Bank (2021) "An Overview of the ECB's Monetary Policy Strategy," July 8.

Evans, Charles (2011) "The Fed's Dual Mandate Responsibilities and Challenges Facing US Monetary Policy," Speech at the European Economics and Financial Centre, London, September 7.

Glover, Andrew, José Mustre-del-Río and Alice von Ende-Becker (2023) "How Much Have Record Corporate Profits Contributed to Recent Inflation?" Federal Reserve Bank of Kansas City, January 12.

Greenspan, Alan (1989) "Statement before the Committee on Banking, Housing, and Urban Affairs," U.S. Senate, February 21.

Hilscher, Jens, Alon Raviv and Ricardo Reis (2022) "How Likely is An Inflation Disaster?" *CEPR discussion paper* 17224.

Miles, David, Ugo Panizza, Ricardo Reis and Angel Ubide (2017) "And Yet It Moves. Inflation and the Great Recession," *Geneva Reports on the World Economy* 19, CEPR Press.

Powell, Jerome H. (2022) "Monetary Policy and Price Stability," Jackson Hole Economic Policy Symposium, August 26.

——— (2021) "Monetary Policy in the Time of COVID," Jackson Hole Economic Policy Symposium, August 27.

——— (2020) "New Economic Challenges and the Fed's Monetary Policy Review," Jackson Hole Economic Policy Symposium, August 27.

Reich, Robert B. (2022) "Corporate Profits Are Soaring as Prices Rise: Are Corporate Greed and Profiteering Fueling Inflation?" Testimony to the U.S. Senate Budget Committee, April 5.

Reis, Ricardo (2021) "Losing the Inflation Anchor," *Brookings Papers on Economic Activity*, forthcoming.

——— (2022a) "Has Monetary Policy Cared Too Much about a Poor Measure of r*?" Unpublished manuscript, presented at the Asian Monetary Policy Forum, May.

——— (2022b) "The Burst of High Inflation in 2021–22: How and Why Did We Get Here?"June.

Sargent, Thomas J. (2013) "Letter to Another Brazilian Finance Minister," Republished in *Rational Expectations and Inflation, 3rd edition*: Princeton: Princeton University Press.

Sgaravatti, Giovanni, Simone Tagliapietra and Cecilia Trasi (2023) "The fiscal side of Europe's energy crisis: the facts, problems and prospects," *Brugel* 2 March.
(https://www.bruegel.org/blog-post/fiscal-side-europes-energy-crisis-facts-problems-and-prospects)

Sims, Christopher A. (2010) "Rational Inattention and Monetary Economics," in Benjamin M. Friedman and Michael Woodford, eds., *Handbook of Monetary Economics, vol.3* (Amsterdam: North-Holland), pp.155–181.

Tirole, J. (1985) "Asset Bubbles and Overlapping Generations," *Econometrica* Vol.53, No.6, pp.1499–1528.

【は行】

【さ行】

索引

【著者略歴】
河野龍太郎（こうの・りゅうたろう）
1964年愛媛県生まれ。87年、横浜国立大学経済学部卒業、住友銀行（現・三井住友銀行）入行。89年、大和投資顧問（現・三井住友DSアセットマネジメント）へ移籍。97年、第一生命経済研究所へ移籍、上席主任研究員。2000年、BNPパリバ証券に移籍。現在、経済調査本部長、チーフエコノミスト。
財務省財政制度等審議会、東日本大震災復興構想会議検討部会、資源エネルギー庁総合資源エネルギー調査会基本問題委員会、経済産業省産業構造審議会新産業構造部会、内閣府行政刷新会議ワーキンググループなど多くの審議会で委員を務める。日経ヴェリタスのエコノミスト人気調査で2023年までに10回、首位に選ばれる。2023年７月より東京大学先端科学技術研究センター客員上級研究員。
主な著訳書
『成長の臨界』慶應義塾大学出版会、2022年
『円安再生』東洋経済新報社、2003年
『金融緩和の罠』共著、集英社、2013年
クルーグマン『通貨政策の経済学』共訳、東洋経済新報社、1998年
ブラインダー『金融政策の理論と実践』共訳、東洋経済新報社、1999年

グローバルインフレーションの深層

2023年12月15日　初版第１刷発行

著　者――――河野龍太郎
発行者――――大野友寛
発行所――――慶應義塾大学出版会株式会社
〒108-8346　東京都港区三田2-19-30
TEL〔編集部〕03-3451-0931
〔営業部〕03-3451-3584〈ご注文〉
〔　〃　〕03-3451-6926
FAX〔営業部〕03-3451-3122
振替00190-8-155497
https://www.keio-up.co.jp/
装　丁――――松田行正
印刷・製本――藤原印刷株式会社
カバー印刷――株式会社太平印刷社

Printed in Japan　ISBN978-4-7664-2934-3